高等职业教育财会类专业精品教材
“互联网+”新形态立体化教学资源特色教材

纳税实务

主　编　马秀丽　陈海雯
副主编　秦兴高　梁树生

中国轻工业出版社

图书在版编目（CIP）数据

纳税实务 / 马秀丽，陈海雯主编. —北京：中国轻工业出版社，2021.8
高等职业教育财会类专业精品教材
“互联网+”新形态立体化教学资源特色教材
ISBN 978-7-5184-3528-9

Ⅰ. ① 纳… Ⅱ. ① 马… ② 陈… Ⅲ. ① 纳税－税收管理－中国－高等职业教育－教材 Ⅳ. ① F812.423

中国版本图书馆CIP数据核字（2021）第107522号

责任编辑：张文佳　　责任终审：李建华
整体设计：锋尚设计　　责任校对：吴大朋　　责任监印：张　可

出版发行：中国轻工业出版社（北京东长安街6号，邮编：100740）
印　　刷：三河市国英印务有限公司
经　　销：各地新华书店
版　　次：2021年8月第1版第1次印刷
开　　本：787×1092　1/16　印张：13.25
字　　数：350千字
书　　号：ISBN 978-7-5184-3528-9　定价：48.00元
邮购电话：010-65241695
发行电话：010-85119835　传真：85113293
网　　址：http://www.chlip.com.cn
Email：club@chlip.com.cn
如发现图书残缺请与我社邮购联系调换
201240J2X101ZBW

前言

在十九大报告中，习近平总书记重点提到“优先发展教育事业”，并提出完善职业教育和培训体系，深化产教融合、校企合作。加快一流大学和一流学科建设，实现高等教育内涵式发展。根据《现代职业教育体系建设规划（2014—2020年）》中的相关内容，我们可以清楚地看到，政府对于职业教育的基本要求是要坚持走产教融合发展的道路，推动职业教育融入经济社会发展和改革开放的全过程，推动专业设置与产业需求、课程内容与职业标准、教学过程与生产过程对接，实现职业教育与技术进步和生产方式变革以及社会公共服务相适应，促进经济提质增效升级。并大力提倡引入企业、科研机构和行业协会，依托其市场资源开展教学实训，同时建立真实应用驱动教学改革的机制。

随着“金税三期”工程的全面启动和“营改增”工作的顺利完成，尤其是各税种逐步实现了立法管理，我国的税收征管工作进入了一个全新时代，实现了业务规范统一化，覆盖全业务，简化涉税事项，加强纳税遵从风险管理，实现信息共享和外部涉税信息管理，实现了跨税种、跨纳税环节的信息共享。这对企业规范涉税行为，加强涉税业务管理、提高纳税遵从度都提出了更高的要求。企业需要大量具有一定理论功底与实务操作能力，能够熟练运用信息化和智能化开票与申报系统，并且可以发现涉税问题、解决涉税问题的高素质财税人员。

本教材正是基于此背景而编写，学生一毕业便具有上手从事一般企业的涉税工作的能力，实现会计专业群的学生毕业到就业的无缝对接，从而为企业输送更多具备一定理论功底和强大涉税实务操作能力与风控意识的财税人员。

本教材贴近实务，更注重理论与实务的衔接与过渡，可帮助学生更好地完成理论与实践的充分结合，使其既掌握够用的理论，又减轻或消除其实务操作的不适感，进而快速具备从事一般企业涉税工作的能力。

相较于以往的教材，本教材融入最新政策法规与前沿实务，在体系和内容上均大胆进行创新，基于工作过程构建教材体系并组织教材内容，从初创企业工商登记开始，到发票领购、验旧，再到日常工作中按时间表进行各项税种（增值税、消费税、企业所得税、个人所得税以及城市维护建设税、教育费附加等）的申报缴纳工作，其中实务部分单独以电子版及视频形式呈现，图文并茂，更加方便读者有选择地学习。

本教材的编写团队真正实现了理论与实践充分结合：由具有多年财税相关课程教学经验，且在税收法律方面有独特见解的一线教师、具有丰富涉税工作实践经验的税务师事务所合伙人和从事金税三期涉税风险防控软件及智慧财税仿真实训平台开发公司的项目负责人共同组成。广东轻工职业技术学院马秀丽老师负责项目2和项目3等内容的编写工作，广东轻工职业技术学院陈海雯老师负责项目4和项目5等内容的编写工作，广东农工商职业技术学院秦兴高老师负责项目1、项目6和项目7的编写工作，航天信息股份有限公司梁树生负责编写过程中参考税收法律条文及相关政策解读和课后习题的编写工作。另外，本书在编写过程中，还得到福州中税华玥税务师事务所有限公司合伙人陈木清的大力支持，在此一并表示感谢！

由于编写时间仓促和编写团队水平所限，书中难免有错漏之处，肯请读者批评指正。

编者

目录

>>> 理论篇

项目 1 纳税基础知识

任务 1 工商注册及税务登记 / 3
任务 2 办税员岗位职责及关系 / 5
任务 3 办税日历 / 6

项目 2 增值税

任务 1 认识增值税 / 7
任务 2 计算增值税 / 9
练习题 / 20

项目 3 消费税

任务 1 认识消费税 / 24
任务 2 计算消费税 / 30
练习题 / 42

项目 4 企业所得税

任务 1 认识企业所得税 / 47
任务 2 计算企业所得税 / 51
练习题 / 73

项目 5 个人所得税

任务 1 认识个人所得税 / 79
任务 2 计算个人所得税 / 83
练习题 / 106

项目 6 其他税种

任务 1 城市维护建设税及教育费附加 / 112
任务 2 印花税 / 113
任务 3 契税 / 117
任务 4 房产税 / 120
任务 5 城镇土地使用税 / 122
任务 6 土地增值税 / 126
任务 7 车辆购置税 / 131
任务 8 车船税 / 134
任务 9 关税 / 138
任务 10 资源税 / 143
任务 11 环境保护税 / 149
任务 12 耕地占用税 / 152
任务 13 烟叶税 / 154
任务 14 船舶吨税 / 155
练习题 / 159

项目 7 纳税警示教育案例分析

任务 1 增值税警示教育案例 / 167
任务 2 消费税警示教育案例 / 172
任务 3 企业所得税警示教育案例 / 173
任务 4 个人所得税警示教育案例 / 180
任务 5 纳税警示教育综合案例分析 / 185
练习题 / 187

>>> 实务篇

国家税法有关文件 / 206

>>> 理论篇

项目 1 纳税基础知识 3

项目 2 增值税 7

项目 3 消费税 24

项目 4 企业所得税 47

项目 5 个人所得税 79

项目 6 其他税种 112

项目 7 纳税警示教育案例分析 166

项目 1　纳税基础知识

任务 1　工商注册及税务登记

成立一家公司通常要先后经过工商注册、刻章、开立银行基本账户、税务登记等几个步骤，每个步骤的过程大体如下。

1　工商登记注册公司流程

1.1　核准名称

确定公司类型、名称、注册资本、股东及出资比例后，可以去工商局现场或线上提交核名申请。

1.2　提交资料

核名通过后，确认地址信息、高管信息、经营范围，在线提交预申请。在线预审通过之后，按照预约时间去工商局递交申请材料。核准通过后会收到准予设立登记通知书。

1.3　领取执照

携带准予设立登记通知书、办理人身份证原件，到工商局领取营业执照正、副本。

工商注册通常需要准备以下资料：

①公司法定代表人签署的《公司设立登记申请书》；

②全体股东签署的公司章程（先定好公司章程，再由全体股东签名）；

③法人股东资格证明或者自然人股东身份证及其复印件；

④董事、监事和经理的任职文件及身份证复印件；

⑤指定代表或委托代理人证明；

⑥代理人身份证和身份证的复印件；

⑦住所使用证明。

1.4　刻章

领取营业执照后，凭营业执照刻制公司的公章、财务专用章、法人章、发票专用章等。

2 税务登记流程

2.1 填写税务登记表

从事生产、经营的纳税人应当在规定的时间内，向税务机关提出申请办理税务登记的书面报告，如实填写税务登记表。实务中，税务机关还会要求纳税人填写税种登记表，符合增值税一般纳税人条件的纳税人，还应填写增值税一般纳税人申请认定表。

2.2 提供有关证件、资料

纳税人向税务机关填报税务登记表的同时，应当根据不同情况相应提供有关证件、资料。

2.3 审核登记

对纳税人填报的税务登记表，提供的有关证件及资料，税务机关应当自收到之日起30日内审核完毕；符合规定的，予以登记。

2.4 建立纳税人登记资料档案

所有的登记工作完毕后，税务登记部门应将纳税人填报的各种表格以及提供的有关资料及证件复印件建成纳税人登记资料档案，并制成纳税人分户电子档案，为以后的税收征管提供可靠的信息来源。

办理税务登记所需资料：

①工商营业执照或其他核准执业证件原件及复印件；

②负责人（通常是法人代表）居民身份证、护照或其他证明身份的合法证件原件及其复印件；

③房产证明（产权证、租赁协议）原件及其复印件；如为自有房产，需要提供产权证或买卖契约等合法的产权证明原件及其复印件；如为租赁的场所，请提供租赁协议原件及其复印件，出租人为自然人的还须提供产权证明的复印件。

3 银行基本户开户流程

每个企业都需要开立一个基本存款户，用于交税、发工资、结算货款等用途。

3.1 提交有关开户证明

机关、部队、学校人民团体等行政、事业单位，必须向银行提交拨款的财政部门或上一级主管部门出具的证明；全民和集体所有制工商企业，必须向银行提交其主管部门出具的证明和工商行政管理部门发给的营业执照。上述证明文件经银行审查同意后，由银行发给开户申请书。

3.2 填写申请书

按照要求填明：申请开户单位名称；单位性质及级别；上级主管部门；营业执照注册号；单位地址、电话；资金来源和运用情况；生产经营范围等，并由单位盖章后交给银行审查。

3.3 填写印鉴卡片

印鉴卡应盖有开户单位公章及财务主管或会计经办人员名章。印鉴卡片是单位与银行事先约定的一种付款的法律依据。银行在为单位办理结算业务时，应校对印鉴卡片上预留的印鉴，若付款凭证上加盖的印章与印鉴卡片上的印鉴不符，银行就不能办理付款，以保障开户单位的存款安全。

3.4 银行编发账号

开户单位的账号，是由银行根据单位的行政隶属关系、资金性质，指定使用相应的科目，并加上企业单位的顺序号组成。

开立基本银行存款账户所需基本资料：

①营业执照正副本原件；

②公章、法人章、财务专用章；

③公司章程；

④法人、股东身份证。

任务 2 办税员岗位职责及关系

1 岗位职责

通常情况下，办税员岗位应履行以下职责：

①每月月初报税前必须对本企业已开具的增值税专用发票进行抄税，以核实企业的销项税额情况，完成清卡工作；

②负责到税务局领购发票并保管空白及作废发票，月末对发票进行盘点；

③负责及时开具增值税专用税发票、增值税普通发票以及出口发票，保证发票的真实性，合法性，并设票据领取登记簿；

④月初纳税征期之前，进行国、地税及出口退税的纳税申报工作，按时缴纳各项税费；

⑤负责进项发票的抵扣工作，月末并对进项抵扣发票进行装订成册；

⑥负责对申报过的纳税申报表进行装订成册；

⑦配合完成税务部门安排的各种检查以及其他工作。

2 办税员岗位关系

办税员岗位关系可以分为纵向和横向两部分。纵向关系：办税员直接受财务部门经理领导。横向关系：与税务及公司内部有关岗位联系，协调相关业务工作。

任务 3 办税日历

作为一名办税人员，千万不能忘记各个税种的申报时间。各税种的纳税时间多集中于中旬之前，由于节假日的原因，各年的纳税时间表会有所不同，但大同小异。

常见需要申报的税费及附加资料有：增值税（按季、按月）、消费税（按季、按月）、企业所得税（按季、按月、按年）、财务报表（按季、按月、按年）、文化事业建设费（按季、按月）、个人所得税（按月或次，按年）、社会保险费（按月）、废弃电器电子产品处理基金（按季）、资源税（按月）、房产税（按年、按月），以上税种按月的申报期限通常是每月的15日前，按季的申报期限是每年的1/4/7/10月的15日前，按年的申报期限是次年5月31日前（个税按年的申报时间为次年3月1日至6月30日），详细办税截止日可以根据税务机关实时通知确定。

星期一	星期二	星期三	星期四	星期五	星期六	星期天
			01	02	03	04
05	06	07	08	09	10	11
12	13	14	15	16	17	18
19	20	21	22	23	24	25
26	27	28	29	30	31	

项目 2　增值税

任务 1　认识增值税

1　增值税的概念

增值税是在中华人民共和国境内（以下称境内）发生销售货物、服务、无形资产、不动产和金融商品（以下称应税交易），以及进口货物的单位和个人按照《中华人民共和国增值税法》缴纳的税种。

2　增值税纳税人

在中华人民共和国境内发生应税交易且销售额达到增值税起征点（季销售额三十万元）的单位（是指企业、行政单位、事业单位、军事单位、社会团体和其他单位）和个人（是指个体工商户和自然人），以及进口货物的收货人，为增值税的纳税人。销售额未达到增值税起征点的单位和个人，不是增值税的纳税人，但可以自愿选择依照本法规定缴纳增值税。

在中华人民共和国境内销售货物、服务、无形资产、不动产和金融商品的单位和个人，为增值税的纳税人。纳税人发生应税交易，应当如实开具发票。

3　增值税征税范围

3.1　在境内发生应税交易

在中华人民共和国境内发生应税交易，是指在中华人民共和国境内销售货物、服务、无形资产、不动产和金融商品。

①销售货物、不动产、金融商品，是指有偿转让货物、不动产、金融商品的所有权，货物的起运地或者所在地在境内；

②在境内销售服务，是指境内单位和个人有偿提供服务或者服务、无形资产在境内消费；

③在境内销售无形资产，是指境内单位或个人有偿转让无形资产（自然资源使用权除外）的所有权或者使用权，或者无形资产（自然资源使用权除外）在境内消费；

>>> 知识链接：下列情形不属于在境内销售服务或者无形资产

①境外单位或者个人向境内单位或者个人销售完全在境外发生的服务。

例如：境外单位向境内单位提供完全发生在境外的会展服务。

②境外单位或者个人向境内单位或者个人销售完全在境外使用的无形资产。例如：境外单位向境内单位提供完全在境外使用的专利技术。

③境外单位或者个人向境内单位或者个人出租完全在境外使用的有形动产。例如：境外单位向境内单位或者个人出租完全在境外使用的小汽车。

④财政部和国家税务总局规定的其他情形。

④在境内转让自然资源使用权，是指转让所在地在境内的自然资源；在境内销售不动产，是指销售所在地在境内的不动产；

⑤在境内销售金融商品，是指境内单位或个人转让金融商品或者金融商品在境内发行。

下列项目视为非应税交易，不征收增值税：

①员工为受雇单位或者雇主提供取得工资薪金的服务；

②行政单位收缴的行政事业性收费、政府性基金；

③因征收征用而取得补偿；

④存款利息收入；

⑤国务院财政、税务主管部门规定的其他情形。

3.2 视同发生应税交易

下列行为，视同发生应税交易：

①单位和个体工商户将自产或者委托加工的货物用于集体福利或者个人消费，此处要注意用于集体福利或个人消费货物的来源是自产或者委托加工，不可以是购买。例如：某食用油生产企业将自己生产的食用油发放给职工作为节日集体福利，就属于视同发生应税交易，而某汽车制造企业外购食用油作为节日集体福利发放给职工就不属于视同发生应税交易行为；

②单位和个体工商户无偿赠送货物，但用于公益事业的除外；

③单位和个人无偿赠送无形资产、不动产或者金融商品，但用于公益事业的除外；

④国务院财政、税务主管部门规定的其他情形。

视同发生应税交易，顾名思义，就是看作与发生应税交易一样确认并计算应纳税额，这主要是出于税负公平性的考量。例如：生产企业将自己生产的汽车无偿赠送给某单位就应属于视同发生应税交易，试想如果该单位是生产帐篷而不是生产汽车的，同样想要赠送汽车就需要外购，钱从哪里来？需要销售帐篷，而销售帐篷肯定属于应税交易，要确认并计算应纳税额。既然如此，捐赠自产的汽车有什么理由不确认并计算应纳税额呢？

3.3 进口货物

进口货物，是指进入中国境内的货物，货物的起运地在境外，目的地在境内。对于进口货物，除依法征收关税外，还应在进口环节征收增值税。

4 征收管理

4.1 纳税义务、扣缴义务发生时间

纳税义务发生时间的意思是，当发生此类业务，什么时候该确认这类业务的应纳增值税。增值税纳税义务发生时间，按下列规定确定：

①发生应税交易，纳税义务发生时间为收讫销售款项或者取得销售款项凭据的当天；先开具发票的，为开具发票的当天。也就是说，三个时间里面最早的那个就是纳税义务发生时间。

②视同发生应税交易，纳税义务发生时间为视同发生应税交易完成的当天。

③进口货物，纳税义务发生时间为进入关境的当天。

4.2 纳税地点

纳税地点，是指纳税人依据税法规定向征税机关申报纳税的具体地点。通俗地说就是，单位或个人应该在哪里的税务局缴纳增值税。它说明纳税人应向哪里的税务机关申报纳税，以及哪里的征税机关有权进行税收管辖的问题。

增值税纳税地点，按下列规定确定：

①有固定生产经营场所的纳税人，应当向其机构所在地或者居住地主管税务机关申报纳税。

总机构和分支机构不在同一县（市）的，应当分别向各自所在地的主管税务机关申报纳税；经国务院财政、税务主管部门或者其授权的财政、税务机关批准，可以由总机构汇总向总机构所在地的主管税务机关申报纳税。

②无固定生产经营场所的纳税人，应当向其应税交易发生地主管税务机关申报纳税；未申报纳税的，由其机构所在地或者居住地主管税务机关补征税款。

③自然人提供建筑服务，销售或者租赁不动产，转让自然资源使用权，应当向建筑服务发生地、不动产所在地、自然资源所在地主管税务机关申报纳税。

④进口货物的纳税人，应当向报关地海关申报纳税。

⑤扣缴义务人，应当向其机构所在地或者居住地主管税务机关申报缴纳扣缴的税款。

任务 2 计算增值税

1 税率及征收率

发生应税交易，应当按照一般计税方法计算缴纳增值税，国务院规定适用简易计税方法的除外。一般计税方法采用税率计算增值税。

1.1 销售、进口一般货物，销售加工修理修配、有形动产租赁服务税率

纳税人销售、进口一般货物，销售加工修理修配、有形动产租赁服务，税率为13%。

1.2 销售、进口特定货物，销售交通运输、邮政、基础电信、建筑、不动产租赁服务，销售不动产，转让土地使用权税率

纳税人销售或者进口下列货物，税率为9%：

①农产品、食用植物油、食用盐；

②自来水、暖气、冷气、热水、煤气、石油液化气、天然气、二甲醚、沼气、居民用煤炭制品；

③图书、报纸、杂志、音像制品、电子出版物；

④饲料、化肥、农药、农机、农膜。

纳税人销售交通运输、邮政、基础电信、建筑、不动产租赁服务，销售不动产，转让土地使用权，税率也为9%。交通运输服务是指：陆路运输服务、水路运输服务、航空运输服务、管道运输服务；邮政服务是指：邮政普通服务、邮政特殊服务、其他邮政服务；建筑服务是指：工程服务、安装服务、修缮服务、装饰服务、其他建筑服务；基础电信服务：指利用固网、移动网、卫星、互联网，提供语音通话服务的业务活动，以及出租或者出售宽带、波长等网络元素的业务活动。

1.3 销售其他服务、无形资产、金融商品税率

纳税人销售除加工修理修配、有形动产租赁、交通运输、邮政、基础电信、建筑、不动产租赁服务以外的服务、无形资产、金融商品，税率为6%。如：销售增值电信服务、金融服务、现代服务和生活服务等。增值电信服务是指：利用固网、移动网、卫星、互联网、有线网络电视，提供短信和彩信服务、电子数据和信息的传输及应用服务、互联网接入服务等业务活动；金融服务是指：贷款服务、直接收费的金融服务、保险服务等；现代服务是指：研发和技术服务、信息技术服务、文化创意服务、鉴证咨询服务、租赁服务（除不动产租赁和有形动产租赁外）、物流辅助服务、广播影视服务、商务辅助服务、其他现代服务；生活服务是指：文化体育服务、教育医疗服务、旅游娱乐服务、餐饮住宿服务、居民日常服务、其他生活服务。

1.4 出口货物、境内单位和个人跨境销售国务院规定范围内的服务、无形资产税率

纳税人出口货物，税率为零；国务院另有规定的除外；境内单位和个人跨境销售国务院规定范围内的服务、无形资产，税率为零。

1.5 征收率

发生应税交易，按照国务院规定适用简易计税方法的，应纳税额计算适用3%的征收率。

表2-1 增值税税率和征收率简表

应税交易		适用税率或征收率
一般计税方法税率	纳税人销售、进口货物（适用低税率情形除外），销售加工修理修配、有形动产租赁服务	13%
	纳税人销售或者进口下列货物： （1）农产品、食用植物油、食用盐； （2）自来水、暖气、冷气、热水、煤气、石油液化气、天然气、二甲醚、沼气、居民用煤炭制品； （3）图书、报纸、杂志、音像制品、电子出版物； （4）饲料、化肥、农药、农机、农膜。 销售交通运输、邮政、基础电信、建筑、不动产租赁服务，销售不动产，转让土地使用权	9%
	纳税人销售除加工修理修配、有形动产租赁、交通运输、邮政、基础电信、建筑、不动产租赁服务以外的服务、无形资产、金融商品	6%
	纳税人出口货物，境内单位和个人跨境销售国务院规定范围内的服务、无形资产	0
简易计税办法征收率	按照国务院规定适用简易计税方法的应税交易	3%

2 应纳税额

增值税的计税方法，包括一般计税方法和简易计税方法。发生应税交易，应当按照一般计税方法计算缴纳增值税，国务院规定适用简易计税方法的除外。进口货物，按照组成计税价格和适用税率计算缴纳增值税。

一般计税方法按照销项税额抵扣进项税额后的余额计算应纳税额。简易计税方法按照应税交易销售额（以下称销售额）和征收率计算应纳税额，不得抵扣进项税额。增值税为价外税，应税交易的计税价格不包括增值税额。

2.1 一般计税方法

2.1.1 概念

一般计税方法是按照销项税额减去进项税额的差额计算应纳税额。除了国务院规定可适用简易计税方法的，应纳税额均适用一般计税方法。

2.1.2 应纳税额的计算

目前，我国增值税一般计税方法是国际上通行的购进扣税法，即纳税人在发生应税交易时按照销售额计算销项税额，扣除在购进货物时计算的进项税额，从而间接计算出对当期发生应税交易增值额部分的应纳税额。

一般纳税人发生应税交易的应纳税额，就是当期销项税额抵扣当期进项税额后的余额，其计算公式如下：

应纳税额=当期销项税额−当期进项税额

当期进项税额大于当期销项税额的，差额部分可以结转下期继续抵扣；或者予以退还，具体办法由国务院财政、税务主管部门制定。

（1）销项税额

销项税额，是指纳税人发生应税交易按照销售额和增值税税率计算的增值税额，即纳税人发生应税交易的销售额和增值税税率的乘积，其计算公式如下：

销项税额=销售额×税率

销售额=含税销售额÷（1+税率）

或：销项税额=组成计税价格×税率

【案例2-1】甲酒厂为增值税纳税人，采用一般计税方法计税，本年1月销售白酒并开具增值税专用发票，收取不含税价款1 200 000元，请计算甲酒厂的增值税销项税额。

【解析】增值税销项税额=1 200 000×13%=156 000（元）

①销售额确定的一般规定。

在增值税税率一定的情况下，计算销项税额的关键在于正确确定销售额。

a. 销售额的范围

销售额是指纳税人发生应税交易取得的全部价款和价外费用。需要强调的是尽管销项税额也是纳税人发生应税交易收取的，但是现行增值税采取价外计税方式，收取的价款中不包含增值税款，因而销售额中不包含收取的销项税额。

价外费用，是指价外收取的各种性质的收费，但不包括以下项目：

- 代为收取的政府性基金或者行政事业性收费；
- 以委托方名义开具发票代委托方收取的款项。

价外费用无论其会计制度如何核算，都应并入销售额计税。

价外费用的具体范围有收取的手续费、补贴、基金、集资费、返还利润、奖励费、违约金、滞纳金、延期付款利息、赔偿金、代收款项、代垫款项、罚息及其他各种性质的价外收费等。总之，不论以什么名义收取，价外费用可按以下两个要点进行辨识：

- 销售方收取；
- 构成销售方的收入。

b. 外币销售额折算的规定

纳税人按照人民币以外的货币结算销售额的，应当折合成人民币计算。

销售额应当以人民币计算的基本原则，包括如下两项要求：

• 纳税人以外币结算销售额的，应当折合成人民币计算；

• 纳税人可以选择以销售额发生的当天或者当月1日的人民币汇率中间价作为折合率，但应当在事先确定采用何种折合率，且确定后12个月内不得变更。

c. 发生销货退回、服务中止或者折让的处理

发生因销售折让、中止或者退回而退还给购买方的增值税额，应当从当期的销项税额中扣减。

纳税人发生应税交易，开具增值税专用发票后，发生开票有误或者销售折让、中止、退回等情形的，应当按照国家税务总局的规定开具红字增值税专用发票。未按规定开具红字增值税专用发票的，不得扣减当期销项税额或者销售额。

d. 折扣方式销售额的规定

纳税人发生应税交易，将价款和折扣额在同一张发票上分别注明的，以折扣后的价款为销售额；未在同一张发票上分别注明的，以价款为销售额，不得扣减折扣额。

请注意 价款和折扣额在同一张发票上分别注明是指价款和折扣额在同一张发票上的“金额”栏分别注明的，以折扣后的价款为销售额征收增值税。未在同一张发票“金额”栏注明折扣额，而仅在发票的“备注”栏注明折扣额的，折扣额不得从价款中减除。

②销售额确定的特殊规定。

a. 发生适用不同税率或者征收率的应税交易

纳税人发生适用不同税率或者征收率的应税交易，应当分别核算适用不同税率或者征收率的销售额；未分别核算的，从高适用税率。例如：某纳税人既提供适用税率为9%的建筑业服务，又提供适用税率为13%的有形动产经营租赁业务，应当分别核算建筑业服务和有形动产经营租赁的销售额，未分别核算销售额的，全部销售额均适用13%的税率。

b. 一项应税交易涉及两个以上税率或者征收率

纳税人一项应税交易涉及两个以上税率或者征收率的，从主适用税率或者征收率。例如：饭店销售大闸蟹88元一只（同样的大闸蟹在超市买只需要38元），这是因为该项应税交易既涉及销售货物，也涉及提供餐饮服务，前者税率13%，后者税率6%。提供餐饮服务是该饭店的主业，因此销售大闸蟹的销售额88元应全额按6%计算增值税。

c. 视同发生应税交易

由于视同发生应税交易行为一般不以资金形式反映出来，因而会出现发生视同销售行为而无销售额的情况，应按照市场公允价格确定销售额。另外，有时还会出现纳税人发生应税交易的价格明显偏高或者偏低不具有合理商业目的的情形。在上述情况下，主管税务机关有权按照合理的方法核定其销售额。一般按照下列顺序核定其销售额：

• 按照纳税人最近时期销售同类货物、服务、无形资产或者不动产的平均价格确定；

• 按照其他纳税人最近时期销售同类货物、服务、无形资产或者不动产的平均价格确定；

• 按照组成计税价格确定。

若销售的是服务、无形资产或者不动产，或者若销售的货物不属于消费税应税消费品，组成计税价格的计算公式为：

组成计税价格=成本+利润=成本×（1+成本利润率）

【案例2-2】甲公司为增值税纳税人，采用一般方法计税，本年1月将自产的一批新电器600件作为福利发给公司员工。目前，市场上还没有与该类新电器类似的同类产品，因此，也没有同类产品的销售价格。已知每台电器成本为480元，成本利润率为10%，请计算该批新电器的增值税销售额及销项税额。

【解析】应税销售额=成本×（1+成本利润率）=480×600×（1+10%）=316 800（元）

增值税销项税额=316 800×13%=41 184（元）

若销售的货物属于消费税应税消费品，组成计税价格计算需考虑消费税。（此部分内容可放在项目3再行学习，此处只需了解视同发生应税交易行为增值税和消费税的组成计税价格是相同的）

第一，实行从价定率办法计算纳税的组成计税价格计算公式：

组成计税价格=成本+利润+消费税税额

=成本×（1+成本利润率）+消费税税额

=成本×（1+成本利润率）÷（1−消费税比例税率）

第二，实行从量定额办法计算纳税的组成计税价格计算公式：

组成计税价格=成本+利润+消费税税额

=成本×（1+成本利润率）+消费税税额

=成本×（1+成本利润率）+课税数量×消费税定额税率

第三，实行复合计税办法计算纳税的组成计税价格计算公式：

组成计税价格=成本+利润+消费税税额

=成本×（1+成本利润率）+消费税税额

=［成本×（1+成本利润率）+课税数量×消费税定额税率］÷（1−消费税比例税率）

（2）进项税额

进项税额，是指纳税人购进货物、服务、无形资产和不动产、金融产品，支付或者负担的增值税额。进项税额应当凭合法有效凭证抵扣。

①准予从销项税中抵扣的进项税额。

a. 从销售方取得的增值税专用发票（含税控机动车销售统一发票）上注明的增值税额；

b. 从海关取得的海关进口增值税专用缴款书上注明的增值税额；

c. 自2018年5月1日起，纳税人购进农产品，原适用11%扣除率的，扣除率为10%。

自2019年4月1日起，纳税人购进农产品原适用10%扣除率的调整为9%；

d. 自境外单位或者个人购进劳务、服务、无形资产或境内的不动产，从税务机关或者扣缴义务人取得的代扣代缴税款的完税凭证上注明的增值税额；

e. 自2019年4月1日起，购进国内旅客运输服务，其进项税额允许从销项税额中抵扣。纳税人购进国内旅客运输服务未取得增值税专用发票的，暂按照以下规定确定进项税额：

• 取得增值税电子普通发票的，为发票上注明的税额。

• 取得注明旅客身份信息的航空运输电子客票行程单的，为按照下列公式计算的进项税额：

航空旅客运输进项税=（票价+燃油附加费）÷（1+9%）×9%

• 取得注明旅客身份信息的铁路车票的，为按照下列公式计算的进项税额：

铁路旅客运输进项税额=票面金额÷（1+9%）×9%

• 取得注明旅客身份信息的公路、水路等其他客票的，为按照下列公式计算的进项税额：

公路、水路等其他旅客运输进项税额=票面金额÷（1+3%）×3%

【案例2-3】某纳税人2020年10月提供建筑业服务取得收入109万元（含税），当月外购建筑材料10万元，购入工程设备20万元，发生分包支出50万元（不含税金额，均取得增值税专用发票）。该纳税人当期应纳增值税额是多少？

当期销项税额=109÷（1+9%）×9%=9（万元）

当期进项税额=10×13%+20×13%+50×9%=8.4（万元）

该纳税人2020年10月应纳税额=9−8.4＝0.6（万元）

②不得抵扣的进项税额

符合下列情形之一的，不得抵扣进项税额：

a. 用于简易计税方法计税项目、免征增值税项目、集体福利或者个人消费的购进货物、服务、无形资产、不动产和金融商品对应的进项税额，其中涉及的固定资产、无形资产和不动产，仅指专用于上述项目的固定资产、无形资产和不动产；

b. 非正常损失项目对应的进项税额；

c. 购进并直接用于消费的餐饮服务、居民日常服务和娱乐服务对应的进项税额；

d. 购进贷款服务对应的进项税额；

e. 国务院规定的其他进项税额。

【案例2-4】某企业为增值税纳税人，采用一般计税方法计税，2018年6月因管理不善霉烂变质材料一批，该批材料于同年3月购买，取得增值税专用发票注明金额100 000元，进项税额13 000元，该笔进项税额已抵扣。假设无相关责任人赔偿，则该批材料的进项税额应如何处理？

【解析】非正常损失的购进货物，其取得的进项税额不得抵扣，因购买时进项税额已正常抵扣，故该笔进项税额应做进项税额转出处理。

【案例2-5】甲商业银行M支行为增值税纳税人，采用一般计税方法计税，主要提供相关金融服务，乙公司为其星级客户，2018年第4季度向甲商业银行M支行取得贷款服务，支付含增值税利息6 491.44万元。请问该笔利息中含有的增值税能否抵扣？

【解析】按照增值税相关规定，购进贷款服务对应的进项税额不得抵扣，因此，该笔利息中含有的增值税不得抵扣。

【案例2-6】甲公司2019年1月有关生产经营业务如下：

①月初外购货物一批，支付增值税进项税额40万元，中下旬因企业经营管理不善，造成该批货物一部分发生霉烂变质，经核实造成1/5的损失。

②外购的动力燃料支付增值税进项税额26万元，80%用于增值税应税项目，另20%用于免征增值税项目。请计算甲公司当月可抵扣的增值税进项税额。

【解析】外购货物可抵扣的增值税进项税额=40−40÷5=32（万元）

外购动力燃料可抵扣的增值税进项税额=26−26×20%=20.8（万元）

当月可抵扣的增值税进项税额=32+20.8=52.8（万元）

③进口货物增值税的计算。

不同于一般增值税在生产、批发、零售等环节征税，进口增值税是专门在进口环节征收的一种增值税。进口环节的应纳税额实际上属于进项税额。

我国税法规定，纳税人进口货物，按照组成计税价格和规定的增值税税率计算税额，不得抵扣任何税额（在计算进口环节的增值税额时，不得抵扣发生在境外的各种税金），组成计税价格和应纳税额的计算如下：

应纳税额=组成计税价格×增值税税率

其中，组成计税价格的计算公式如下：

a. 若进口货物不属于消费税应税消费品（简称为非应税消费品）

组成计税价格=关税完税价格+关税税额

b. 若进口货物属于消费税应税消费品（此部分内容可放在项目3再行学习，此处只需了解进口环节增值税和消费税的组成计税价格是相同的）

• 实行从价定率办法计算纳税的组成计税价格的计算公式为：

组成计税价格=关税完税价格+关税税额+消费税税额

=（关税完税价格+关税税额）÷（1−消费税比例税率）

• 实行从量定额办法计算缴纳消费税的应税消费品，其计算增值税的组成计税价格的计算公式为：

组成计税价格=关税完税价格+关税税额+消费税税额

=关税完税价格+关税税额+海关核定的应税消费品的进口数量×消费税定额税率

- 实行复合计税办法计算纳税的组成计税价格的计算公式为：

组成计税价格=关税完税价格+关税税额+消费税税额

=（关税完税价格+关税税额+海关核定应税消费品的进口数量×消费税定额税率）÷（1−消费税比例税率）

【案例2-7】甲公司为增值税纳税人，采用一般计税方法计税，本年1月进口一批非应税消费品，关税完税价格为30 000元，关税税率为50%，进口该批货物适用的增值税税率为13%，请计算甲公司该批货物的进口增值税。

【解析】应纳进口关税=30 000×50%=15 000（元）

组成计税价格=30 000+15 000=45 000（元）

应纳进口环节增值税=45 000×13%=5 850（元）

2.2 简易计税方法

2.2.1 概念

简易计税方法是按照销售额与征收率的乘积计算应纳税额的方法。

增值税纳税人销售国务院规定的特定应税货物或者特定应税交易，可以选择适用简易计税方法计税。具体包括以下情形：

①公共交通运输服务。

公共交通运输服务，包括轮客渡、公交客运、地铁、城市轻轨、出租车、长途客运、班车。

班车，是指按固定路线、固定时间运营并在固定站点停靠的运送旅客的陆路运输服务。

②经认定的动漫企业为开发动漫产品提供的动漫脚本编撰、形象设计、背景设计、动画设计、分镜、动画制作、摄制、描线、上色、画面合成、配音、配乐、音效合成、剪辑、字幕制作、压缩转码（面向网络动漫、手机动漫格式适配）服务，以及在境内转让动漫版权（包括动漫品牌、形象或者内容的授权及再授权）。

动漫企业和自主开发、生产动漫产品的认定标准和认定程序，按照《文化部 财政部 国家税务总局关于印发〈动漫企业认定管理办法（试行）〉的通知》（文市发〔2008〕51号）的规定执行。

③电影放映服务、仓储服务、装卸搬运服务、收派服务和文化体育服务。

具体条款参见国务院相关规定。

2.2.2 应纳税额的计算

（1）计算公式

简易计税方法的应纳税额，是指按照销售额和增值税征收率计算的增值税额，不得抵扣进项税额。应纳税额计算公式：

应纳税额=销售额×征收率

上述销售额为不含税销售额。

①不含税销售额的计算公式。

简易计税方法的销售额不包括其应纳税额，纳税人采用销售额和应纳税额合并定价方法的，按下列公式计算销售额：

销售额 = 含税销售额÷（1+征收率）

和一般计税方法相同，简易计税方法中的销售额也不包括向购买方收取的增值税额，应将含税销售额换算为不含税销售额。

【案例2-8】某公交公司，按规定可选择简易计税方法缴纳增值税，2020年12月取得含税销售额103万元，请计算该公司当期应申报的应纳增值税额。

【解析】在计算时应先换算为不含税销售额，即：

103÷（1+3%）=100（万元）

即用于计算应纳增值税额的销售额为100万元。

应纳增值税额=100×3%=3（万元）

②应税交易扣减销售额的规定。

纳税人提供的适用简易计税方法计税的应税交易，因服务中止或者折让而退还给接受方的销售额，应当从当期销售额中扣减。扣减当期销售额后仍有余额而造成多缴的税款，可以从以后的应纳税额中扣减。

（2）采用简易计税办法需注意的问题

①纳税人对一项特定应税交易，一经选择适用简易计税方法计税的，在选定后的36个月内不得再变更计税方法。

②纳税人对其特殊应税交易选择适用简易计税方法，在计算应纳税额时不得抵扣相应的进项税额。

2.3 扣缴税额的计算

中华人民共和国境外（以下称境外）单位和个人在境内发生应税交易，以购买方为扣缴义务人。国务院另有规定的，从其规定。

扣缴义务人按照下列公式计算应扣缴税额：

应扣缴税额=购买方支付的价款÷（1+税率）×税率

请注意 在计算应扣缴税额时，购买方支付的应税交易的价款为含税价款，应先将其换算为不含税价款，再乘以相应的增值税适用税率，计算出应扣缴的增值税税额。

【案例2-9】 境外某公司为某境内纳税人提供建筑设计服务，合同价款106万元。请判断该业务应如何缴纳增值税及计算应扣增值税额。

【解析】 中华人民共和国境外（以下称境外）单位和个人在境内发生应税交易，以购买方为扣缴义务人。依照此规定，应以服务购买方为增值税扣缴义务人，应当扣缴的税额计算如下：

应扣缴增值税=106÷（1+6%）×6%=6（万元）

练习题

一、单项选择题

1. 将购买的货物用于下列项目，其进项税额不予抵扣的是（　　）。

A. 用于产品的生产　　B. 用于机器设备的维修

C. 用于职工集体福利　　D. 用于修建展销厅

2. 下列项目中不应征收增值税的是（　　）。

A. 古旧图书　　B. 将产品赠与他人

C. 以物易物　　D. 逾期未收回包装物不再退还的押金

3. 纳税人销售或者进口图书、粮食、冷气，按低税率计征增值税，其低税率为（　　）。

A. 9%　　B. 13%　　C. 14%　　D. 6%

4. 下列进口货物适用13%税率的有（　　）。

A. 化肥　　B. 汽车　　C. 饲料　　D. 农药

5. 委托其他纳税人代销货物，其纳税义务发生的时间为（　　）。

A. 发出代销产品的当天　　B. 代销方收到代销产品的当天

C. 按合同约定的收款日期的当天　　D. 收到代销单位代销清单的当天

6. 增值税纳税人发生的下列项目中，应将其已申报抵扣的进项税从发生期进项税额中扣减，并在会计上作“进项税额转出”处理的是（　　）。

A. 单位将自产货物用于集体福利　　B. 单位将购进原材料用于个人消费

C. 单位将购进货物无偿赠送他人　　D. 单位将购进无形资产无偿赠送他人

7. 以一个月为一期的增值税纳税人，应自期限满之日起（　　）天内申报纳税。

A. 3　　B. 5　　C. 10　　D. 15

8. 纳税人税务登记内容发生变化时，应在工商行政管理机关办理变更登记之日起，或经有关部门批准之日起（　　）日内，持相关证件向税务局申请办理变更税务登记。

A. 15　　B. 30　　C. 10　　D. 45

9. 征收增值税同时又征收消费税的货物，其增值税的组成计税价格计算为（　　）。

A. 组成计税价格=成本+利润

B. 组成计税价格=成本+利润+消费税

C. 组成计税价格=成本+利润+增值税

D. 组成计税价格=成本+利润+消费税+增值税

10. 增值税暂行条例中所称的货物，是指（　　）。

A. 不动产　　B. 有形动产

C. 无形资产　　D. 有形资产

11. 增值税纳税人发生的下列项目中，应视同发生应税交易计算销项税额的是（　　）。

A. 将购进货物用于集体福利　　B. 将购进货物无偿捐助给某单位

C. 将购进货物用于个人消费　　D. 将购进货物用于无偿捐赠给公益事业

12. 某煤气公司为一般纳税人，销售瓶装煤气，开具的增值税专用发票注明销售额为100 000元，同时单独收取包装物押金3 390元，该公司的销项税额为（　　）元。

A. 17 596.7　　B. 17 510　　C. 13 510　　D. 9 000

13. 某日用化妆品公司将自产的日用品发给职工作为福利，该批产品制造成本80万元，成本利润率为20%，当月同类产品的平均售价为100万元。该批产品的计税销售额为（　　）万元。

A. 80　　B. 96　　C. 88　　D. 100

14. 属于缴纳增值税范围的行为是（　　）。

A. 财务咨询公司提供咨询服务　　B. 歌厅销售饮料、糖果

C. 电视台播放广告　　D. 典当行销售死当物品

15. 下列各项中，属于增值税混合销售行为的是（　　）。

A. 建材商店在销售建材的同时又为其他客户提供装饰服务

B. 汽车建造公司在生产销售汽车的同时又为客户提供修理服务

C. 塑钢门窗销售商店既销售产品又可为客户提供安装服务

D. 饭店销售大闸蟹并为客户提供餐饮服务（堂食）

16. 下列各项中，应该计算缴纳增值税的是（　　）。

A. 邮政部门发行报刊

B. 农业生产者销售自产农产品

C. 自然人销售的自己使用过的物品

D. 残疾人的组织直接进口供残疾人专用的物品

17. 下列行为中，涉及的进项税额不得从销项税额中抵扣的是（　　）。

A. 将外购的货物用于本单位集体福利

B. 将外购的货物无偿赠送给他人

C. 将外购的无形资产无偿赠送给其他个人

D. 将外购的金融商品作为投资提供给其他单位

18. 下列项目所包含的进项税额，可以从销项税额中抵扣的是（　　）。

A. 用于简易计税方法计税项目

B. 非正常损失项目对应的进项税额

C. 用于无偿捐赠的外购商品

D. 用于生产免税产品的外购材料

二、多项选择题

1. 增值税的征收范围包括（　　）。

   A. 销售或进口的货物　　B. 销售不动产

   C. 转让无形资产　　D. 提供的加工、修理修配劳务

2. 税法中确定属于增值税征税范围的特殊行为主要有（　　）。

   A. 视同发生应税行为　　B. 加工、修理修配

   C. 混合销售　　D. 兼营应税行为

3. 下列不属于纳税人选择简易征收的征收率为（　　）。

   A. 6%　　B. 3%　　C. 17%　　D. 10%

4. 下列不属于增值税纳税人的是（　　）。

   A. 月销售额超过10万元的企业

   B. 季度销售额小于30万元的外商投资企业

   C. 月销售额小于10万元的个人

   D. 月销售额小于5万元的个体工商户

5. 准予从销项税额中抵扣的进项税额是（　　）。

   A. 从销售方取得的增值税专用发票上注明的增值税额

   B. 从海关取得的完税凭证上注明的增值税额

   C. 外购固定资产增值税专用发票上注明的增值税额

   D. 向农业生产者购买的免税农业产品，或者向小规模纳税人购买的农业产品按买价和规定的扣除率计算的进项税额

6. 下列货物免征增值税的是（　　）。

   A. 古旧图书

   B. 大中学校教材

   C. 避孕药品和用具

   D. 外国政府、国际组织无偿援助的进口物资和设备

7. 在销售价格之外向购货方收取的下列费用，并入销售额计算纳税的是（　　）。

   A. 手续费　　B. 销项税额

   C. 奖励费　　D. 包装费

三、判断题

1. 对于纳税人兼营不同税目应税行为的，应分开核算，不能分开核算或不能准确分开核算的，应从高适用税率。（　　）

2. 划分是否增值税纳税人的标准是季度应税行为的金额是否超过30万元。（　　）

3. 从事图书、报纸、杂志销售的纳税人按低税率9%计征增值税。（　　）

4. 企业购入食用油节日发给职工作为福利，应视同发生应税交易。（　　）

5. 采用简易计税办法计算增值税的纳税人，若取得增值税专用发票，可以抵扣进项

税额。（　　）

四、不定项选择题

甲食品有限公司（增值税一般纳税人）2019年11月发生下列经营业务：

（1）从某农业生产者处收购其自产的花生，开具的收购凭证上注明收购价格为50 000元，货物验收入库；支付某运输企业运费400元（不含税），取得增值税专用发票。

（2）销售副食品给某商场，开具的增值税专用发票上注明价款65 000元，并通过本公司运输队车辆送货上门，单独核算并开具增值税普通发票，收取运费共555元。

（3）销售副食品给乙公司，开具的增值税专用发票上注明价款400 000元。委托某公路运输企业运送，甲公司支付运费3 000元（不含税），取得增值税专用发票。

（4）从某设备制造公司购进检测设备一台，取得的增值税专用发票上注明价款30 000元。

（5）购进自用货运卡车一辆，支付不含税价格180 000元，取得增值税专用发票。

要求：根据上述资料分别回答下列小题。

1. 业务（1）中准予抵扣的进项税额是（　　）。

A. 0

B. 50 000×11%=5 500（元）

C. 50 000×13%+400×13%=6 552（元）

D. 50 000×9%+400×9%=4 536（元）

2. 甲公司11月的销项税额为（　　）元。

A. 11 050　　B. 68 000　　C. 60 495.83　　D. 79 135

3. 甲公司11月需要缴纳的增值税为（　　）元。

A. 36 697　　B. 28 389.83　　C. 43 435　　D. 41 797

4. 下列关于本题的表述中正确的是（　　）。

A. 从农业生产者手中购进免税农产品，不可以抵扣进项税

B. 销售货物时委托运输企业负责运输，支付的运费可以抵扣进项税

C. 购进货运卡车自用，不可以抵扣进项税

D. 销售货物并负责运输，收取的运费按规定计算缴纳增值税

项目3　消费税

任务1　认识消费税

1　消费税的概念

消费税是对在中国境内从事销售、委托加工和进口税法规定的应税消费品的单位和个人征收的一种流转税，是对特定的消费品和消费行为在特定的环节征收的一种间接税。消费税是国家为体现消费政策，对销售、委托加工、零售和进口的应税消费品征收的一种税。

2　消费税纳税人

消费税的纳税人是在我国境内销售、委托加工、零售和进口《中华人民共和国消费税法》规定的应税消费品的单位和个人。

简单来说：不是应税消费品所经历的所有环节都交消费税的，只有生产商、委托加工商品、进口商和批发商和零售商交消费税。

3　消费税纳税环节与征税范围

3.1　纳税环节："三初始，一批一零"

消费税的纳税环节一共有五个，包含四个基础纳税环节和一个特定纳税环节，可以概括为"三初始，一批一零"。

3.1.1　四个基础纳税环节

四个基础纳税环节是指生产、委托加工、进口和零售环节。生产、委托加工、进口是消费品进入流通的初始环节，一般消费品选择此环节缴纳消费税，即由生产商、委托加工商、进口商缴纳消费税。个别消费品消费税在零售环节，即由零售商缴纳。一般情况下，消费税由指定环节一次性缴纳，其他环节不再缴纳。

3.1.2　一个特定纳税环节

卷烟除了初始环节征税外，批发环节也要征收消费税，且实行复合计征，税率为11%，并按0.005元/支征收从量税。

表3-1 消费税纳税环节一览表

应税消费品	纳税环节数	纳税环节
金银（含铂金）首饰、钻石及钻石饰品	单环节纳税	零售环节缴纳，其他环节不缴纳
卷烟	双环节纳税	生产、委托加工、进口+批发环节
其他应税消费品	单环节纳税	生产、委托加工、进口纳，其他环节不缴纳

3.2 征税范围和税率

相对于增值税而言，消费税的征税范围而言就是：在对货物普遍征收增值税的基础上，选取个别消费品，加收一道消费税，即交消费税的货物一定要交增值税，交增值税的货物未必交消费税。税目是征税范围的具体化。

表3-2 消费税税目税率表——税目一、二

税目	税率与征税环节		
	生产（进口）环节	批发环节	零售环节
一、烟			
1. 卷烟			
（1）甲类卷烟	56%加0.003元/支	11%加0.005元/支	
（2）乙类卷烟	36%加0.003元/支		
2. 雪茄烟	36%		
3. 烟丝	30%		
二、酒			
1. 白酒	20%加0.5元/500克（或者500毫升）		
2. 黄酒	240元/吨		
3. 啤酒			
（1）甲类啤酒	250元/吨		
（2）乙类啤酒	220元/吨		
4. 其他酒	10%		

请注意 关于表3-2，请注意以下几点：

①酒精不再征收消费税；

②甲类啤酒是指每吨出厂价（含包装物及包装物押金）≥3 000元（不含增值税）的啤酒；乙类啤酒是指每吨出厂价（含包装物及包装物押金）<3 000元的啤酒；

③包装物押金不包括重复使用的塑料周转箱的押金；

④果啤属于啤酒，按啤酒征收消费税；

⑤对饮食业、商业、娱乐业举办的啤酒屋（啤酒坊）利用啤酒生产设备生产的啤酒应当征收消费税；

⑥葡萄酒，属于“其他酒”子目；

⑦配制酒的子类目和税率适用：

a. 以蒸馏酒或食用酒精为酒基，具有国家相关部门批准的国食健字或卫食健字文号并且酒精度≤38度（含）的配制酒；

b. 以发酵酒为酒基，酒精度≤20度的配制酒；

前两类，按“其他酒”10%适用税率征收消费税。

c. 其他配制酒，按“白酒”适用20%加0.5元/500克税率征收消费税。

表3-3　消费税税目税率表——税目三至五

税目	税率与征税环节		
	生产（进口）环节	批发环节	零售环节
三、高档化妆品	15%		
四、贵重首饰及珠宝玉石			
1. 金银首饰、铂金首饰和钻石及钻石饰品			5%
2. 其他贵重首饰和珠宝玉石	10%		
五、鞭炮焰火	15%		

请注意　关于表3-3，请注意以下几点：

①财政部联合国家税务总局发布了《关于调整化妆品消费税政策的通知》（以下简称《通知》）规定：高档美容、修饰类化妆品和高档护肤类化妆品是指生产（进口）环节销售（完税）价格（不含增值税）在10元/毫升（克）或15元/片（张）及以上的美容、修饰类化妆品和护肤类化妆品。不包括：舞台、戏剧、影视演员化妆用的上妆油、卸妆油、油彩；

②出国人员免税商店销售的金银首饰征收消费税；

③鞭炮焰火中不包括：体育上用的发令纸、鞭炮药引线。

表3-4　消费税税目税率表——税目六至八

税目	税率与征税环节		
	生产（进口）环节	批发环节	零售环节
六、成品油			
1. 汽油	1.52元/升		
2. 柴油	1.2元/升		

续表

税目	税率与征税环节		
	生产（进口）环节	批发环节	零售环节
3. 航空煤油	1.2元/升		
4. 石脑油	1.52元/升		
5. 溶剂油	1.52元/升		
6. 润滑油	1.52元/升		
7. 燃料油	1.2元/升		
七、摩托车			
1. 气缸容量250毫升	3%		
2. 气缸容量在250毫升（不含）以上的	10%		
八、小汽车			
1. 乘用车			
（1）气缸容量（排气量，下同）在1.0升（含1.0升）以下的	1%		
（2）气缸容量在1.0升以上至1.5升（含1.5升）的	3%		
（3）气缸容量在1.5升以上至2.0升（含2.0升）的	5%		
（4）气缸容量在2.0升以上至2.5升（含2.5升）的	9%		
（5）气缸容量在2.5升以上至3.0升（含3.0升）的	12%		
（6）气缸容量在3.0升以上至4.0升（含4.0升）的	25%		
（7）气缸容量在4.0升以上的	40%		
2. 中轻型商用客车	5%		
3. 超豪华小汽车	按子税目1和子税目2的规定征收		10%

请注意 关于表3-4，请注意以下几点：

①只有气缸容量≥250毫升的摩托车才征收消费税；

②排量≤1.5升的乘用车底盘（车架）改装、改制的属于乘用车；>1.5升的乘用车底盘（车架）或用中轻型商用客车底盘（车架）改装、改制的属于中轻型商用客车；

③不包括：

a. 电动汽车；

b. 车身长度≥7米、并且座位10～23座（含）以下的商用客车；

c. 沙滩车、雪地车、卡丁车、高尔夫车。

④根据财税〔2016〕129号——《财政部、国家税务总局关于对超豪华小汽车加征消费税有关事项的通知》有关规定，在“小汽车”税目下增设“超豪华小汽车”子税目。征收范围为每辆零售价130万元（不含增值税）及以上的乘用车和中轻型商用客车。对超豪华小汽车，在生产（进口）环节按现行税率征收消费税基础上，在零售环节加征消费税，税率为10%。

表3-5　消费税税目税率表——税目九至十五

税目	税率与征税环节		
	生产（进口）环节	批发环节	零售环节
九、高尔夫球及球具	10%		
十、高档手表	20%		
十一、游艇	10%		
十二、木制一次性筷子	5%		
十三、实木地板	5%		
十四、电池	4%		
十五、涂料	4%		

请注意　关于表3-5，请注意以下几点：

①高尔夫球及球具范围包括高尔夫球、高尔夫球杆及高尔夫球包（袋）等。高尔夫球杆的杆头、杆身和握把属于本税目的征收范围；

②高档手表，每只不含增值税销售价格≥10 000元；

③游艇，8米≤长度≤90米，内置发动机，可以在水上移动，一般为私人或团体购置，主要用于水上运动和休闲娱乐等非牟利活动的各类机动艇。

消费税税率可以概括为三种形式，如表3-6所示。

表3-6　应税消费品税率形式一览表

税率形式	应税消费品
比例税率和定额税率相结合的复合税率	卷烟： （1）初始环节 定额税率：每标准箱150元（每支0.003元） 比例税率：甲类卷烟【调拨价为每条70元以上（含）】，适用56% 乙类卷烟（调拨价为每条70元以下），适用36% （2）批发环节 定额税率：每标准箱250元（每支0.005元） 比例税率：11% 注：由销售给零售商的批发商缴纳

续表

税率形式	应税消费品
比例税率和定额税率相结合的复合税率	白酒： 定额税率：每500克0.5元 比例税率：20%
定额税率	啤酒：甲类啤酒【出厂价3 000元/吨以上（含）】250元/吨 乙类啤酒（出厂价3 000元/吨以下）220元/吨 黄酒：240元/吨 成品油（表3-4）
比例税率	除上述列举以外的其他应税消费品

4 消费税的征收管理

4.1 纳税义务发生时间

除委托加工纳税义务发生时间是消费税的特有规定之外，消费税的纳税义务发生时间与增值税基本一致，具体内容如表3-7所示。

表3-7 消费税纳税义务时间表

业务类型	纳税义务发生时间
销售应税消费品	收讫销售款项或者取得索取销售款项凭据的当天；先开具发票的，为开具发票的当天
未对外销售，自用应税消费品	移送货物的当天
委托加工应税消费品	受托方向委托方交货的当天
进口应税消费品	进入关境的当天

4.2 纳税地点

①纳税人销售应税消费品的，以及自用应税消费品的，除国务院财政、税务主管部门另有规定外，应当向纳税人机构所在地或者居住地的主管税务机关申报纳税。

②委托加工应税消费品的，除受托方为个人外，由受托方向机构所在地的主管税务机关解缴消费税税款。

③进口应税消费品的，应当向报关地海关申报纳税。

任务2 计算消费税

1 销售额的确定

1.1 销售额一般规定

用于计算消费税的销售额应为纳税人销售应税消费品向购买方收取的全部价款和价外费用。

全部价款中包含消费税税额，但不包括增值税税额；价外费用的内容与增值税规定相同。

应税消费品的销售额＝含增值税的销售额÷（1＋增值税税率或征收率）

1.2 包装物计入销售额的方法

对于随同应税消费品出售或出借的包装物，应按以下规定计入销售额：

①包装物连同产品销售，并入产品价款中计税；

②只是收取押金（收取酒类产品的包装物押金除外），且单独核算又未过期的，此项押金则不应并入应税消费品的销售额中征税。但对因逾期未收回的包装物不再退还的和已收取1年以上的押金，应并入应税消费品的销售额，按照应税消费品的适用税率征收消费税；

③包装物既作价随同产品销售，又收取押金，售价处理同①，押金处理同②或④；

④对酒类产品生产企业销售酒类产品（黄酒、啤酒除外）而收取的包装物押金，无论押金是否返还与会计上如何核算，均需并入酒类产品销售额中，依酒类产品的适用税率征收消费税。

表3-8　包装物押金的税务处理说明表

押金种类	收取时，未逾期	逾期时
一般应税消费品的包装物押金	不缴增值税，不缴消费税	缴纳增值税，缴纳消费税（押金需换算为不含税价）
酒类产品包装物押金（除啤酒、黄酒外）	缴纳增值税、消费税（押金需换算为不含税价）	不再缴纳增值税、消费税
啤酒、黄酒包装物押金	不缴增值税，不缴消费税	只缴纳增值税，不缴纳消费税（因为从量征收）

1.3 销售额特殊规定

①纳税人通过自设非独立核算门市部销售的自产应税消费品，应当按照门市部对外销售额或销售数量征收消费税；

②纳税人用于换取生产资料和消费资料、投资入股和抵偿债务等方面的应税消费品，

应当以纳税人同类应税消费品的最高销售价格为依据计算消费税；

③白酒生产企业向商业销售单位收取的“品牌使用费”是随着应税白酒的销售而向购货方收取的，属于应税白酒销售价款的组成部分，因此，不论企业采取何种方式或以何种名义收取价款，均应并入白酒的销售额中缴纳消费税；

④纳税人将自产的应税消费品与外购或自产的非应税消费品组成套装销售的，以套装产品的销售额（不含增值税）为计税依据，若套装中包含不同税率应税消费品，应从高适用税率。

2 销售数量规定

应税消费品销售数量的确定应按照以下规定：

①销售应税消费品的，为应税消费品的销售数量；

②自产自用应税消费品的，为应税消费品的移送使用数量；

③委托加工应税消费品的，为纳税人收回的应税消费品数量；

④进口的应税消费品，为海关核定的应税消费品的进口数量。

3 应纳税额

3.1 生产销售应纳消费税的计算

3.1.1 直接对外销售应纳消费税的计算

表3-9 消费税计税公式表

计税方法	计税依据	适用范围	计税公式
1. 从价定率计税	销售额	除列举项目之外的应税消费品	应纳税额=销售额×比例税率
2. 从量定额计税	销售数量	列举3种：啤酒、黄酒、成品油	应纳税额=销售数量×单位税额
3. 复合计税	销售额、销售数量	列举2种：白酒、卷烟	应纳税额=销售额×比例税率+销售数量×单位税额

【案例3-1】秀禾化妆品厂为增值税纳税人，2019年12月8日向某大型商场销售高档化妆品一批，开具增值税专用发票，取得不含增值税销售额30万元，增值税为3.9万元；12月20日向某单位销售高档化妆品一批，开具普通发票，取得含增值税销售额4.52万元；收取包装费1.13万元（开具普通发票）；另有过期不退的出借包装物押金2.26万元。请计算秀禾化妆品厂当月消费税应纳税额。

【解析】应纳消费税额=30×15%+（4.52+1.13+2.26）÷（1+13%）×15%=5.55（万元）

【案例3-2】某酒业有限公司3月销售啤酒150吨，每吨不含税售价为2 900元，销售啤酒收取包装物押金1 130元。请计算该酒业有限公司当月消费税应纳税额。

【解析】啤酒每吨出厂价=2 900+1 130÷（1+13%）÷150≈2 906.67<3 000元，适用单位税额每吨220元，因此应纳消费税=150×220=33 000（元）

【案例3-3】福星酒业有限公司为增值税纳税人，2019年4月销售白酒30 000千克，取得不含税销售额105 000元；收取粮食白酒品牌使用费4 520元；本月销售粮食白酒收取包装物押金9 040元。请计算福星酒业有限公司当月消费税应纳税额。

【解析】应纳消费税额=[105 000+4 520÷（1+13%）+9 040÷（1+13%）]×20%+60 000×0.5=53 400（元）

【案例3-4】某卷烟厂6月份外购的已税烟丝为20万元，月初库存的外购已税烟丝为5万元，月末库存的外购已税烟丝为6.6万元，其余被当月生产卷烟领用，当月对外销售甲类卷烟8标准箱，不含税销售额共计120万元。请计算该卷烟厂当月消费税应纳税额。

【解析】外购烟丝用于生产卷烟的，烟丝的消费税准予扣除。因此卷烟厂当月消费税应纳税额=120×56%+8×150÷10 000−（20+5−6.6）×30%=61.8（万元）

【案例3-5】某摩托车生产企业为增值税一般纳税人，3月份将生产的某型号气缸容量在250毫升以上的摩托车30辆，以每辆出厂价12 000元（不含增值税）给自设非独立核算的门市部；门市部又以每辆15 820元（含增值税）全部销售给消费者。请计算该摩托车生产企业当月消费税应纳税额。

【解析】纳税人通过自设非独立核算门市部销售的自产应税消费品，应当按照门市部对外销售额或销售数量征收消费税，因此该摩托车生产企业当月消费税应纳税额=15 820×30÷（1+13%）×10%=42 000（元）

【案例3-6】某酒厂12月份销售粮食白酒12 000斤，不含税售价为5元/斤，随同销售的包装物不含税售价为6 200元；本月销售礼品盒6 000套，不含税售价为300元/套，每套包括粮食白酒2斤、单价80元/斤，干红酒2斤、单价70元/斤。请计算该酒厂当月消费税应纳税额。

【解析】该酒厂当月消费税应纳税额=（12 000×5+6 200）×20%+12 000×0.5+6 000×300×20%+6 000×（2+2）×0.5=391 240（元）

3.1.2 自用应纳消费税的计算

纳税人自用未对外销售应税消费品，应当缴纳消费税，于移送使用时缴纳。

纳税人自用未对外销售的应税消费品，按照纳税人销售的同类消费品的销售价格计算纳税；没有同类消费品销售价格的，按照组成计税价格计算纳税。

实行从价计税办法计算纳税的组成计税价格计算公式：

组成计税价格=（成本+利润）÷（1−比例税率）

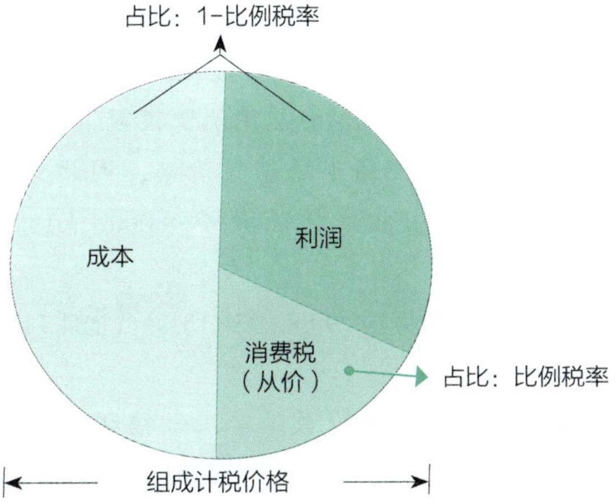

此处组成计税价格由三部分组成：成本、利润和消费税（从价），在整个组成计税价格中，消费税占比即为比例税率，另外两部分成本与利润之和占比为1-比例税率，已知局部求整体，组成计税价格=（成本+利润）/（1-比例税率），消费税（从价）=（成本+利润）/（1-比例税率）×比例税率

实行复合计税办法计算纳税的组成计税价格计算公式：

组成计税价格=（成本+利润+自用数量×定额税率）÷（1−比例税率）

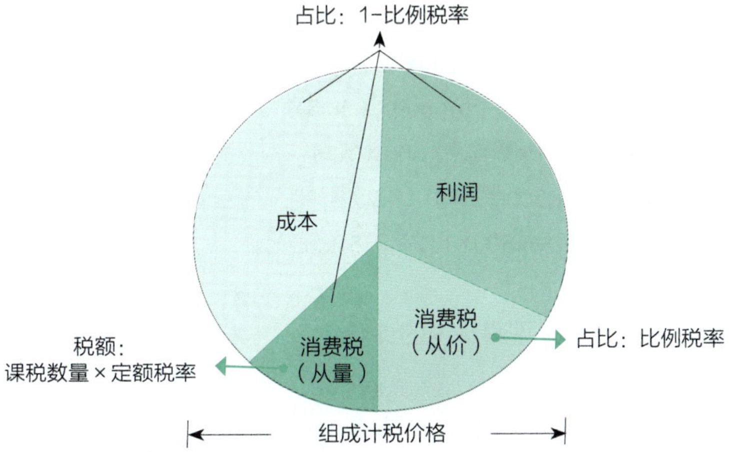

此处组成计税价格由四部分组成：成本、利润、消费税（从量）和消费税（从价），在整个价格中，消费税（从价）占比即为比例税率，另外三部分成本、利润与消费税（从量）之和占比为1-比例税率，已知局部求整体，组成计税价格=（成本+利润+课税数量×消费税定额税率）/（1-比例税率），消费税=消费税（从价）+消费税（从量）=[（成本+利润+课税数量×消费税定额税率）/（1-比例税率）]×比例税率+课税数量×消费税定额税率

上述公式在项目2增值税中出现过，也就是说某项行为如果既符合消费税法自用未对外销售应税消费品规定同时又符合增值税法中视同发生应税交易规定，则发生此行为时既需要确认增值税销项税额又需要确认应纳消费税额，而且计算两种税的税基是完全一致的。

【案例3-7】某化妆品公司将一批自产的高档化妆品用作职工福利，化妆品成本是8 000元，该化妆品无同类产品市场销售价格，已知其成本利润率为5%。请计算该批化妆品的应纳增值税销项税额和应纳消费税额。

【解析】因该化妆品无同类产品市场销售价格，因此需要用组成计税价格计算增值税销项税额和消费税。组成计税价格=8 000×（1+5%）/（1−15%）≈9 882.35（元）

该批高档化妆品增值税销项税额=9 882.35×13%≈1 284.71（元）

消费税=9 882.35×15%≈1 482.35（元）

【案例3-8】某黄酒厂将2吨黄酒发放给职工做福利，其成本为4 000元/吨，该黄酒成本利润率为10%，请计算该批黄酒应纳增值税销项税额和应纳消费税额。

【解析】黄酒的消费税率为240元/吨，计税方式为从量定额。因此应纳消费税额=2×240=480（元）

该批黄酒增值税销项税额=［4 000×2×（1+10%）+2×240］×13%=1 206.4（元）

【案例3-9】某酒厂以自产特制白酒1吨用于厂庆庆祝活动，其成本为4 000元/吨，无同类产品售价，成本利润率为5%，请计算此笔业务应纳增值税销项税额和应纳消费税额。

【解析】白酒的消费税为复合计征，因此应纳消费税由从量税和从价税两部分构成：

从量征收消费税=2 000×0.5=1 000（元）

该批白酒的组成计税价格=［4 000×（1+5%）+1 000］÷（1−20%）=6 500（元）

从价计征消费税=6 500×20%=1 300（元）

应纳消费税=1 000+1 300=2 300（元）

应纳增值税销项税额=6 500×13%=845（元）

3.2 委托加工应税消费品消费税的计算

3.2.1 受托方代收代缴消费税的计算

委托加工应税消费品，通常在受托方加工完毕向委托方交货时，由受托方代收代缴消费税，但请注意以下两点：

①如果受托方是个人（含个体工商户），委托方须在收回加工应税消费品后向所在地主管税务机关缴纳消费税。

②如果受托方没有代收代缴消费税，委托方应补交税款，补税的计税依据为：

a. 已直接销售的，按销售额计税；

b. 未销售或不能直接销售的，按组成计税价格计税（委托加工业务的组成计税价格）。

此处可以这样理解，如果受托方是个人或个体工商户，让其完成代收代缴委托方消费税款的任务可能会比较困难，此时，由委托方自己缴纳会更稳妥。

受托方代收代缴消费税时，应按受托方同类应税消费品的售价计算纳税；没有同类价格的，按照组成计税价格计算纳税。

①实行从价计税办法计算纳税的组成计税价格计算公式：

组成计税价格=（材料成本+加工费）÷（1-消费税比例税率）

其中，材料成本是指委托方所提供加工材料的实际成本，加工费是指受托方加工应税消费品向委托方所收取的全部费用（包括代垫辅助材料的实际成本，不包括增值税税金）。

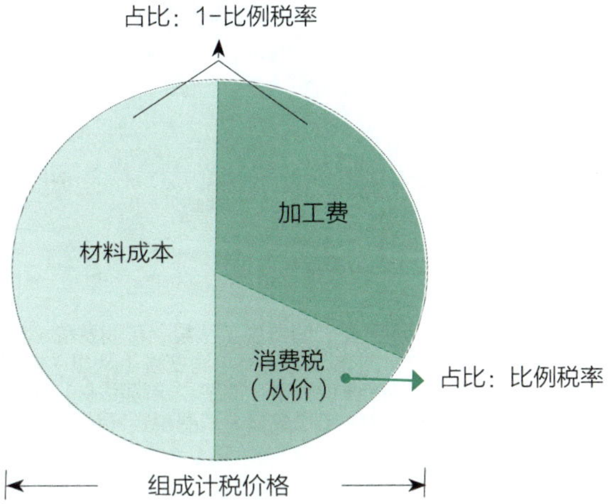

此处组成计税价格由三部分组成：材料成本、加工费和消费税（从价），在整个组成计税价格中，消费税占比即为比例税率，另外两部分材料成本与加工费之和占比为1-比例税率，已知局部求整体，组成计税价格=（材料成本+加工费）/（1-比例税率），消费税（从价）=（材料成本+加工费）/（1-比例税率）×比例税率

【案例3-10】甲企业委托乙企业加工一批应税消费品，甲企业提供主要原材料，实际成本为7 000元，支付乙企业不含增值税的加工费2 000元，其中包括乙企业代垫的辅助材料500元。已知适用消费税税率为10%，受托方无同类消费品销售价格，请计算乙企业代收代缴应税消费品的消费税税款。

【解析】组成计税价格=（材料成本+加工费）/（1-消费税比例税率）=（7 000+2 000）/（1-10%）=10 000（元）

乙企业代收代缴消费税税款=10 000×10%=1 000（元）

【案例3-11】甲企业委托乙企业加工10吨黄酒，甲企业为乙企业提供原材料的实际成本为7 000元，支付给乙企业不含增值税的加工费2 000元，其中包括乙企业代垫的辅助材料500元。请计算乙企业代收代缴应税消费品的消费税税款。

【解析】黄酒从量计征，计算消费税不需要考虑价格。

代收代缴消费税额=委托方收回的应税消费品的数量×定额税率=10×240=2 400（元）

②实行复合计税办法计算纳税的组成计税价格计算公式：

组成计税价格 =（材料成本 + 加工费 + 委托加工数量×定额税率）÷（1−消费税比例税率）

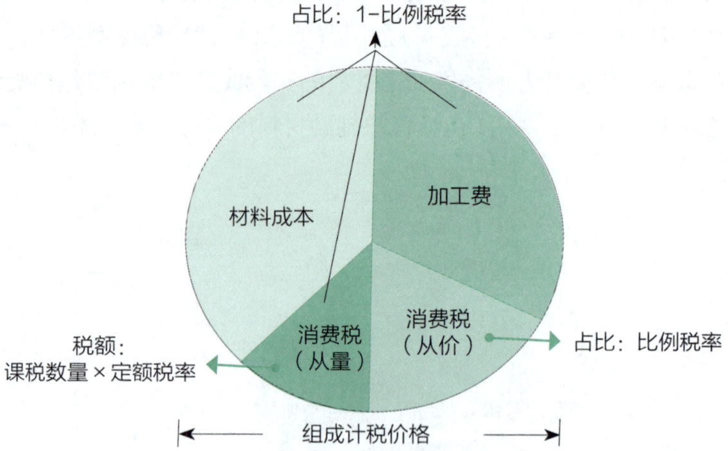

此处组成计税价格由四部分组成：材料成本、加工费、消费税（从量）和消费税（从价），在整个价格中，消费税（从价）占比即为比例税率，另外三部分材料成本、加工费与消费税（从量）之和占比为1-比例税率，已知局部求整体，组成计税价格=（材料成本+加工费+课税数量×消费税定额税率）/（1-比例税率），消费税=消费税（从价）+消费税（从量）=[（材料成本+加工费+课税数量×消费税定额税率）/（1-比例税率）]×比例税率+课税数量×消费税定额税率

【案例3-12】甲酒厂是增值税纳税人，2020年4月将成本为60 000元的一批粮食运往乙酒厂加工白酒8吨，取得乙酒厂开具防伪税控的增值税专用发票，上面注明加工费40 000元，其中含代垫辅料15 000元，加工的白酒当地无同类产品市场价格。

【解析】代收代缴的消费税的组成计税价格=（材料成本+加工费+消费税定额税）÷（1−消费税比例税率）=［60 000+40 000+8×2 000×0.5］÷（1−20%）=135 000（元）

应代收代缴的消费税=135 000×20%+8×2 000×0.5=35 000（元）

3.2.2 委托加工应税消费品收回后出售消费税的计算

①委托方将收回的应税消费品，以不高于受托方的计税价格出售的，为直接出售，不再缴纳消费税。

②委托方以高于受托方的计税价格出售的，不属于直接出售，需按照规定申报缴纳消费税，在计税时准予扣除受托方已代收代缴的消费税。

例如：某批高档化妆品，受托方代收代缴消费税的计税价格为20万元，委托方将该批高档化妆品收回后出售，如果不含增值税售价≤20万元，出售时不需再缴纳消费税；但不含增值税的售价＞20万元（此处假设为25万元），则需要按差价补缴消费税（应补缴消费税=5×15%=0.75万元）。

委托加工业务中双方的税务处理关系如图3-1所示。

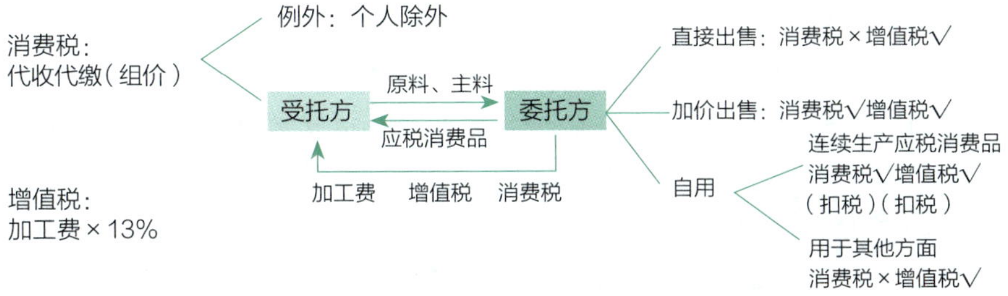

图3-1 委托加工业务中双方的税务处理关系图

3.3 进口应税消费品应纳税额计算

3.3.1 从价定率办法计税

应纳税额＝组成计税价格×消费税税率

组成计税价格＝（关税完税价格＋关税）÷（1－消费税比例税率）

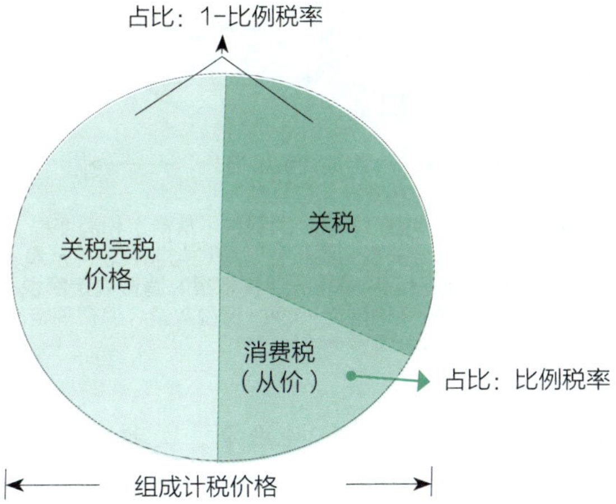

此处组成计税价格由三部分组成：关税完税价格、关税和消费税（从价），在整个组成计税价格中，消费税占比即为比例税率，另外两部分材料成本与加工费之和占比为1-比例税率，已知局部求整体，组成计税价格=（关税完税价格+关税）/（1-比例税率），消费税（从价）=（关税完税价格+关税）/（1-比例税率）×比例税率

【案例3-13】某商贸公司，2020年5月从国外进口一批应税消费品，已知该批应税消费品的关税完税价格为90万元，按规定应缴纳关税18万元，假定进口的应税消费品的消费税税率为10%。请计算该批消费品进口环节应缴纳的消费税税额。

【解析】应税消费品的组价=（90+18）÷（1−10%）=120（万元）

应纳消费税=120×10%=12（万元）

3.3.2 从量定额办法计税

应纳税额＝应税数量×单位税额

【案例3-14】甲企业进口某外国品牌黄酒600吨，已知每吨黄酒的关税完税价格为2 500元，已知关税税率40%，请计算该企业进口环节应缴纳的消费税额。

【解析】黄酒的消费税率为240元/吨，因此应税消费税=600×240=144 000（元）

3.3.3 复合办法计税

组成计税价格 =（关税完税价格 + 关税+应税数量×单位税额）÷（1−消费税比例税率）

应纳消费税额 = 组成计税价格×消费税税率+应税数量×单位税额

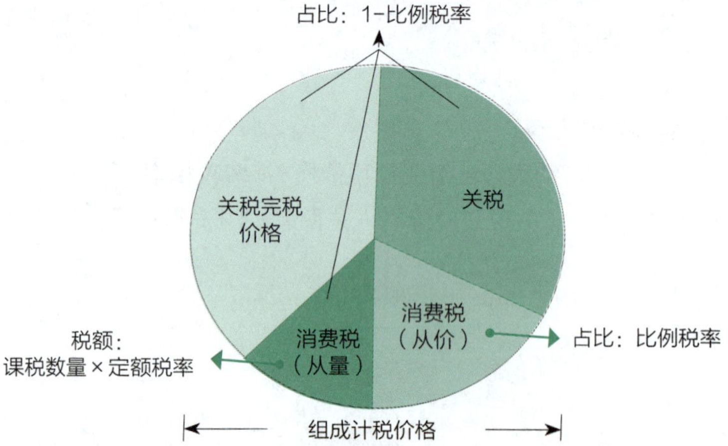

此处组成计税价格由四部分组成：关税完税价格、关税、消费税（从量）和消费税（从价），在整个价格中，消费税（从价）占比即为比例税率，另外三部分关税完税价格、关税与消费税（从量）之和占比为1-比例税率，已知局部求整体，组成计税价格=（关税完税价格+关税+课税数量 × 消费税定额税率）/（1-比例税率），消费税=消费税（从价）+消费税（从量）=[（关税完税价格+关税+课税数量 × 消费税定额税率）/（1-比例税率）] × 比例税率+课税数量 × 消费税定额税率

【案例3-15】某进出口公司进口了2吨白酒，关税完税价格为400 000元，关税税率为20%，请计算该公司在进口环节消费税应纳税额。

【解析】白酒采用复合办法计税，消费比例税率为20%，定额税率为0.5元/斤，因此

进口白酒的组成计税价格=［400 000 ×（1+20%）+2 × 2 000 × 0.5］/（1−20%）=602 500（元）

进口白酒应纳消费税=602 500×20%+2×2 000×0.5=122 500（元）

【案例3-16】某外贸公司7月从国外进口卷烟320箱（每箱250条，每条200支），支付买价2 000 000元，支付到达我国海关前的运输费用120 000元、保险费用80 000元。已知进口卷烟的关税税率为20%。请计算该外贸公司在进口环节消费税应纳税额。

【解析】进口卷烟消费税应纳税额的计算一般应按照如下步骤进行：

①用组成计税价格作为每标准条进口卷烟（200支）确定消费税适用比例税率的价格。

组成计税价格=（关税完税价格+关税+应税数量×单位税额）÷（1−消费税比例税率）。其中，消费税定额税为每标准条（200支）0.6元（即每标准箱150元），分母中消费税比例税率固定为36%。

②按照上述方法确定每标准条进口卷烟消费税适用比例税率，价格≥70元人民币的，适用比例税率为56%；<70元人民币的，适用比例税率为36%。

每标准条进口卷烟的组成计税价格=［（2 000 000+120 000+80 000）÷（320×250）×（1+20%）+0.6］÷（1−36%）=52.5（元）

因为上述价格小于70元，适用比例税率为36%。所以

外贸公司进口环节消费税应纳税额=320×250×52.5×36%+320×250×0.6=1 560 000（元）

3.4　已纳消费税扣除的计算

3.4.1　外购应税消费品已纳消费税的扣除

税法规定：对外购已税消费品连续生产应税消费品销售时，可按当期生产领用数量计算准予扣除外购应税消费品已纳的消费税税款。

（1）扣税范围

外购应税消费品用于连续生产应税消费品的，符合下列情形的所纳消费税税款准予按规定抵扣：

①烟丝生产卷烟的；

②鞭炮、焰火生产鞭炮、焰火的；

③杆头、杆身和握把生产高尔夫球杆的；

④木制一次性筷子生产木制一次性筷子的；

⑤实木地板生产实木地板的；

⑥石脑油、燃料油生产成品油的；

⑦汽油、柴油、润滑油分别生产汽油、柴油、润滑油的；

⑧集团内部企业间用啤酒液生产啤酒的；

⑨葡萄酒生产葡萄酒的；

⑩高档化妆品生产高档化妆品的。

（2）扣税计算

符合扣税范围的应税消费品，按当期生产领用数量扣除其已纳消费税。

当期准予扣除的外购应税消费品已纳税款＝当期准予扣除的外购应税消费品买价×外购应税消费品适用税率

当期准予扣除的外购应税消费品买价＝期初库存的外购应税消费品买价＋当期购进的

外购应税消费品买价－期末库存的外购应税消费品买价

【案例3-17】某工厂期初结存外购未经打磨的一次性筷子50 000元，本期外购100 000元。本期月末库存20 000元，生产出一次性筷子对外销售，取得不含税销售额200 000元，木制一次性筷子消费税税率为5%。请计算该工厂当期应交的消费税。

【解析】准予扣除消费税=（50 000+100 000−20 000）×5%=6 500（元）

应纳消费税=200 000×5%−6 500=3 500（元）

3.4.2 委托加工收回的应税消费品已纳税消费税的扣除

税法规定：对委托加工收回消费品已纳的消费税，可按当期生产领用数量从当期应纳消费税税额中扣除。

扣税范围不限，扣税方法与外购已税消费品连续生产应税消费品相同。

【案例3-18】甲企业为高尔夫球及球具生产厂家，增值税采用一般方式计税，2020年10月发生以下业务：

①购进一批碳素材料、钛合金，不含增值税的价款为150万元，委托乙企业将其加工成高尔夫球杆，支付不含增值税的加工费用30万元。

②委托加工收回的高尔夫球杆的80%当月已经销售，收到不含税价款300万元，另20%留存仓库。请计算：

a. 乙企业应代收代缴的消费税额；

b. 计算甲企业销售高尔夫球杆应缴纳的消费税；

c. 假设乙企业未履行代收代缴消费税义务，则留存仓库的高尔夫球杆应缴纳的消费税额。

【解析】

a. 乙企业代收代缴的消费税=（150+30）÷（1−10%）×10%=20（万元）

b. 甲企业销售高尔夫球杆应缴纳的消费税=300×10%−200×80%×10%=14（万元）

c. 假设乙企业未履行代收代缴消费税，留存仓库的高尔夫球杆应纳消费税=（150+30）÷（1−10%）×20%×10%=4（万元）

>>> 知识链接：增值税和消费税的联系与区别

联系：这两种税都属于流转税，即在流通环节产生，且都能够转嫁。

区别：①与价格的关系不同。增值税是价外税，消费税是价内税。即：增值税通常附加于价格之外，向买方一同收取，不构成企业的费用，不需要由收入来弥补；对应税消费品而言，消费税是价格的构成部分，是企业的费

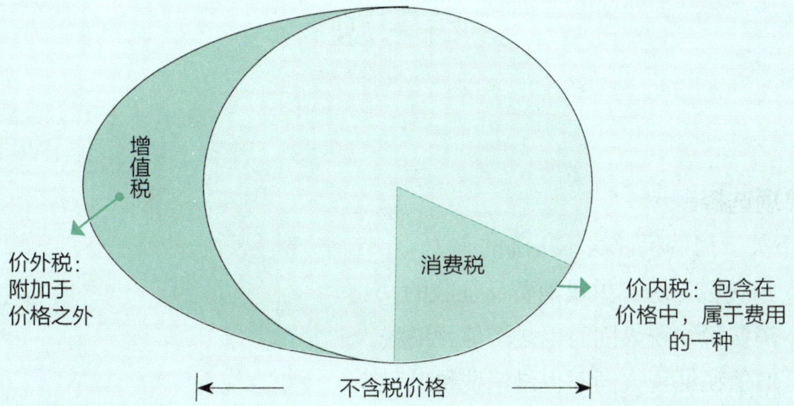

增值税、消费税与价格关系图

用之一，要由收入来弥补；

②征税环节不同。所有流通环节，只要有增值产生，就都需要交纳增值税；消费税的纳税环节一共有五个，即前述的“三初始，一批一零”，一般情况下，消费税由指定环节一次性缴纳，其他环节不再缴纳（卷烟和超豪华小汽车除外）；

③征税范围不同。对货物普遍征收增值税；在此基础上，选取个别消费品，再加收一道消费税。即：交消费税的货物一定要交增值税，交增值税的货物未必交消费税。

练习题

一、单项选择题

1. 以下关于消费税说法不正确的有（　　）。
   A. 消费税是选择少量消费品征收的
   B. 消费税纳税人同时也是增值税纳税人
   C. 增值税纳税人同时也是消费税纳税人
   D. 征收消费税的货物属于增值税征收范围
2. 以下关于消费税纳税规定不正确的是（　　）。
   A. 纳税人生产的应税消费品，于纳税人销售时纳税
   B. 纳税人自产自用的应税消费品，用于连续生产应税消费品的，不纳税
   C. 纳税人自产自用的应税消费品，用于其他方面的，于移送使用时纳税
   D. 进口的应税消费品，于销售进口货物时纳税
3. 消费税计算应纳税额的计算方法不包括（　　）。
   A. 从价定率　　B. 从量定额
   C. 从价定率和从量定额复合计税　　D. 累进计税
4. 纳税人自产自用的实行复合计税办法应税消费品，没有同类消费品销售价格的，组成计税价格公式如下（　　）。
   A. 组成计税价格=（成本+利润）÷（1−比例税率）
   B. 组成计税价格=（成本+利润+自产自用数量×定额税率）÷（1−比例税率）
   C. 组成计税价格=（成本+利润）÷（1−比例税率）+自产自用数量×定额税率
   D. 以上都不对
5. 委托加工实行复合计税办法计算纳税的应税消费品，受托方没有同类消费品销售价格的，按照组成计税价格计算纳税。组成计税价为（　　）。
   A. 组成计税价格=（材料成本+加工费+委托加工数量×定额税率）÷（1−比例税率）
   B. 组成计税价格=（材料成本+加工费）÷（1−比例税率）
   C. 组成计税价格=（材料成本+加工费）÷（1−比例税率）+委托加工数量×定额税率
   D. 组成计税价格=材料成本+加工费+委托加工数量×定额税率
6. 进口的应税消费品，实行复合计税办法计算纳税的组成计税价格计算公式是（　　）。
   A. 组成计税价格=（关税完税价格+关税）÷（1−消费税比例税率）
   B. 组成计税价格=关税完税价格+关税
   C. 组成计税价格=（关税完税价格+关税+进口数量×消费税定额税率）÷（1−消费税比例税率）

D. 组成计税价格=（关税完税价格+关税）÷（1−消费税比例税率）+进口数量×消费税定额税率

7. 委托加工的应税消费品的纳税地点不正确的是（　　）。

A. 委托加工的应税消费品，除受托方为个人外，由受托方向机构所在地或者居住地的主管税务机关解缴消费税税款

B. 委托加工的应税消费品，受托方为个人的，由受托方向机构所在地或者居住地的主管税务机关解缴消费税税款

C. 委托加工的应税消费品，受托方为个人的，由委托方向机构所在地或者居住地的主管税务机关解缴消费税税款

D. 委托加工的应税消费品，受托方为企业的，由受托方向机构所在地或者居住地的主管税务机关解缴消费税税款

8. 消费税纳税人以10日或者15日为1个纳税期的，自期满之日起5日内预缴税款，于次月（　　）内申报纳税并结清上月应纳税款。

A. 1日起15日　　B. 1日起7日

C. 1日起10日　　D. 1日起5日

9. 下列关于消费税纳税义务时间规定不正确的是（　　）。

A. 纳税人自产自用应税消费品的，为移送使用的当天

B. 纳税人委托加工应税消费品的，为受托方交货的当天

C. 纳税人进口应税消费品的，为报关进口的当天

D. 纳税人销售应税消费品的，为收到货款的当天

10. 下列商品中，征收消费税的是（　　）。

A. 冰箱　　B. 彩电　　C. 空调　　D. 白酒

11. 下列应税消费品中，适用定额税率的有（　　）。

A. 白酒　　B. 卷烟　　C. 高档化妆品　　D. 汽油

12. 一位客户向汽车制造厂（增值税一般纳税人）订购自用汽车一辆，支付货款（含税）250 800元，另付设计、改装费30 000元，该辆汽车计征消费税的销售额为（　　）元。

A. 214 359　　B. 248 496　　C. 2 508　　D. 280 800

13. 下列消费品中，应在零售环节征收消费税的有（　　）。

A. 化妆品　　B. 珠宝玉石　　C. 金银首饰　　D. 镀金（银）首饰

14. 自用应税消费品的消费税，其纳税环节为（　　）。

A. 消费环节　　B. 生产环节　　C. 移送使用环节　　D. 加工环节

15. 纳税人将收回的委托加工的应税消费品用于连续生产应税消费品，在计算纳税时，其委托加工消费品的已纳消费税税款应（　　）。

A. 按当期生产领用的数量计算扣除　　B. 于当期部分领用时一次性扣除

C. 于当期领用时扣除50%　　D. 直接计入成本，不予扣除

16. 受托方代收代缴委托加工环节的消费税时，如果受托方没有同类消费品的销售价格，其计税依据是（　　）。

A. 材料成本+加工费　　B. 材料成本+加工费+增值税

C. 材料成本+加工费+消费税　　D. 材料成本+加工费+利润

17. 确定消费税的应税销售额时，不能计入销售额的项目是（　　）。

A. 消费税　　B. 价外费用　　C. 增值税　　D. 加工费

18. 依据消费税的有关规定，下列消费品中属于消费税征税范围的是（　　）。

A. 高尔夫球包　　B. 竹制筷子　　C. 护肤护发品　　D. 电动汽车

19. 纳税人将应税消费品与非应税消费品以及适用税率不同的应税消费品组成成套消费品销售的，应按（　　）。

A. 应税消费品的平均税率计征　　B. 应税消费品的最高税率计征

C. 应税消费品的不同税率，分别计征　　D. 应税消费品的最低税率计征

20. 根据消费税的有关规定，下列消费品中实行从量定额与从价定率相结合征税办法的是（　　）。

A. 啤酒　　B. 白酒　　C. 酒糟　　D. 葡萄酒

21. 根据现行消费税的规定，下列说法正确的是（　　）。

A. 纳税人销售金银首饰，计税依据为含增值税的销售额

B. 金银首饰连同包装物销售，计税依据为含包装物金额的销售额

C. 带料加工金银首饰，计税依据为受托方收取的加工费

D. 以旧换新销售金银首饰，计税依据为新金银首饰的销售额

22. 下列消费品中，应在零售环节征收消费税的是（　　）。

A．珠宝玉石　　B．金银首饰　　C．小汽车　　D．摩托车

二、多项选择题

1. 以下关于消费税说法正确的有（　　）。

A. 消费税是在对所有货物普遍征收增值税的基础上选择少量消费品征收的

B. 消费税纳税人同时也是增值税纳税人

C. 增值税纳税人同时也是消费税纳税人

D. 征收消费税的货物属于增值税征收范围

2. 以下关于消费税纳税规定正确的是（　　）。

A. 纳税人生产的应税消费品，于纳税人销售时纳税

B. 纳税人自产自用的应税消费品，用于连续生产应税消费品的，不纳税

C. 纳税人自用的应税消费品，用于其他方面的，于移送使用时纳税

D. 进口的应税消费品，于报关进口时纳税

3. 消费税计算应纳税额的计算方法有（　　）。

A. 从价定率　　B. 从量定额

C. 从价定率和从量定额复合计税　　D. 累进计税

4. 纳税人自用的应税消费品，没有同类消费品销售价格的，按照组成计税价格计算纳税。组成计税价格公式如下（　　）。

A. 实行从价定率办法计算纳税的组成计税价格计算公式：组成计税价格=（成本+利润）÷（1−比例税率）

B. 实行复合计税办法计算纳税的组成计税价格计算公式：
组成计税价格=（成本+利润+自产自用数量×定额税率）÷（1−比例税率）

C. 实行复合计税办法计算纳税的组成计税价格计算公式：
组成计税价格=（成本+利润）÷（1−比例税率）+自产自用数量×定额税率

D. 以上都不对

5. 委托加工的应税消费品，受托方没有同类消费品销售价格的，按照组成计税价格计算纳税。组成计税价为（　　）。

A. 实行从价定率办法计算纳税的组成计税价格计算公式：组成计税价格=（材料成本+加工费）÷（1−比例税率）

B. 实行复合计税办法计算纳税的组成计税价格计算公式：
组成计税价格=（材料成本+加工费+委托加工数量×定额税率）÷（1−比例税率）

C. 实行复合计税办法计算纳税的组成计税价格计算公式：
组成计税价格=（材料成本+加工费）÷（1−比例税率）+委托加工数量×定额税率

D. 以上都不对

6. 进口的应税消费品，按照组成计税价格计算纳税。组成计税价是（　　）。

A. 组成计税价格=（关税完税价格+关税）÷（1−消费税比例税率）

B. 实行从价定率办法计算纳税的组成计税价格计算公式：组成计税价格=（关税完税价格+关税）÷（1−消费税比例税率）

C. 实行复合计税办法计算纳税的组成计税价格计算公式：
组成计税价格=（关税完税价格+关税+进口数量×消费税定额税率）÷（1−消费税比例税率）

D. 实行复合计税办法计算纳税的组成计税价格计算公式：
组成计税价格=（关税完税价格+关税）÷（1−消费税比例税率）+进口数量×消费税定额税率

7. 关于消费税征收机关说法正确的是（　　）。

A. 非进口消费税由税务机关征收

B. 进口的应税消费品的消费税由海关代征

C. 都由税务机关征收

D. 部分由财政部门征收

8. 关于消费税纳税地点正确的有（　　）。

A. 纳税人销售的应税消费品，以及自用的应税消费品，除国务院财政、税务主

管部门另有规定外，应当向纳税人机构所在地或者居住地的主管税务机关申报纳税

B. 委托加工的应税消费品，除受托方为个人外，由受托方向机构所在地或者居住地的主管税务机关解缴消费税税款

C. 进口的应税消费品，应当向报关地海关申报纳税

D. 委托加工的应税消费品，除受托方为个人外，由委托方向机构所在地或者居住地的主管税务机关解缴消费税税款

9. 消费税的纳税期限分别为（　　）。

A. 10日、15日

B. 1个月

C. 1个季度

D. 不能按照固定期限纳税的，可以按次纳税

10. 下列各企业属于消费税纳税人的是（　　）。

A. 金银饰品商店　　B. 化妆品专卖店

C. 卷烟厂　　D. 进口轿车的贸易公司

11. 下列单位中属于消费税纳税人的有（　　）。

A. 生产销售应税消费品（金银首饰类除外）的单位

B. 委托加工应税消费品（金银首饰类除外）的单位

C. 进口应税消费品（金银首饰类除外）的单位

D. 受托加工应税消费品（金银首饰类除外）的单位

12. 从价定率计征消费税的销售额中应包括（　　）。

A. 价款　　B. 价外费用　　C. 消费税　　D. 增值税

13. 下列商品中适用定额税率的商品有（　　）。

A. 黄酒　　B. 柴油　　C. 汽油　　D. 白酒

项目 4　企业所得税

任务 1　认识企业所得税

1　企业所得税的概念

企业所得税是对我国境内的企业和其他取得收入的组织生产经营所得和其他所得征收的所得税。企业所得税的计税特点：通常以纯所得为征税对象；以经过计算得出的应纳税所得额（不等于企业计算的会计利润）为计税依据；纳税人和实际负担人通常是一致的，因而可以直接调节纳税人所得。

2　企业所得税的纳税人

企业所得税的纳税人是在中国境内，企业和其他取得收入的组织（以下统称企业），不包括个人独资企业、合伙企业。企业所得税的纳税人分为居民企业和非居民企业两类。

2.1　居民企业

居民企业是指依法在中国境内成立，或者依照外国（地区）法律成立但实际管理机构在中国境内的企业。实际管理机构是指对企业的生产、经营、人员、账务、财产等实施实质性全面管理和控制的机构。居民企业应当就其来源于中国境内、境外的所得缴纳企业所得税。

2.2　非居民企业

非居民企业是指依照外国（地区）法律成立且实际管理机构不在中国境内，但在中国境内设立机构、场所的，或者在中国境内未设立机构、场所，但有来源于中国境内所得的企业。

非居民企业在中国境内设立机构、场所的，应当就其所设机构、场所取得的来源于中国境内的所得，以及发生在中国境外但与其所设机构、场所有实际联系的所得，缴纳企业所得税。

非居民企业在中国境内未设立机构、场所的，或者虽设立机构、场所但取得的所得与其所设机构、场所没有实际联系的，应当就其来源于中国境内的所得缴纳企业所得税。

机构、场所，是指在中国境内从事生产经营活动的机构、场所，包括：

①管理机构、营业机构、办事机构；

②工厂、农场、开采自然资源的场所；

③提供劳务的场所；

④从事建筑、安装、装配、修理、勘探等工程作业的场所；

⑤其他从事生产经营活动的机构、场所。

非居民企业委托营业代理人在中国境内从事生产经营活动的，包括委托单位或者个人经常代其签订合同，或者储存、交付货物等，该营业代理人视为非居民企业在中国境内设立的机构、场所。

3 企业所得税征税对象

企业所得税的征税对象包括生产经营所得、其他所得和清算所得。具体征税对象因纳税人所属类别不同而有所区别。

3.1 居民企业的征税对象

居民企业就来源于中国境内、境外的所得作为征税对象，具体包括销售货物所得、提供劳务所得、财产转让所得、股息红利等权益性投资所得，利息、租金、特许权使用费所得、接受捐赠所得和其他所得。

3.2 非居民企业的征税对象

非居民企业的征税对象根据其在中国境内是否设立机构、场所，以及取得的所得与其所设机构、场所是否有实际联系有不同的规定。

①在中国境内设立机构、场所的，应当就其所设机构、场所取得的来源于中国境内的所得，以及发生在中国境外但与其所设机构、场所有实际联系的所得，缴纳企业所得税。

②在中国境内未设立机构、场所的，或者虽设立机构、场所但取得的所得与其所设机构、场所没有实际联系的，应当就其来源于中国境内的所得缴纳企业所得税。

【案例4-1】某韩国企业（实际管理机构不在中国境内）在中国成都设立分支机构，2018年该机构在中国境内取得咨询收入500万元，在中国境内为韩国培训技术人员，取得韩国支付的培训收入200万元，在日本取得与该分支机构无实际联系的所得80万元，2018年度该境内机构企业所得税的应纳税收入总额为多少？

【解析】该韩国企业是非居民企业，其来自境内所得额应该是500万元的咨询收入和境内培训收入200万元，合计700万元；在日本取得的所得不是境内，而且和境内机构无关，所以不属于境内应税收入。

3.3 所得来源地的确定

来源于中国境内、境外的所得，按照以下原则确定：

①销售货物所得，按照交易活动发生地确定；

②提供劳务所得，按照劳务发生地确定；

③转让财产所得：

a. 不动产转让所得按照不动产所在地确定；

b. 动产转让所得按照转让动产的企业或者机构、场所所在地确定；

c. 权益性投资资产转让所得按照被投资企业所在地确定。

④股息、红利等权益性投资所得，按照分配所得的企业所在地确定；

⑤利息所得、租金所得、特许权使用费所得，按照负担、支付所得的企业或者机构、场所所在地确定，或者按照负担、支付所得的个人的住所地确定；

⑥其他所得，由国务院财政、税务主管部门确定。

【案例4-2】依据企业所得税相关规定，下列对所得来源地的确定正确的有（　　）。

A. 销售货物所得，按照机构所在地确定

B. 提供劳务所得，按照劳务发生地确定

C. 不动产转让所得，按照不动产所在地确定

D. 动产转让所得，按照转让动产的企业或者机构场所所在地确定

E. 股息、红利等权益性投资所得，按照分配所得的企业所在地确定

【解析】BCDE

选项A，销售货物所得，按照交易活动发生地确定。

4 企业所得税征收管理

4.1 纳税地点

（1）居民企业的纳税地点

除税收法律、行政法规另有规定外，居民企业以企业登记注册地为纳税地点；但登记注册地在境外的，以实际管理机构所在地为纳税地点。居民企业在中国境内设立不具有法人资格的营业机构的，应当汇总计算并缴纳企业所得税。除国务院另有规定外，企业之间不得合并缴纳企业所得税。

（2）非居民企业的纳税地点

非居民企业在中国境内设立机构、场所的，以机构场所所在地为纳税地点。非居民企业在中国境内设立两个或者两个以上机构场所的经税务机关审核批准，可以选择由其主要机构场所汇总缴纳企业所得税，在中国境内未设立机构、场所的，或者虽设立机构、场所但取得的所得与其所设机构、场所没有实际联系的非居民企业，以扣缴义务人所在地为纳税地点。

企业所得税纳税地点如表4-1所示。

表4-1　企业所得税纳税地点一览表

纳税人类型	注册地或机构、场所情况	纳税地点
居民企业	境内注册	登记注册地
	境外注册	实际管理机构所在地
非居民企业	境内设机构、场所	机构场所所在地
	境内未设机构、场所，或所得与境内机构、场所无关	扣缴义务人所在地

4.2　纳税期限

企业所得税按年计征，分月或者分季预缴，年终汇算清缴，多退少补。纳税年度自公历1月1日起至12月31日止。

企业在纳税年度中间开业，或者终止经营活动，使该纳税年度的实际经营期不足12个月的，应当以其实际经营期为一个纳税年度。企业依法清算时，应当以清算期间作为一个纳税年度。

企业应当自年度终了之日起5个月内，向税务机关报送年度企业所得税纳税申报表，并汇算清缴，结清应缴应退税款。

企业在年度中间终止经营活动的，应当自实际经营终止之日起60日内，向税务机关办理当期企业所得税汇算清缴。

4.3　纳税申报

按月或按季预缴的，应当自月份或季度终了之日起15日内，向税务机关报送企业所得税纳税申报表，预缴税款。企业在报送企业所得税纳税申报表时，应当按规定附送财务会计报告和其他有关资料。

企业应当在办理注销登记前，就其清算所得向税务机关申报并依法缴纳企业所得税。

企业分月或者分季预缴企业所得税时，应当按照月度或者季度的实际利润额预缴；按照月度或者季度的实际利润额预缴有困难的，可以按照上一纳税年度应纳税所得额的月度或者季度平均额预缴，或者按照经税务机关认可的其他方法预缴。预缴方法一经确定，该纳税年度内不得随意变更。

企业在纳税年度内无论盈利或者亏损，都应当依照规定期限，向税务机关报送预缴企业所得税纳税申报表、年度企业所得税纳税申报表、财务会计报告和税务机关规定应当报送的其他有关资料。

企业所得税以人民币计算。企业所得以人民币以外的货币计算的，应当折合成人民币计算并缴纳税款。企业所得以人民币以外的货币计算的，预缴企业所得税时，应当按照月度或者季度最后一日的人民币汇率中间价，折合成人民币计算应纳税所得额。

年度终了汇算清缴时，对已经按照月度或者季度预缴税款的，不再重新折合计算，只就该纳税年度内未缴纳企业所得税的部分，按照纳税年度最后一日的人民币汇率中间价，折合成人民币计算应纳税所得额。

经税务机关检查确认，企业少计或者多计前述规定的所得的，应当按照检查确认补税或者退税时的上一个月最后一日的人民币汇率中间价，将少计或者多计的所得折合成人民币计算应纳税所得额，再计算应补缴或者应退的税款。

任务2 计算企业所得税

1 税率

企业所得税的税率是据以计算企业所得税应纳税额的法定比率。居民企业以及在中国境内设立机构、场所且取得的所得与其所设机构、场所有实际联系的非居民企业，应当就其来源于中国境内、境外的所得缴纳企业所得税，适用税率为25%。非居民企业在中国境内未设立机构、场所的，或者虽设立机构、场所但取得的所得与其所设机构、场所没有实际联系的，应当就其来源于中国境内的所得缴纳企业所得税，适用税率为20%。具体规定如表4-2所示。

表4-2　企业所得税税率表

种类	税率	适用范围	征税对象
基本税率	25%	居民企业	来源于中国境内、境外的所得
		非居民企业在中国境内设立机构、场所的	
优惠税率	20%	符合条件的小型微利企业	
	15%	国家重点扶持的高新技术企业	
预提所得税税率（实际按10%执行）	20%	非居民企业在中国境内未设立机构、场所的，或者虽设立机构、场所但所取得的所得与其所设立机构、场所没有实际联系的，应当就其来源于中国境内的所得计征企业所得税	来源于中国境内的所得

2 应纳企业所得税额的计算

2.1 居民企业查账征收应纳税额的计算

企业所得税的计税依据是应纳税所得额，即指企业每一纳税年度的收入总额，减除不征税收入、免税收入、各项扣除以及允许弥补的以前年度亏损后的余额。应纳税所得额的计算公式为：

应纳税所得额=收入总额-不征税收入-免税收入-各项扣除-以前年度亏损

企业应纳税所得额的计算，以权责发生制为原则，属于当期的收入和费用，不论款项是否收付，均作为当期的收入和费用；不属于当期的收入和费用，即使款项已经在当期收付，均不作为当期的收入和费用。

需要注意的是，在计算应纳税所得额时，企业财务、会计处理办法与税收法律法规的规定不一致的，应当依照税收法律法规的规定计算。

应纳企业所得税额=应纳税所得额×适用税率-减免税额-抵免税额

2.1.1 收入总额

企业收入总额是指以货币形式和非货币形式从各种来源取得的收入，包括销售货物收入，提供劳务收入，转让财产收入，股息、红利等权益性投资收益，利息收入，租金收入，特许权使用费收入，接受捐赠收入以及其他收入。

企业取得收入的货币形式，包括现金、存款、应收账款、应收票据、准备持有至到期的债券以及债务的豁免等。

企业取得收入的非货币形式，包括固定资产、生物资产、无形资产、股权投资、存货、不准备持有至到期的债券投资、劳务以及有关权益等。非货币形式收入应当按照公允价值确定收入额。

企业所得税各种来源取得的收入具体说明如下。

（1）销售货物收入

销售货物收入，是指企业销售商品产品、原材料、包装物、低值易耗品以及其他存货取得的收入，除法律法规另有规定外，企业销售货物收入的确认，必须遵循权责发生制原则和实质重于形式原则。

①符合收入确认条件，采取下列商品销售方式的，应按以下规定确认收入实现时间：

a. 销售商品采用托收承付方式的，在办妥托收手续时确认收入；

b. 销售商品采用预收款方式的，在发出商品时确认收入；

c. 销售商品需要安装和检验的，在购买方接受商品以及安装和检验完毕时确认收入；如果安装程序比较简单，可在发出商品时确认收入；

d. 销售商品采用支付手续费方式委托代销的，在收到代销清单时确认收入。

②采用售后回购方式销售商品的，销售的商品按售价确认收入，回购的商品作为购进商品处理。有证据表明不符合销售收入确认条件的，如以销售商品方式进行融资，收到的款项应确认为负债，回购价格大于原售价的，差额应在回购期间确认为利息费用。

③销售商品以旧换新的，销售商品应当按照销售商品收入确认条件确认收入，回收的商品作为购进商品处理。

④企业为促进商品销售而在商品价格上给予的价格扣除属于商业折扣，商品销售涉及商业折扣的，应当按照扣除商业折扣后的金额确定销售商品收入金额。

债权人为鼓励债务人在规定的期限内付款而向债务人提供的债务扣除属于现金折扣，销售商品涉及现金折扣的，应当按扣除现金折扣前的金额确定销售商品收入金额，现金折扣在实际发生时作为财务费用扣除。

企业因售出商品的质量不合格等原因而在售价上给予的减让属于销售折让；企业因售出商品质量、品种不符合要求等原因而发生的退货属于销售退回。企业已经确认销售收入的售出商品发生销售折让和销售退回，应当在发生当期冲减当期销售商品收入。

（2）提供劳务收入

提供劳务收入，是指企业从事建筑安装、修理修配、交通运输、仓储租赁、金融保险、邮电通信、咨询经纪、文化体育、科学研究、技术服务、教育培训、餐饮住宿、中介代理、卫生保健、社区服务、旅游、娱乐、加工以及其他劳务服务活动取得的收入。

企业在各个纳税期末，提供劳务交易的结果能够可靠估计的，应采用完工进度（百分比）法确认提供劳务收入。

企业应按照从接受劳务方已收或应收的合同或协议价款确定劳务收入总额，根据纳税期末提供劳务收入总额乘以完工进度扣除以前纳税年度累计已确认提供劳务收入后的金额，确认为当期劳务收入；同时，按照提供劳务估计总成本乘以完工进度扣除以前纳税期间累计已确认劳务成本后的金额，结转为当期劳务成本。

（3）转让财产收入

转让财产收入，是指企业转让固定资产、生物资产、无形资产、股权、债权等财产取得的收入。转让财产收入应当按照从财产受让方已收或应收的合同或协议价款确认收入。

（4）股息、红利等权益性投资收益

股息、红利等权益性投资收益，是指企业因权益性投资从被投资方取得的收入。股息、红利等权益性投资收益，除国务院财政、税务主管部门另有规定外，按照被投资方做出利润分配决定的日期确认收入的实现。

（5）利息收入

利息收入，是指企业将资金提供他人使用但不构成权益性投资，或者因他人占用本企业资金取得的收入，包括存款利息、贷款利息、债券利息、欠款利息等收入。利息收入，按照合同约定的债务人应付利息的日期确认收入的实现。

（6）租金收入

租金收入，是指企业提供固定资产包装物或者其他有形资产的使用权取得的收入。租金收入，按照合同约定的承租人应付租金的日期确认收入的实现，如果交易合同或协议中规定租赁期限跨年度，且租金提前一次性支付的，出租人可对上述已确认的收入，在租赁期内，分期均匀计入相关年度收入。

（7）特许权使用费收入

特许权使用费收入，是指企业提供专利权、非专利技术、商标权、著作权以及其他特许权的使用权取得的收入。特许权使用费收入，按照合同约定的特许权使用人应付特许权使用费的日期确认收入的实现。

（8）接受捐赠收入

接受捐赠收入，是指企业接受的来自其他企业、组织或者个人无偿给予的货币性资产、非货币性资产。接受捐赠收入，按照实际收到捐赠资产的日期确认收入的实现。

（9）其他收入

其他收入，是指企业取得企业所得税法具体列举的收入外的其他收入，包括企业资产溢余收入、逾期未退包装物押金收入、确实无法偿付的应付款项已作坏账损失处理后又收回的应收款项、债务重组收入、补贴收入、违约金收入、汇兑收益等。

（10）特殊收入的确认

特殊收入的确认，按照以下方法进行：

①以分期收款方式销售货物的，按照合同约定的收款日期确认收入的实现。

②企业受托加工制造大型机械设备、船舶、飞机，以及从事建筑、安装、装配工程业务或者提供其他劳务等，持续时间超过12个月的，按照纳税年度内完工进度或者完成的工作量确认收入的实现。

③采取产品分成方式取得收入的按照企业分得产品的日期确认收入的实现，其收入额按照产品的公允价值确定。

④企业发生非货币性资产交换，以及将货物、财产、劳务用于捐赠、偿债、赞助、集资、广告、样品、职工福利或者利润分配等用途的，应当视同销售货物、转让财产或者提供劳务，但国务院财政、税务主管部门另有规定的除外。

【案例4-3】2018年12月一家饮料厂给职工发放自制果汁和当月外购的取暖器作为福利，其中果汁的成本为20万元，同期对外销售价格为25万元；取暖器的购进价格为10万元。根据企业所得税相关规定，请确认该厂发放上述福利应确认的收入是多少。

【解析】企业发生视同销售情形时，属于企业自制的资产，应按企业同类资产对外销售价格确定销售收入，属于外购的资产，不以销售为目的，具有替代职工福利等费用支出性质，且购买后在一个纳税年度内处置的，可按购入时的价格确定销售收入。应确认的收入=25+10=35（万元）。

【案例4-4】某企业将成本为150万元的自产货物对外捐赠，该产品的市场价格为200万元。请判断根据企业所得税相关规定，是否应该确认收入。

【解析】根据企业所得税相关规定，应确认视同销售收入200万元。

2.1.2 不征税收入

（1）财政拨款

财政拨款，是指各级人民政府对纳入预算管理的事业单位、社会团体等组织拨付的财政资金，但国务院和国务院财政、税务主管部门另有规定的除外。

县级以上人民政府将国有资产无偿划入企业，凡制定专门用途并按规定进行管理的，企业可作为不征税收入进行企业所得税的处理。其中，该项资产属于非货币性资产的，应按政府确定的接收价值计算不征税收入。

（2）依法收取并纳入财政管理的行政事业性收费、政府性基金

行政事业性收费，是指依照法律法规等有关规定，按照国务院规定程序批准，在实施社会公共管理，以及在向公民法人或者其他组织提供特定公共服务过程中，向特定对象收取并纳入财政管理的费用。政府性基金是指企业依照法律行政法规等有关规定，代政府收取的具有专项用途的财政资金。

（3）国务院规定的其他不征税收入

国务院规定的其他不征税收入，是指企业取得的，由国务院财政、税务主管部门规定专项用途并经国务院批准的财政性资金。

2.1.3 免税收入

企业的免税收入包括以下几个方面的内容。

（1）国债利息收入

国债利息收入，是指企业持有国务院财政部门发行的国债取得的利息收入。

（2）符合条件的居民企业之间的股息、红利等权益性投资收益

符合条件的居民企业之间的股息、红利等权益性投资收益，是指居民企业直接投资于其他居民企业取得的投资收益。

（3）在中国境内设立机构、场所的非居民企业从居民企业取得与该机构、场所有实际联系的股息、红利等权益性投资收益

股息、红利等权益性投资收益，不包括连续持有居民企业公开发行并上市流通的股票不足12个月取得的投资收益。

（4）符合条件的非营利组织的收入

符合条件的非营利组织，是指同时符合下列条件的组织：

①依法履行非营利组织登记手续。

②从事公益性或者非营利性活动。

③取得的收入除用于与该组织有关的、合理的支出外，全部用于登记核定或者章程规定的公益性或者非营利性事业。

④财产及其孳息不用于分配。

⑤按照登记核定或者章程规定，该组织注销后的剩余财产用于公益性或者非营利性目的，或者由登记管理机关转赠给与该组织性质、宗旨相同的组织，并向社会公告。

⑥投入人对投入该组织的财产不保留或者享有任何财产权利。

⑦工作人员工资福利开支控制在规定的比例内，不变相分配该组织的财产。

符合条件的非营利组织的收入，不包括非营利组织从事营利性活动取得的收入，但国务院财政、税务主管部门另有规定的除外。对非营利组织从事非营利性活动取得的收入给予免税，但从事营利性活动取得的收入则要征税。

2.1.4 税前扣除项目

按照企业所得税法的规定，税前扣除项目可以分为据实扣除、限额扣除、不得扣除和加计扣除四种。

（1）据实扣除的项目

企业实际发生的与取得收入有关的、合理的支出，包括成本、费用、税金、损失和其他支出，准予在计算应纳税所得额时扣除。合理的支出，是指符合生产经营活动常规，应当计入当期损益或者有关资产成本的必要和正常的支出。除另有规定外，企业实际发生的成本、费用、税金、损失和其他支出，不得重复扣除。

企业发生的支出应当区分收益性支出和资本性支出。收益性支出在发生当期直接扣除，资本性支出应当分期扣除或者计入有关资产成本，不得在发生当期直接扣除。

企业的不征税收入用于支出所形成的费用或者财产，不得扣除或者计算对应的折旧摊销扣除。

①成本，是指企业在生产经营活动中发生的销售成本、销货成本，业务支出以及其他耗费，即企业销售商品（产品、材料、下脚料、废料、废旧物资等）、提供劳务、转让固定资产、无形资产的成本。

②费用，是指企业在生产经营活动中发生的销售费用、管理费用和财务费用。已经计入成本的有关费用除外。

销售费用，是指应由企业负担的为销售商品而发生的费用。

管理费用，是指企业的行政管理部门为管理组织经营活动提供各项支援性服务而发生的费用。

财务费用，是指企业筹集经营性资金而发生的费用。

③税金，是指企业发生的除企业所得税和允许抵扣的增值税以外的各项税金及其附加，即纳税人按照规定缴纳的消费税、资源税、土地增值税、关税、城市维护建设税、教育费附加等产品销售税金及附加，以及发生的房产税、车船税、土地使用税、印花税等。企业缴纳的增值税属于价外税，故不在扣除之列。

④损失，是指企业在生产经营活动中发生的固定资产和存货的盘亏、毁损、报废损失，转让财产损失，呆账损失，坏账损失，以及自然灾害等不可抗力因素造成的损失以及其他损失。

企业发生的损失，减除责任人赔偿和保险赔款后的余额，依照国务院财政、税务主管部门的规定扣除。企业已经作为损失处理的资产，在以后纳税年度又全部收回或者部分收回时，应当计入当期收入。

⑤其他支出，是指除成本、费用、税金、损失外，企业在生产经营活动中发生的与生产经营活动有关的、合理的支出。

【案例4-5】辉煌公司2018年6月上旬接受某企业捐赠商品一批，取得捐赠企业开具的增值税专用发票，注明商品价款为20万元、增值税税额为2.6万元。当月下旬辉煌公司将该批商品销售，向购买方开具了增值税专用发票，注明商品价款为25万元、增值税税额为3.25万元。不考虑城市维护建设税和教育费附加，请计算辉煌公司该项业务企业所得税应纳税额。

【解析】辉煌公司接受捐赠的商品，价税合计确认为营业外收入，应计入应纳税所得额；卖出该批商品的毛利也应计入应纳税所得额。

企业所得税的应纳税额=（20+2.6）×25%+（25−20）×25%=6.9（万元）

【案例4-6】某市一家居民企业增值税采用一般计税方式，主要生产销售彩色电视机，2018年度有关经营业务如下：销售货物取得不含税收入8 600万元，与彩电配比的销售成本为5 660万元；出租设备取得租金不含税收入200万元；接受原材料捐赠，取得增值税专用发票注明材料金额为50万元、增值税进项税额为6.5万元；取得国债利息收入30万元；购进原材料共计3 000万元，取得增值税专用发票注明进项税额为390万元，支付购料运输费用（不含税）共计230万元，取得运输业增值税专用发票。请计算该企业税前可以扣除的税金及附加（具体内容将在项目6中详细学习）。

【解析】增值税应纳税额=8 600×13%+200×13%−6.5−390−230×9%=726.8（万元）

应交城市维护建设税=726.8×7%=50.876（万元）

应交教育费附加=726.8×3%=21.804（万元）

应交地方教育费附加=726.8×2%=14.536（万元）

该企业税前可以扣除的税金及附加为城市维护建设税50.876万元，教育费附加21.804万元，地方教育费附加14.536万元。

（2）限额扣除的项目

企业发生的下述费用，在计算应纳税所得额时，实际发生额未超过限额的，按实际发生额扣除，超过限额的，只能按限额扣除。常见的限额扣除费用有以下几种。

①职工福利费、工会经费、职工教育经费。

企业发生的职工福利费、工会经费、职工教育经费按标准扣除。未超过标准的按实际发生数额扣除，超过扣除标准的只能按标准扣除。

a. 企业发生的职工福利费支出，不超过工资薪金总额14%的部分准予扣除。列入企业员工工资薪金制度、固定与工资薪金一起发放的福利性补贴，符合国家税务总局相关规定的，可作为企业发生的工资薪金支出，按规定在税前扣除。不能同时符合上述条件的福利性补贴，应按规定计算限额税前扣除。

企业发生的职工福利费，应该单独设置账册，进行准确核算。没有单独设置账册准确核算的，税务机关应责令企业在规定的期限内进行改正。逾期仍未改正的，税务机关可以对企业发生的职工福利费进行合理的核定。

b. 企业拨缴的工会经费，不超过工资、薪金总额2%的部分准予扣除。

c. 除国务院财政、税务主管部门另有规定外，企业发生的职工教育经费支出，不超过工资总额的8%的部分，准予扣除；超过部分，准予在以后纳税年度结转扣除。

②社会保险费。

企业依照国务院有关主管部门或者省级人民政府规定的范围和标准为职工缴纳的基本养老保险费、基本医疗保险费、失业保险费、工伤保险费、生育保险费等基本社会保险费和住房公积金，准予扣除。

自2018年1月1日起，企业根据国家有关政策规定，为在本企业任职或者受雇的全体员工支付的补充养老保险费、补充医疗保险费，分别在不超过职工工资总额5%标准内的部分，在计算其应纳税所得额时准予扣除，超过的部分，不予扣除。

>>> 知识链接：职工福利费

企业的职工福利费，包括以下内容：

①未实行分离办社会职能的企业，其内设福利部门所发生的设备、设施和人员费用，包括职工食堂、职工浴室、理发室、医务所、托儿所、疗养院等集体福利部门的设备、设施即维修保养费用和福利部门工作人员的工资薪金、社会保险费、住房公积金、劳务费等。

②为职工卫生保健、生活、住房、交通等所发放的各项补贴和非货币性福利，包括企业向职工发放的因公外地就医费用、未实行医疗统筹企业职工医疗费用、职工供养直系亲属医疗补贴，供暖费补贴、职工防暑降温费、职工困难补贴、救济费、职工食堂经费补贴、职工交通补贴等。

③按照其他规定发生的其他职工福利费，包括丧葬补助费、抚恤费、安家费、探亲假路费等。

>>> 知识链接：保险费税前扣除的注意事项

除企业依照国家有关规定为特殊工种职工支付的人身安全保险费和国务院财政、税务主管部门规定可以扣除的其他商业保险费外，企业为投资者或职工支付的商业保险费不得扣除。

以职工工资总额为基数的所得税前限额扣除项目如表4-3所示。

表4-3　以职工工资总额为基数的所得税前限额扣除项目一览表

限额扣除项目	基数	比率	超限部分处理
职工福利费	职工工资总额	14%	不予扣除
职工教育经费		8%	以后纳税年度结转扣除
工会经费		2%	不予扣除
补充养老保险费		5%	不予扣除
补充医疗保险费		5%	不予扣除

【案例4-7】辉煌公司2018年实际发生的工资、薪金支出为100万元，福利费本期发生15万元，拨缴的工会经费为2万元，已经取得工会拨缴收据，实际发生职工教育经费3万元。请计算该企业2018年企业所得税汇算清缴税前可扣除的三项费用的金额。

【解析】职工福利费扣除限额=100×14%=14（万元），实际发生15万元，准予扣除14万元；

工费经费扣除限额=100×2%=2（万元），实际发生2万元，可以据实扣除；

职工教育经费扣除限额=100×8%=8（万元），实际发生3万元，可以据实扣除。

③利息费用。

企业在生产经营活动中发生的下列利息支出，准予扣除：

a. 非金融企业向金融企业借款的利息支出、金融企业的各项存款利息支出和同业拆借利息支出、企业经批准发行债券的利息支出可据实扣除。

b. 非金融企业向非金融企业借款的利息支出，不超过按照金融企业同期同类贷款利率计算的数额的部分可据实扣除，超过部分不许扣除。

金融企业，是指各类银行、保险公司及经中国人民银行批准从事金融业务的非银行金融机构，包括国家专业银行、区域性银行、股份制银行、外资银行、中外合资银行以及其他综合性银行，还包括全国性保险企业、区域性保险企业、股份制保险企业、中外合资及其他专业性保险企业，城市、农村信用社、各类财务公司以及其他从事信托投资、租赁等业务的专业和综合性非银行金融机构。非金融企业，是指除上述金融机构以外的所有企业、事业单位以及社会团体等企业或组织。

c. 凡企业投资者在规定期限内未缴足其应缴资本额的，该企业对外借款所发生的利息，相当于投资者实缴资本额与在规定期限内应缴资本额的差额应计付的利息，不属于企业合理的支出，应由企业投资者负担，不得在计算企业应纳税所得额时扣除。

d. 企业向股东或其他与企业有关联关系的自然人借款的利息支出，应根据《中华人民共和国企业所得税法》及《财政部国家税务总局关于企业关联方利息支出税前扣除标准有关税收政策问题的通知》规定的条件，计算企业所得税扣除额。

企业向除股东或其他与企业有关联关系的自然人以外的内部职工或其他人员借款的利息支出，其借款情况同时符合以下条件的，其利息支出在不超过按照金融企业同期同类贷款利率计算的数额的部分，准予扣除。

条件一：企业与个人之间的借贷是真实合法、有效的，并且不具有非法集资目的或其他违反法律、法规的行为。

条件二：企业与个人之间签订了借款合同。

【案例4-8】辉煌公司2019年1月1日从银行贷款1 000万元，年利率为12%，其中800万元用于A车间基建工程，200万元用于采购材料物资从事生产、经营活动。企业于2019年9月将在建工程A车间交付使用，2019年度按权责发生制原则计提了贷款利息支出120万元，全部计入财务费用。请计算该企业2019年企业所得税汇算清缴时纳税调整额。

【解析】本案例中2019年允许税前列支的利息支出为用于采购材料物资从事生产、经营活动借款的利息支出，和用于基建工程借款完工交付使用后的利息支出。

允许税前列支的利息支出=200×12%+800×12%×3÷12=48（万元）

资本化利息支出=800×12%×9÷12=72（万元）

税前调增应纳税所得额=72万元

④公益性捐赠。

企业通过公益性社会组织或者县级（含县级）以上人民政府及其组成部门和直属机构，用于慈善活动、公益事业的捐赠支出，不超过年度利润总额12%的部分，准予在计算应纳税所得额时扣除。超过年度利润总额12%的部分准予结转以后3年内在计算应纳税所得额时扣除。公益性社会组织，应当依法取得公益性捐赠税前扣除资格。

年度利润总额，是指企业依照国家统一会计制度的规定计算的大于零的数额。

公益性捐赠，具体范围包括：

a. 救助灾害、救济贫困、扶助残疾人等困难的社会群体和个人的活动。

b. 教育、科学、文化、卫生、体育事业。

c. 环境保护、社会公共设施建设。

d. 促进社会发展和进步的其他社会公共和福利事业。

⑤业务招待费。

企业发生的与生产经营活动有关的业务招待费支出，按照发生额的60%扣除，但不得超过当年销售（营业）收入的5‰。

企业在筹建期间，发生的与筹办活动有关的业务招待费支出，可按实际发生额的60%计入企业筹办费，并按有关规定在税前扣除。

对从事股权投资业务的企业（包括集团公司总部、创业投资企业等），其从被投资企业分配的股息、红利以及股权转让收入，可以按规定的比例计算业务招待费扣除限额。

⑥广告费和业务宣传费。

企业发生的符合条件的广告费和业务宣传费支出，除国务院财政、税务主管部门另有规定外，不超过当年销售（营业）收入的15%的部分，准予扣除；超过部分，准予在以后纳税年度结转扣除。企业在筹建期间发生的广告费和业务宣传费，可按实际发生额计入企业筹办费，并按有关规定在税前扣除。

企业申报扣除的广告费支出应与赞助支出严格区分。企业申报扣除的广告费支出，必须符合下列条件：广告是通过工商部门批准的专门机构制作的，已实际支付费用并已取得相应发票，通过一定的媒体传播。

【案例4-9】2018年甲企业取得销售收入30 000万元，广告费支出400万元，上年度结转广告费60万元。已知，甲企业发生广告费可以按照当年销售收入的15%在企业所得税前扣除，超过部分准予在以后纳税年度结转扣除。根据企业所得税法律制度的规定，请计算甲企业2018年准予税前扣除的广告费。

【解析】2018年广告费和业务宣传费的税前扣除限额=3 000×15%=450（万元）；广告费当年实际发生数+上年结转数=400+60=460（万元），因此甲企业2018年准予税前扣除的广告费为450万元。

其他所得税前限额扣除项目如表4-4所示。

表4-4　其他所得税前限额扣除项目一览表

限额扣除项目	基数	比率	超限部分处理
利息费用（非金融企业向非金融企业借款）	借款金额	按照金融企业同期同类贷款利率	不予扣除

续表

限额扣除项目	基数	比率	超限部分处理
公益性捐赠	年度利润总额	12%	结转以后3年内扣除
业务招待费	业务招待费实际发生额	60%	不予扣除
	当年销售（营业）收入	5‰	
广告费和业务宣传费	当年销售（营业）收入	15%	结转以后纳税年度扣除
手续费及佣金支出（保险企业）	当年全部保费收入扣除退保金等后余额	18%	结转以后纳税年度扣除

（3）不得扣除的项目

在计算应纳税所得额时，下列支出不得扣除：

①向投资者支付的股息、红利等权益性投资收益款项。

②企业所得税税款。

③税收滞纳金。具体是指纳税人违反税收法规，被税务机关处以的滞纳金。

④罚金、罚款和被没收财物的损失。具体是指纳税人违反国家有关法律、法规规定，被有关部门处以的罚款，以及被司法机关处以的罚金和被没收的财物。

⑤超过规定标准的捐赠支出。

⑥赞助支出。具体是指企业发生的与生产经营活动无关的各种非广告性质的支出。

⑦未经核定的准备金支出。具体是指不符合国务院财政税务主管部门规定的各项资产减值准备、风险准备等准备金支出。

⑧企业之间支付的管理费、企业内营业机构之间支付的租金和特许权使用费，以及非银行企业内营业机构之间支付的利息，不得扣除。

⑨与取得收入无关的其他支出。

（4）加计扣除的项目

①开发新技术、新产品、新工艺发生的研究开发费用。

企业开展研发活动中实际发生的研发费用，未形成无形资产计入当期损益的，在按规定据实扣除的基础上，在2018年1月1日至2020年12月31日期间，再按照实际发生额的75%在税前加计扣除；形成无形资产的，在上述期间按照无形资产成本的175%在税前摊销。

对企业委托给外单位进行开发的研发费用，凡符合规定条件的，由委托方按规定计算加计扣除；受托方不得再进行加计扣除。

②安置残疾人员所支付的工资。

企业支付给残疾职工的工资，在进行企业所得税预缴申报时，允许据实计算扣除；在年度终了进行企业所得税年度申报和汇算清缴时，再按照支付给残疾职工工资的100%加计扣除（纳税调减，不影响会计利润，不影响计算三项经费的工资总额）。

【案例4-10】A企业为居民纳税人，2018年取得销售收入2 500万元，销售成本为1 100万元，发生销售费用670万元（其中广告费450万元）、管理费用480万元（其中业务招待费15万元）、财务费用60万元，销售税金为160万元（含增值税120万元），营业外收入为70万元，营业外支出为50万元（含通过公益性社会团体向贫困山区捐款30万元，支付税收滞纳金6万元），计入成本、费用中的实发工资总额150万元，拨付职工工会经费3万元，支付职工福利费25万元和职工教育经费4万元。请计算A企业2018年度企业所得税应纳税额。

【解析】

（1）会计利润总额=2 500+70−1 100−670−480−60−（160−120）−50=170（万元）

（2）广告和业务宣传费

扣除标准=2 500×15%=375（万元）

调增应纳税所得额=450−375=75（万元）

（3）业务招待费

扣除标准1：2 500×5‰=12.5（万元）

扣除标注2：15×60%=9（万元）

故税前可扣除金额为9万元，调增应纳税所得额=15−9=6（万元）

（4）公益性捐赠

税前扣除标准=170×12%=20.4（万元）

应调增应纳税所得额=30−20.4=9.6（万元）

（5）三项经费

工会经费税前扣除标准=150×2%=3（万元）

职工福利费税前扣除标准=150×14%=21（万元）

职工教育经费税前扣除标准=150×8%=12（万元）

调增应纳税所得额=25−21=4（万元）

（6）税收滞纳金

调增应纳税所得额=6（万元）

应纳税所得额合计=170+75+6+9.6+4+6=270.6（万元）

（5）亏损弥补

亏损，是指企业将每纳税年度的收入总额减除不征税收入、免税收入和各项扣除后小于零的数额。税法规定，企业某一纳税年度发生的亏损可以用下一年度的所得弥补，下一年度的所得不足以弥补的，可以逐年延续弥补，但最长不得超过5年。企业在汇总计算缴纳企业所得税时，其境外营业机构的亏损不得抵减境内营业机构的盈利。

自2018年1月1日起，当年具备高新技术企业或科技型中小型企业资格的企业，其具有资格年度之前5个年度发生的尚未弥补完的亏损，准予结转以后年度弥补，最长结转年限由5年延长至10年。

【案例4-11】A企业2013—2019年度应纳税所得额分别为−100万元、−30万元、20万元、20万元，20万元、30万元、40万元。请分析该企业纳税弥补情况。

年度	2013	2014	2015	2016	2017	2018	2019
应纳税所得/万元	−100	−30	20	20	20	30	40

【解析】2013年度的亏损额为100万元，到2018年时仍未弥补完（−100+20+20+20+30=−10万元），但达到了5年的弥补期限。2018年后，2013年未弥补完的亏损10万元不得再在税前弥补。2019年的所得弥补完2014年的亏损后，尚余应纳税所得额10（=40−30）万元。

2.2 居民企业核定征收应纳税额的计算

2.2.1 核定征收企业所得税的范围

以下几种情况的企业可以适用核定征收：

①依照法律、行政法规的规定可以不设置账簿的。

②依照法律、行政法规的规定应当设置但未设置账簿的。

③擅自销毁账簿或者拒不提供纳税资料的。

④虽设置账簿，但账目混乱或者成本资料、收入凭证、费用凭证残缺不全，难以查账的。

⑤发生纳税义务，未按照规定的期限办理纳税申报，经税务机关责令限期申报，逾期仍不申报的。

⑥申报的计税依据明显偏低，又无正当理由的。

2.2.2 核定征收的办法

采用应税所得率方式核定征收企业所得税的，应纳税额的计算公式如下：

应纳税额=应纳税所得额×适用税率

应纳税所得额=应税收入额×应税所得率

=成本（费用）支出额÷（1−应税所得率）×应税所得率

实行应税所得率方式核定征收企业所得税的纳税人，经营多业的，无论其经营项目是否单独核算，均由税务机关根据其主营项目确定适用的应税所得率。

应税所得率按表4-5规定的幅度标准确定。

表4-5　应税所得率幅度标准一览表

行业	应税所得率/%
农、林、牧、渔业	3～10
制造业	5～15
批发和零售贸易业	4～15
交通运输业	7～15
建筑业	8～20
饮食业	8～25
娱乐业	15～30
其他行业	10～30

2.3　非居民企业的应纳税额的计算

在中国境内未设立机构、场所的，或者虽设立机构、场所但取得的所得与其所设机构、场所没有实际联系的非居民企业，其取得的来源于中国境内的所得，按照下列方法计算其应纳税所得额：

①股息、红利等权益性投资收益和利息、租金、特许权使用费所得，以收入全额为应纳税所得额。

②转让财产所得，以收入全额减除财产净值后的余额为应纳税所得额。

财产净值，是指有关资产、财产的计税基础减除已经按照规定扣除的折旧、折耗、摊销、准备金等后的余额。

③其他所得，参照前两项规定的方法计算应纳税所得额。

应纳税额=应纳税所得额×预提所得税税率

2.4　企业所得税应纳税额的计算

企业所得税应纳税额的计算公式为：

应纳税额=应纳税所得额×适用税率-减免税额-抵免税额

所称减免税额和抵免税额，是指依照企业所得税法和国务院的税收优惠规定减征、免征和抵免的应纳税额。

企业取得的下列所得已在境外缴纳的所得税税额，可以从其当期应纳税额中抵免，抵免限额为该项所得依照（企业所得税法）规定计算的应纳税额；超过抵免限额的部分，可以在以后5个年度内，用每年抵免限额抵免当年应抵税额后的余额进行抵补：①居民企业来源于中国境外的应税所得；②非居民企业在中国境内设立机构、场所，取得发生在中国境外但与该机构、场所有实际联系的应税所得。

上述规定的理解是：

①已在境外缴纳的所得税税额，是指企业来源于中国境外的所得依照中国境外税收法

律以及相关规定应当缴纳并已经实际缴纳的企业所得税性质的税款。

②抵免限额，是指企业来源于中国境外的所得，依照规定计算的应纳税额。

③所谓5个年度，是指从企业取得的来源于中国境外的所得，已经在中国境外缴纳的企业所得税性质的税额超过抵免限额的当年的次年起连续5个纳税年度。

自2017年7月1日起，企业可以选择按国（地区）别分别计算，即“分国（地区）不分项”，或者不按国（地区）别汇总计算，即“不分国（地区）不分项”，其来源于境外的应纳税所得额，按照规定的税率，分别计算其可抵免境外所得税税额和抵免限额。上述方式一经选择，5年内不得改变。

居民企业从其直接或间接控制的外国企业分得的来源于中国境外的股息、红利等权益性投资收益，外国企业在境外实际缴纳的所得税税额中属于该项所得负担的部分，可以作为该居民企业的可抵免境外所得税税额，在规定的抵免限额内抵免。直接控制是指居民企业直接持有外国企业20%以上的股份，间接控制是指居民企业以间接持股方式持有外国企业20%以上的股份。企业按规定抵免企业所得税税额时，应当提供中国境外税务机关出具的税款所属年度的有关纳税凭证。

【案例4-12】某企业2018年度境内应纳税所得额为100万元，适用25%的企业所得税税率。另外，该企业分别在A、B两国设有分支机构（我国与A、B两国已经缔结，避免双重征税协定），在A国分支机构的应纳税所得额为50万元，A国企业所得税税率为20%；在B国分支机构的应纳税所得额为30万元，B国企业所得税税率为30%。假设该企业在A、B两国所得按我国税法计算的应纳税所得额和按A、B两国税法计算的应纳税所得额一致，两个分支机构在A、B两国分别缴纳了10万元和9万元的企业所得税。假设该企业选择按国（地区）别分别计算，即“分国（地区）不分项”，请计算该企业汇总时在我国应缴纳的企业所得税税额。

【解析】

（1）该企业按我国税法计算的境内、境外所得的应纳税额为：

应纳税额=（100+50+30）×25%=45（万元）

（2）A、B两国的扣除限额为：

A国扣除限额=45×［50÷（100+50+30）］=12.5（万元）

B国扣除限额=45×［30÷（100+50+30）］=7.5（万元）

在A国缴纳的所得税为10万元，低于扣除限额12.5万元，可全额扣除。

在B国缴纳的所得税为9万元，高于扣除限额7.5万元，其超过扣除限额的部分1.5万元当年不能扣除。

（3）汇总时在我国应缴纳的企业所得税税额=45−10−7.5=27.5（万元）

3 企业所得税税收优惠

我国企业所得税的税收优惠包括免税收入、可以减免税的所得、优惠税率、民族自治地方的减免税、加计扣除、抵扣应纳税所得额、加速折旧、减计收入、抵免应纳税额和其他专项优惠政策。企业同时从事适用不同企业所得税待遇的项目的，其优惠项目应当单独计算所得，并合理分摊企业的期间费用，没有单独计算的，不得享受企业所得税优惠。

3.1 免税收入

企业的免税收入包括以下几个部分。

（1）国债利息收入

国债利息收入，是指企业持有国务院财政部门发行的国债取得的利息收入。

（2）符合条件的居民企业之间的股息、红利等权益性投资收益

符合条件的居民企业之间的股息、红利等权益性投资收益，是指居民企业直接投资于其他居民企业取得的投资收益。

（3）在中国境内设立机构、场所的非居民企业从居民企业取得与该机构、场所有实际联系的股息、红利等权益性投资收益

股息、红利等权益性投资收益，不包括连续持有居民企业公开发行并上市流通的股票不足12个月取得的投资收益。

（4）符合条件的非营利组织的收入

符合条件的非营利组织，是指同时符合下列条件的组织：

①依法履行非营利组织登记手续。

②从事公益性或者非营利性活动。

③取得的收入除用于与该组织有关的、合理的支出外，全部用于登记核定或者章程规定的公益性或者非营利性事业。

④财产及其孳息不用于分配。

⑤按照登记核定或者章程规定，该组织注销后的剩余财产用于公益性或者非营利性目的，或者由登记管理机关转赠给与该组织性质宗旨相同的组织，并向社会公告。

⑥投入人对投入该组织的财产不保留或者享有任何财产权利。

⑦工作人员工资福利开支控制在规定的比例内，不变相分配该组织的财产。

符合条件的非营利组织的收入，不包括非营利组织从事营利性活动取得的收入，但国务院财政、税务主管部门另有规定的除外。对非营利组织从事非营利性活动取得的收入给予免税，但从事营利性活动取得的收入则要征税。

3.2 减、免税所得

3.2.1 企业从事下列项目的所得，免征企业所得税

①蔬菜、谷物、薯类、油料、豆类、棉花、麻类、糖料、水果、坚果的种植。

②农作物新品种的选育。

③中药材的种植。

④林木的培育和种植。

⑤牲畜、家禽的饲养。

⑥林产品的采集。

⑦灌溉、农产品初加工、兽医、农技推广、农机作业和维修等农、林、牧、渔服务业项目。

⑧远洋捕捞。

3.2.2 企业从事下列项目的所得，减半征收企业所得税

①花卉、茶以及其他饮料作物和香料作物的种植。

②海水养殖、内陆养殖。

3.2.3 从事国家重点扶持的公共基础设施项目投资经营的所得

国家重点扶持的公共基础设施项目，是指《公共基础设施项目企业所得税优惠目录》规定的港口码头、机场、铁路、公路、城市公共交通、电力、水利等项目。

①企业从事上述国家重点扶持的公共基础设施项目的投资经营的所得，自项目取得第一笔生产经营收入所属纳税年度起，第一年至第三年免征企业所得税，第四年至第六年减半征收企业所得税。

②企业承包经营、承包建设和内部自建自用上述项目，不得享受上述企业所得税优惠。

3.2.4 从事符合条件的环境保护、节能节水项目的所得

符合条件的环境保护、节能节水项目，包括公共污水处理、公共垃圾处理、沼气综合开发利用、节能减排技术改造、海水淡化等。项目的具体条件和范围由国务院财政、税务主管部门会商国务院有关部门制定，报国务院批准后公布施行。

企业从事上述规定的符合条件的环境保护、节能节水项目的所得，自项目取得第一笔生产经营收入所属纳税年度起，第一年至第三年免征企业所得税，第四年至第六年减半征收企业所得税。

3.2.5 符合条件的技术转让所得

符合条件的技术转让所得免征、减征企业所得税，是指一个纳税年度内，居民企业技

术转让所得不超过500万元的部分，免征企业所得税；超过500万元的部分，减半征收企业所得税，其计算公式为：

技术转让所得=技术转让收入−技术转让成本−相关税费

3.2.6 非居民企业所得

在中国境内未设立机构、场所的，或者虽设立机构、场所但取得的所得与其所设机构、场所没有实际联系的非居民企业，其取得的来源于中国境内的所得，减按10%的税率征收企业所得税。下列所得可以免征企业所得税：

①外国政府向中国政府提供贷款取得的利息所得。

②国际金融组织向中国政府和居民企业提供优惠贷款取得的利息所得。

③经国务院批准的其他所得。

3.2.7 小型微利企业所得

符合条件的小型微利企业，减按20%的税率征收企业所得税。

符合条件的小型微利企业，是指从事国家非限制和禁止行业，并符合下列条件的企业：

企业资产总额5 000万元以下，从业人数300人以下，应纳税所得额300万元以下。

从业人数，包括与企业建立劳动关系的职工人数和企业接受的劳务派遣用工人数。

从业人数和资产总额指标，应按企业全年的季度平均值确定。具体计算公式如下：

季度平均值=（季初值+季末值）÷2

全年季度平均值=全年各季度平均值之和÷4

3.2.8 高新技术企业和技术先进型服务企业

国家需要重点扶持的高新技术企业，减按15%的税征收企业所得税。

自2018年1月1日起，对经认定的技术先进型服务企业（服务贸易类），减按15%的税率征收企业所得税。

3.3 民族自治地方的减免税

民族自治地方的自治机关对本民族自治地方的企业应缴纳的企业所得税中属于地方分享的部分，可以决定减征或者免征。自治州、自治县决定减征或者免征的，须报省、自治区、直辖市人民政府批准。

民族自治地方是指依照《中华人民共和国民族区域自治法》的规定，实行民族区域自治的自治区、自治州、自治县。

对民族自治地方内国家限制和禁止行业的企业，不得减征或者免征企业所得税。

3.4 加计扣除

企业的下列支出，可以在计算应纳税所得额时加计扣除。

3.4.1 研究开发费用

研究开发费用的加计扣除，是指企业为开发新技术、新产品、新工艺发生的研究开发费用，未形成无形资产计入当期损益的，在按照规定据实扣除的基础上，按照研究开发费用的50%加计扣除；形成无形资产的，按照无形资产成本的150%摊销。

企业开展研发活动中实际发生的研发费用，未形成无形资产计入当期损益的，在按规定据实扣除的基础上，在2018年1月1日至2020年12月31日期间，可按照实际发生额的75%在税前加计扣除；形成无形资产的，在上述期间按照无形资产成本的175%在税前摊销。

下列行业不适用税前加计扣除政策：烟草制造业；住宿和餐饮业；批发和零售业；房地产业；租赁和商务服务业；娱乐业；财政部和国家税务总局规定的其他行业。

【案例4-13】辉煌公司2018年研究开发新产品发生有关费用50万元，计入管理费用，该年度会计利润为80万元。请计算该公司2018年应纳税所得额。

【解析】应纳税所得额=80−50×75%=42.5（万元）

3.4.2 安置残疾人员及国家鼓励安置的其他就业人员所支付的工资

企业安置残疾人员所支付工资的加计扣除，是指企业安置残疾人员的在按照支付给残疾职工工资据实扣除的基础上，按照支付给残疾职工工资的100%加计扣除。企业安置国家鼓励安置的其他就业人员所支付的工资的加计扣除办法，由国务院另行规定。

3.5 应纳税所得额抵扣

创业投资企业采取股权投资方式投资于未上市的中小高新技术企业两年以上的，可以按照其投资额的70%在股权持有满两年的当年抵扣该创业投资企业的应纳税所得额；当年不足抵扣的，可以在以后纳税年度结转抵扣。

3.6 加速折旧和设备、器具一次性税前扣除

企业的固定资产由于技术进步等原因，确需加速折旧的，可以缩短折旧年限或者采取加速折旧的方法。可以采取缩短折旧年限或者采取加速折旧方法的固定资产，包括：

①由于技术进步，产品更新换代较快的固定资产。

②常年处于强震动、高腐蚀状态的固定资产。

采取缩短折旧年限方法的，最低折旧年限不得低于法定折旧年限的60%；

对符合相关条件的生物药品制造业，专用设备制造业，铁路、船舶、航空航天和其他运输设备制造业，计算机、通信和其他电子设备制造业，仪器仪表制造业，信息传输、软

件和信息技术服务业等行业企业，2014年1月1日后购进的固定资产（包括自行建造）以及对符合相关条件的轻工、纺织、机械、汽车四个领域重点行业的企业，2015年1月1日后新购进的固定资产，允许按不低于企业所得税法规定折旧年限的60%缩短折旧年限，或选择采取双倍余额递减法或年数总和法进行加速折旧。上述重点行业企业是指以上述行业业务为主营业务，其固定资产投入使用当年的主营业务收入占企业收入总额50%（不含）以上的企业。

企业在2018年1月1日至2020年12月31日期间新购进（包括自行建造）的设备、器具，单位价值不超过500万元的，允许一次性计入当期成本费用在计算应纳税所得额时扣除，不再分年度计算折旧。

3.7 减计收入

企业以《资源综合利用企业所得税优惠目录》规定的资源作为主要原材料，生产国家非限制和禁止并符合国家和行业相关标准的产品取得的收入，减按90%计入收入总额。前述所称原材料占生产产品材料的比例不得低于前述优惠目录规定的标准。

3.8 应纳税额抵免

企业购置并实际使用《环境保护专用设备企业所得税优惠目录》《节能节水专用设备企业所得税优惠目录》和《安全生产专用设备企业所得税优惠目录》规定的环境保护、节能节水、安全生产等专用设备的，该专用设备的投资额的10%可以从企业当年的应纳税额中抵免；当年不足抵免的，可以在以后5个纳税年度结转抵免。享受上述规定的企业所得税优惠的企业，应当实际购置并自身实际投入使用上述规定的专用设备；企业购置上述专用设备在5年内转让、出租的，应当停止享受企业所得税优惠，并补缴已经抵免的企业所得税税款。

购置并实际使用的环境保护、节能节水和安全生产专用设备，包括承租方企业以融资租赁方式租入的、并在融资租赁合同中约定租赁期届满时租赁设备所有权转移给承租方企业，且符合规定条件的上述专用设备。凡融资租赁期届满后租赁设备所有权未转移至承租方企业的，承租方企业应停止享受抵免企业所得税优惠，并补缴已经抵免的企业所得税税款。

3.9 西部地区的减免税

对设在西部地区以《西部地区鼓励类产业目录》中新增鼓励类产业项目为主营业务，且其当年年度主营业务收入占企业收入总额70%以上的企业，自2014年10月1日起，可减按15%税率缴纳企业所得税。

3.10 债券利息减免税

对企业取得的2012年及以后年度发行的地方政府债券利息收入，免征企业所得税。

【案例4-14】某制造业企业为居民企业。2018年有关经营业务如下：产品销售收入5 600万元，产品销售成本4 000万元；其他业务收入800万元，其他业务成本660万元；取得购买国债利息收入40万元；缴纳非增值税销售税金及附加300万元；发生管理费用760万元，其中新技术的研究开发费用为60万元、业务招待费为70万元；发生财务费用200万元；取得直接投资其他居民企业的权益性投资收益34万元（已在投资方所在地按15%的税率缴纳所得税）；取得营业外收入100万元，发生营业外支出250万元（其中含公益性捐赠38万元）。请计算该企业2018年企业所得税应纳税额。

【解析】

（1）利润总额=5 600+800+40+34+100−4 000−660−300−760−200−250=404（万元）

（2）国债利息收入免征企业所得税，应调减应纳税所得额40万元。

（3）技术开发费调减应纳税所得额=60×75%=45（万元）

（4）业务招待费按实际发生的60%计算=70×60%=42（万元）

按销售（营业）收入的5‰计算=（5 600+800）×0.5%=32（万元）

按照规定税前扣除限额应为32万元，故

调增应纳税所得额=70−32=38（万元）

（5）取得直接投资其他居民企业的权益性收益属于免税收入，应调减应纳税所得额34万元。

（6）公益性捐赠扣除标准=404×12%=48.48（万元）

实际捐赠额38万元小于扣除标准48.48万元，可按实捐数扣除，不作纳税调整。

（7）应纳税所得额总计=404−40−45+38−34=323（万元）

（8）该企业2018年企业所得税应纳税额=323×25%=80.75（万元）

练习题

一、单项选择题

1. 根据《中华人民共和国企业所得税法》规定，依照外国（地区）法律成立且实际管理机构不在中国境内，但在中国境内设立机构、场所的，或者在中国境内未设立机构、场所，但有来源于中国境内所得的企业，是（　　）。

A. 本国企业　　B. 外国企业　　C. 居民企业　　D. 非居民企业

2. 根据企业所得税法规定，依法在中国境内成立，或者依照外国（地区）法律成立但实际管理机构在中国境内的企业，是（　　）。

A. 本国企业　　B. 外国企业　　C. 居民企业　　D. 非居民企业

3.《中华人民共和国企业所得税法》规定的企业所得税的税率为（　　）。

A. 20%　　B. 25%　　C. 30%　　D. 33%

4. 国家需要重点扶持的高新技术企业，减按（　　）的税率征收企业所得税。

A. 10%　　B. 12%　　C. 15%　　D. 20%

5. 企业发生的公益性捐赠支出，在年度利润总额（　　）以内的部分，准予在计算应纳税所得额时扣除。

A. 10%　　B. 12%　　C. 15%　　D. 30%

6. 美国微软公司在中国设立分支机构，其分支机构来源于中国境内的所得缴纳企业所得税的税率是（　　）。

A. 20%　　B. 25%　　C. 30%　　D. 33%

7. 企业应当自年度终了之日起（　　）个月内，向税务机关报送年度企业所得税纳税申报表，并汇算清缴，结清应缴应退税款。

A. 三　　B. 四　　C. 五　　D. 六

8. 扣缴义务人每次代扣的税款，应当自代扣之日起（　　）内缴入国库，并向所在地的税务机关报送扣缴企业所得税报告表。

A. 三日　　B. 五日　　C. 七日　　D. 十日

9. 按照新企业所得税法的规定，下列企业不缴纳企业所得税的是（　　）。

A. 国有企业　　B. 私营企业　　C. 合伙企业　　D. 外商投资企业

10. A公司2018年度取得以下收入：销售商品收入200万元，其他企业使用A企业可循环使用的包装物支付100万元，获得股息收入100万元，其他企业租用A公司的固定资产支付200万元，转让无形资产收入100万元，A公司2018年度取得的租金收入总额是多少（　　）万元。

A. 100　　B. 200　　C. 300　　D. 400

11. 以下哪个是企业所得税纳税人（　　）。

A. 个人独资企业　　B. 合伙企业

C. 一人有限责任公司　　D. 居民个人

12. 下面哪个不是企业所得税纳税人（　　）。

A. 国有企业　　B. 外商投资企业

C. 私营有限责任公司　　D. 私营合伙企业

13. 下面哪项收入应该征收企业所得税（　　）。

A. 股息、红利等权益性投资收益

B. 依法收取并纳入财政管理的政府性基金

C. 依法收取并纳入财政管理的行政事业收费

D. 财政拨款

14. 甲企业2018年度实际发生的与经营活动有关的业务招待费为100万元，该公司按照（　　）万元予以税前扣除，该公司2018年度的销售收入为4 000万元。

A. 60　　B. 100　　C. 240　　D. 20

15. 下面哪项固定资产可以提取折旧（　　）。

A. 经营租赁方式租出的固定资产　　B. 以融资租赁方式租出的固定资产

C. 未使用的固定资产（房屋）　　D. 单独估价作为固定资产入账的土地

16. 企业纳税年度发生亏损，准予向以后年度结转，用以后年度的所得弥补，但结转年限最长不得超过（　　）。

A. 五年　　B. 三年　　C. 十年　　D. 不能弥补

17. 在计算应纳税所得额时，企业财务、会计处理办法与税收法律、行政法规的规定不一致时，应当依照（　　）的规定计算。

A. 按企业财务、会计处理办法　　B. 按税收法律、法规

C. 按上级机关的指示　　D. 按有资质的中介机构

18. 企业的下列收入中，哪个是应税收入？（　　）

A. 国债利息收入

B. 符合条件的居民企业之间的股息、红利等权益性投资收益

C. 符合条件的非营利组织的收入

D. 银行存款利息收入

19. 甲公司2018年度的销售收入为1 000万元，实际发生的符合条件的广告支出和业务宣传费支出为200万元，该公司应按照（　　）万元予以税前扣除。

A. 150　　B. 200　　C. 100　　D. 50

20. 企业开发新技术、新产品、新工艺发生的研究开发费用，可以在计算应纳税所得额时（　　）扣除。

A. 全额　　B. 加计　　C. 减半　　D. 加倍

二、多项选择题

1. 根据《中华人民共和国企业所得税法》的规定，下列属于我国选择的管辖权标准的是（　　）。

   A. 居民管辖权　　B. 公民管辖权

   C. 经营地管辖权　　D. 地域管辖权

2. 根据企业所得税法的规定，下列关于特殊收入的确认正确的有（　　）。

   A. 分期收款方式销售货物的，按照发出货物的日期确认收入的实现

   B. 产品分成方式取得收入的，按照企业分得产品的日期确认收入的实现

   C. 企业受托加工制造大型机械设备，跨年度的，按照纳税年度内完工进度或者完成的工作量确认收入的实现

   D. 企业发生非货币性资产交换，除法规另有规定外，应当视同销售，确认收入

3. 根据企业所得税法律制度的规定，下列税金属于可在发生当期税前直接扣除的有（　　）。

   A. 消费税　　B. 车辆购置税　　C. 契税　　D. 城建税

4. 根据《中华人民共和国企业所得税法》的规定，下列利息费用准予据实税前扣除的有（　　）。

   A. 非金融企业向金融企业借款的利息支出

   B. 非金融企业向非金融企业借款的利息支出

   C. 金融企业同业拆借的利息支出

   D. 非金融企业经批准发行债券的利息支出

5. 根据《中华人民共和国企业所得税法》的规定，下列项目属于公益性捐赠支出的有（　　）。

   A. 企业通过县级人民政府向社会公共设施建设的捐赠

   B. 企业通过电视台向灾区的捐赠

   C. 企业通过乡镇人民政府向教育事业的捐赠

   D. 企业通过希望工程向农村小学的捐赠

6. 根据《中华人民共和国企业所得税法》的规定，下列表述正确的有（　　）。

   A. 企业参加财产保险，按照规定缴纳的保险费，准予税前扣除

   B. 以经营租赁方式租入固定资产发生的租赁费支出，按照租赁期限均匀扣除

   C. 以融资租赁方式租入固定资产发生的租赁费支出，按照租赁期限均匀扣除

   D. 企业发生的合理的劳动保护支出，准予扣除

7. 根据《中华人民共和国企业所得税法》的规定，下列支出项目中，在计算企业所得税应纳税所得额时，不得扣除的项目有（　　）。

   A. 银行内营业机构之间支付的利息

   B. 未经核定的准备金支出

   C. 违反贷款协议，被商业银行处以的罚息

D. 企业之间支付的管理费

8. 根据《中华人民共和国企业所得税法》的规定，下列支出中，在计算企业所得税应纳税所得额时，不得扣除的项目有（　　）。

A. 企业所得税税款　　B. 直接向灾区的捐赠

C. 消费税税款　　D. 企业内营业机构之间支付的租金

9. 根据企业所得税相关法规的规定，下列固定资产可以计提折旧在税前扣除的有（　　）。

A. 未投入使用的房屋、建筑物类固定资产

B. 以经营租赁方式租入的固定资产

C. 以融资租赁方式租入的固定资产

D. 以融资租赁方式租出的固定资产

10. 根据《中华人民共和国企业所得税法》的相关规定，下列项目的所得免征企业所得税的有（　　）。

A. 水果种植所得　　B. 农机维修所得

C. 中药材种植所得　　D. 家禽饲养所得

11. 企业从事的下列项目所得，适用于自项目取得第一笔生产经营收入所属纳税年度起，第一年至第三年免征企业所得税，第四年至第六年减半征收企业所得税政策的有（　　）。

A. 环境保护项目所得

B. 节能节水项目所得

C. 国家重点扶持的公共基础设施项目的所得

D. 企业承包经营、承包建设国家重点扶持的公共基础设施项目的所得

12. 企业的下列项目中在计算应纳税所得额时，根据《中华人民共和国企业所得税法》的规定适用加计扣除优惠政策的有（　　）。

A. 开发新技术、新产品、新工艺发生的研究开发费用

B. 安置残疾人员实际支付的残疾人员工资

C. 创业投资企业从事国家需要重点扶持和鼓励的创业投资的投资额

D. 企业购置国产设备的投资额

13. 根据《中华人民共和国企业所得税法》的规定，在计算企业所得税应纳税所得额时，下列项目不得在企业所得税税前扣除的有（　　）。

A. 外购货物管理不善发生的损失　　B. 违反法律被司法部门处以的罚金

C. 非广告性质的赞助支出　　D. 银行按规定加收的罚息

14. 下列各项中，属于企业所得税征收税范围的有（　　）。

A. 居民企业来源于境外的所得

B. 设立机构、场所的非居民企业，其机构、场所来源于中国境内的所得

C. 未设立机构、场所的非居民企业来源于中国境外的所得

D. 居民企业来源于中国境内的所得

15. 根据《中华人民共和国企业所得税法》的规定，以下适用25%税率的是（　　）。
   A. 在中国境内的居民企业
   B. 在中国境内设有机构场所，且所得与其机构、场所有关联的非居民企业
   C. 在中国境内设有机构场所，但所得与其机构、场所没有实际联系的非居民企业
   D. 在中国境内未设立机构场所的非居民企业

16. 纳税人下列行为应视同销售确认所得税收入的有（　　）。
   A. 将货物用于投资　　B. 将商品用于捐赠
   C. 将产品用于集体福利　　D. 将产品用于在建工程

三、判断题

1. 在中华人民共和国境内，所有的企业都是企业所得税的纳税人。（　　）
2. 我国确定居民企业采取“登记注册地标准”和“实际管理控制地标准”相结合的管理办法。（　　）
3. 个人独资企业也要缴纳企业所得税。（　　）
4. 依照外国（地区）法律成立但实际管理机构在中国境内的企业是非居民企业。（　　）
5. 非居民企业的法定税率一律都是20%。（　　）
6. 企业取得的违法收入不征企业所得税。（　　）
7. 非居民企业在中国境内设立机构、场所的，应当就其所设机构、场所取得的来源于中国境内的所得，以及发生在中国境外但与其所设机构、场所没有实际联系的所得，缴纳企业所得税。（　　）
8. 企业每一纳税年度的收入总额，减除各项扣除和允许弥补的以前年度亏损后的余额，为应纳税所得额。（　　）
9. 企业实际发生的与取得收入有关的、合理的支出，包括成本、费用、税金、损失和其他支出，准予在计算应纳税所得额时扣除。（　　）
10. 企业发生的公益性捐赠支出，在年度应纳税所得额12%以内的部分，准予在计算应纳税所得额时扣除。（　　）
11. 向投资者支付的股息、红利等权益性投资收益款项不得在所得税前扣除。（　　）
12. 各种准备金支出一律不得在企业所得税前扣除。（　　）
13. 未投入使用的房屋、建筑物不得计算折旧扣除。（　　）
14. 以经营租赁方式租出的固定资产不得计算折旧扣除。（　　）
15. 以融资租赁方式租出的固定资产不得计算折旧扣除。（　　）
16. 自创商誉不得计算摊销费用扣除。（　　）
17. 租入固定资产的改建支出作为长期待摊费用，按照规定摊销的，准予扣除。（　　）

18. 自行开发的支出已在计算应纳税所得额时扣除的无形资产可以计算无形资产摊销费用准予扣除。（ ）
19. 固定资产的大修理支出可以直接在所得税前扣除。（ ）
20. 已足额提取折旧的固定资产的改建支出，应当增加固定资产原值并计提折旧扣除。（ ）

四、不定项选择题

甲企业为居民企业。2018年有关收支情况如下：

（1）取得产品销售收入4 000万元，特许权使用费收入100万元，国债利息收入50万元，接受捐赠收入100万元。

（2）业务招待费支出50万元，广告费支出500万元。

（3）支付司法机关罚金20万元，支付给客户的违约金10万元。

（4）直接向某希望小学捐款100万元，计提准备金50万元，未经税务机关核定。

（5）其他可在企业所得税税前扣除的成本、费用、税金合计2 000万元。

已知：在计算企业所得税应纳税所得额时，业务招待费支出按发生额的60%扣除，但不得超过当年销售（营业）收入的0.5%；广告费、业务宣传费支出，不超过当年销售（营业）收入15%的部分，允许税前扣除。

要求：

根据上述资料，分析回答下列问题。

1. 甲企业下列收入中，应计入企业所得税应纳税所得额的是（ ）。
   A. 产品销售收入4 000万元
   B. 特许权使用费收入100万元
   C. 国债利息收入50万元
   D. 接受捐赠收入100万元
2. 甲企业在计算2018年度应纳税所得额时，下列关于业务招待费和广告费准予扣除数额的表述中，正确的是（ ）。
   A. 业务招待费准予扣除的数额为20.5万元
   B. 业务招待费准予扣除的数额为30万元
   C. 广告费准予扣除的数额为500万元
   D. 广告费准予扣除的数额为615万元
3. 甲企业下列支出中，在计算2018年度企业所得税应纳税所得额时，可以税前扣除的是（ ）。
   A. 支付司法机关罚金20万元
   B. 支付给客户的违约金10万元
   C. 向某希望小学捐款100万元
   D. 计提准备金50万元
4. 甲企业2018年度企业所得税应纳税所得额是（ ）。
   A. 1 719.5万元
   B. 1 699.5万元
   C. 1 669.5万元
   D. 1 549.5万元

项目5　个人所得税

任务1　认识个人所得税

1　个人所得税的概念

个人所得税是以个人（自然人）取得的各项应税所得为征税对象所征收的一种税。

2　个人所得税的纳税人

个人所得税的纳税义务人包括在中国境内有住所，或者虽无住所但在中国境内居住满183天的个人，以及无住所又不居住或居住不满183天但有从中国境内取得所得的个人。

个人独资企业和合伙企业不缴纳企业所得税，只对投资者个人或个人合伙人取得的生产经营所得征收个人所得税。个人独资企业和合伙企业分别指依照我国相关法律登记成立的个人独资、合伙性质的企业以及其他相关机构或组织。个人独资企业以投资者个人为纳税义务人，合伙企业以每一个合伙人为纳税义务人。

2.1　居民纳税义务人

在中国境内有住所，或者无住所而一个纳税年度内在中国境内居住累计满183天的个人，为居民个人。纳税年度，自公历1月1日起至12月31日止。

2.2　非居民纳税义务人

在中国境内无住所又不居住，或者无住所而一个纳税年度内在中国境内居住累计不满183天的个人，为非居民个人。

3　个人所得税纳税人的纳税义务

居民和非居民纳税人承担不同的纳税义务，具体体现在不同的个人所得税纳税人征税对象不同。

3.1　居民企业的征税对象

居民纳税人，应就其来源于中国境内和境外的所得，依照个人所得税法律制度的规定向中国政府履行全面纳税义务，缴纳个人所得税。

3.2 非居民企业的征税对象

非居民纳税人，仅就其来源于中国境内取得的所得，向我国政府履行有限纳税义务，缴纳个人所得税。

在中国境内无住所的个人，在中国境内居住累计满183天的年度连续不满6年的，经向主管税务机关备案，其来源于中国境外且由境外单位或者个人支付的所得，免于缴纳个人所得税；在中国境内居住累计满183天的任一年度中有一次离境超过30天的，其在中国境内居住累计满183天的年度的连续年限重新起算。

中国境内无住所的个人一个纳税年度在中国境内累计居住满183天的，如果此前6年在中国境内累计居住天数都满183天而且没有任何一年单次离境超过30天，该纳税年度来源于中国境内境外所得应当缴纳所得税；如果此前6年的任一年在中国境内累计居住天数不满183天或者单次离境超过30天，该纳税年度来源于中国境外且由境外单位或者个人支付的所得，免予缴纳个人所得税。

此前6年，是指该纳税年度的前1年至前6年的连续6个年度，此前6年的起始年度自2019年（含）以后年度开始计算。

在中国境内无住所，且在一个纳税年度中在中国境内连续或者累计居住不超过90天的个人，其来源于中国境内的所得，由境外雇主支付并且不由该雇主在中国境内的机构、场所负担的部分，免于缴纳个人所得税。

【案例5-1】英国居民布莱恩先生受其供职的境外公司委派，来中国从事设备安装调试工作，在中国停留60天，期间取得境外公司支付的工资40 000元，取得中国体育彩票中奖收入20 000元。布莱恩先生应在中国缴纳个人所得税的收入是多少？

【解析】布莱恩先生在中国境内无住所，且在一个纳税年度中在中国境内连续或者累计居住时间小于90天，仅就境内所得中境内支付的部分缴税，境内所得境外支付的部分不缴税，因此，布莱恩仅就偶然所得中国体育彩票中奖收入20 000元在中国缴税。

【案例5-2】琼斯为外籍个人，在中国境内无住所，同时在中国境内、境外机构担任职务，2018年3月6日来中国，12月20日离开。期间琼斯因工作原因，曾于6月8日离境，6月14日返回。在计算个人所得税时，琼斯在中国境内实际工作天数为多少天？

【解析】3月6日、6月8日、6月14日和12月20日，均按半天计算在中国实际工作天数。

中国境内实际工作天数=25.5+30+31+（7.5+16.5）+31+31+30+31+30+19.5=283（天）

3.3 所得来源地的确定

下列所得，不论支付地点是否在中国境内，均为来源于中国境内的所得：

①因任职、受雇、履约等而在中国境内提供劳务取得的所得。

②将财产出租给承租人在中国境内使用而取得的所得。

③转让中国境内的建筑物、土地使用权等财产或者在中国境内转让其他财产取得的所得。

④许可各种特许权在中国境内使用而取得的所得。

⑤从中国境内的公司、企业以及其他经济组织或者个人取得的利息、股息、红利所得。

4 征收管理

4.1 纳税申报

4.1.1 由扣缴义务人代扣代缴

个人所得税以所得人为纳税人，以支付所得的单位或者个人为扣缴义务人。扣缴义务人向个人支付应税款项时，应当依照个人所得税法规定预扣或代扣税款，按时缴库，并专项记载备查。支付，包括现金支付、汇拨支付、转账支付和以有价证券、实物以及其他形式的支付。

税务机关对扣缴义务人按照所扣缴的税款，付给2%的手续费。

个人应当凭纳税人识别号实名办税。个人首次取得应税所得或者首次办理纳税申报时，应当向扣缴义务人或者税务机关如实提供纳税人识别号及与纳税有关的信息。个人上述信息发生变化的，应当报告扣缴义务人或者税务机关。

没有中国公民身份证号码的个人，应当在首次发生纳税义务时，按照税务机关规定报送与纳税有关的信息，由税务机关赋予其纳税人识别号。

国务院税务主管部门可以指定掌握所得信息并对所得取得过程有控制权的单位为扣缴义务人。

4.1.2 纳税人自行申报

有下列情形之一的，纳税人应当依法办理纳税申报。

①取得综合所得需要办理汇算清缴。

需要办理汇算清缴的情形包括：

a. 在两处或两处以上取得综合所得，且综合所得年收入额减去专项扣除的余额超过6万元。

b. 取得劳务报酬所得、稿酬所得、特许权使用费所得中一项或者多项所得，且综合所得年收入额减去专项扣除的余额超过6万元。

c. 纳税年度内预缴税额低于应纳税额的。

d. 纳税人需要退税的，应当办理汇算清缴，申报退税。申报退税应当提供本人在中国境内开设的银行账户。

②取得应税所得没有扣缴义务人。

③取得应税所得，扣缴义务人未扣缴税款。

④取得境外所得。

⑤因移居境外注销中国户籍。

⑥非居民个人在中国境内从两处以上取得工资、薪金所得。

⑦国务院规定的其他情形。

4.1.3 居民个人取得综合所得专项附加扣除的处理

居民个人取得工资、薪金所得时，可以向扣缴义务人提供专项附加扣除有关信息，由扣缴义务人扣缴税款时办理专项附加扣除。纳税人同时从两处以上取得工资、薪金所得，并由扣缴义务人办理专项附加扣除的，对同一专项附加扣除项目，一个纳税年度内，纳税人只能选择从其中一处扣除。居民个人取得劳务报酬所得、稿酬所得、特许权使用费所得，应当在汇算清缴时向税务机关提供有关信息，办理专项附加扣除。

4.1.4 纳税人办理汇算清缴的处理

纳税人可以自行也可以委托扣缴义务人或者其他单位和个人办理汇算清缴。纳税人发现扣缴义务人提供或者扣缴申报的个人信息、所得、扣缴税款等与实际情况不符的，有权要求扣缴义务人修改。扣缴义务人拒绝修改的，纳税人可以报告税务机关，税务机关应当及时处理。

4.2 纳税期限

①居民个人取得综合所得，按年计算个人所得税；有扣缴义务人的，由扣缴义务人按月或者按次预扣预缴税款；需要办理汇算清缴的，应当在取得所得的次年3月1日至6月30日内办理汇算清缴。预扣预缴办法由国务院税务主管部门制定。

②非居民个人取得工资、薪金所得，劳务报酬所得，稿酬所得和特许权使用费所得，有扣缴义务人的，由扣缴义务人按月或者按次代扣代缴税款，不办理汇算清缴。

③纳税人取得经营所得，按年计算个人所得税，由纳税人在月度或者季度终了后15日内向税务机关报送纳税申报表，并预缴税款；在取得所得的次年3月31日前办理汇算清缴。

④纳税人取得利息、股息、红利所得，财产租赁所得，财产转让所得和偶然所得，按月或者按次计算个人所得税，有扣缴义务人的，由扣缴义务人按月或者按次代扣代缴税款。

⑤纳税人取得应税所得没有扣缴义务人的，应当在取得所得的次月15日内向税务机关报送纳税申报表，并缴纳税款。

⑥纳税人取得应税所得，扣缴义务人未扣缴税款的，纳税人应当在取得所得的次年6月30日前缴纳税款，税务机关通知限期缴纳的，纳税人应当按照期限缴纳税款。

⑦居民个人从中国境外取得所得的，应当在取得所得的次年3月1日至6月30日内申报纳税。

⑧非居民个人在中国境内从两处以上取得工资、薪金所得的，应当在取得的次月15日内申报纳税。

⑨纳税人因移居境外注销中国户籍的，应当在注销中国户籍前办理税款清算。

⑩扣缴义务人每月或者每次预扣、代扣的税款，应当在次月15日内缴入国库，并向税务机关报送扣缴个人所得税申报表。

各项所得的计算，以人民币为单位。所得为人民币以外货币的，按照办理纳税申报或扣缴申报的上一月最后一日人民币汇率中间价，折合成人民币计算应纳税所得额。年度终了后办理汇算清缴的，对已经按月、按季或者按次预缴税款的人民币以外货币所得，不再重新折算；对应当补缴税款的所得部分，按照上一纳税年度最后一日人民币汇率中间价，折合人民币计算应纳税所得额。

任务2 计算个人所得税

1 个人所得税税目与税率

1.1 个人所得税税目

按应纳税所得的来源划分，现行个人所得税共分为9个应税项目。

1.1.1 工资、薪金所得

工资、薪金所得，是指个人因任职或者受雇而取得的工资、薪金、奖金、年终加薪、劳动分红、津贴、补贴以及与任职或者受雇有关的其他所得。

下列项目不属于工资、薪金性质的补贴、津贴，不予征收个人所得税。这些项目包括：①独生子女补贴；②执行公务员工资制度未纳入基本工资总额的补贴、津贴差额和家属成员的副食补贴；③托儿补助费；④差旅费津贴、误餐补助。误餐补助是指按照财政部规定，个人因公在城区、郊区工作，不能在工作单位或返回就餐的，根据实际误餐顿数，按规定的标准领取的误餐费。单位以误餐补助名义发给职工的补助、津贴不包括在内。

>>> 知识链接：工资、薪金所得的特殊规定

①个人与用人单位解除劳动关系取得的一次性补偿收入（包括用人单位发放的经济补偿金、生活补助费和其他补助费），在当地上年职工平均工资3倍数额以内的部分，免征个人所得税；超过3倍数额的部分，不并入当年综

合所得，单独适用综合所得税率表，计算纳税。

②退休人员再任职按工资、薪金所得征税。

③离退休人员领取的离退休工资或养老金不缴纳个人所得税，另从原任职单位取得补贴按工资、薪金所得征税。

④个人取得公务交通通信补贴收入扣除定标准的公务费用后，按照工资、薪金所得征税。

⑤企业为员工支付各项免税之外的保险金，应在企业向保险公司缴付时并入员工当期的工资收入，按工资、薪金征税。

⑥兼职律师从律师事务所取得工资、薪金性质的所得，律师事务所在代扣代缴个人所得税时，不再扣减规定的费用扣除标准，以收入全额（分成收入减去办案费用余额）直接确定适用税率计算，并自行向税务机关申报两处或两处以上取得的工资、薪金所得合并计算缴纳个人所得税。

⑦企业年金、职业年金征税问题。

个人达到国家规定的退休年龄，领取的企业年金、职业年金，符合相关规定的，不并入综合所得，全额单独计算应纳税款。其中按月领取的，适用月度税率表计算纳税；按季领取的，平均分摊计入各月，按每月领取额适用月度税率表计算纳税；按年领取的，适用综合所得税率表计算纳税。

个人因出境定居而一次性领取的年金个人账户资金，或个人死亡后，其指定的受益人或法定继承人一次性领取的年金个人账户余额，适用综合所得税率表计算纳税。对个人除上述特殊原因外一次性领取年金个人账户资金或余额的，适用月度税率表计算纳税。

⑧依法批准设立的非营利性研究开发机构和高等学校根据《中华人民共和国促进科技成果转化法》规定，从职务科技成果转化收入中给予科技人员的现金奖励，可减按50%计入科技人员当月“工资、薪金所得”，依法缴纳个人所得税。

1.1.2 劳务报酬所得

劳务报酬所得，是指个人独立从事非雇佣的各种劳务所取得的所得。主要包括设计、装潢、安装、制图、化验、测试、医疗、法律、会计、咨询、讲学、新闻、广播、翻译、审稿、书画、雕刻、影视、录音、录像、演出、表演、广告、展览、技术服务、介绍服务、经纪服务、代办服务、其他劳务。区分“劳务报酬所得”和“工资、薪金所得”，主要看是否存在雇佣与被雇佣的关系。“工资、薪金所得”是个人从事非独立劳动，从所在单位（雇主）领取的报酬，存在雇佣与被雇佣的关系，即在机关、团体、学校、部队、企事业单位及其他组织中任职、受雇而得到的报酬，而“劳务报酬所得”则是指个人独立从事某种技艺，独立提供某种劳务而取得的报酬，一般不存在雇佣关系。个人所得税所列各项“劳务报酬所得”一般属于个人独立从事自由职业取得的所得或属于独立个人劳动所得。如果从事某项劳务活动取得的报酬是以工资、薪金形式体现的，如作家从其所属单位领取工资，老师从学校领取工资，就属于“工资、薪金所得”，而不属于“劳务报酬所得”。如果从事某项劳务活动取得的报酬不是来自聘用、雇佣或工作单位，如设计师从除所属单位取得的报酬就属于劳务报酬所得。

>>> 知识链接：通常作为劳务报酬所得缴纳个税的几种情况

①个人兼职取得的收入应按照“劳务报酬所得”应税项目缴纳个人所得税。

②律师以个人名义再聘请其他人员为其工作而支付的报酬，应由该律师按“劳务报酬所得”应税项目负责代扣代缴个人所得税。税款可由其任职的律师事务所代为缴入国库。

③保险营销员、证券经纪人取得的佣金收入，属于“劳务报酬所得”，以不含增值税的收入减除20%的费用后的余额为收入额，收入额减去展业成本以及附加税费后，并入当年综合所得，计算缴纳个人所得税。保险营销员、证券经纪人展业成本按照收入额的25%计算。

扣缴义务人向保险营销员、证券经纪人支付佣金收入时，应按照规定的累计预扣法计算预扣税款。

1.1.3 稿酬所得

稿酬所得，是指个人因其作品以图书、报刊形式出版、发表而取得的所得。作品包括文学作品、书画作品、摄影作品，以及其他作品。作者去世后，财产继承人取得的遗作稿酬，也应征收个人所得税。

【案例5-3】下列所得中，应按照“稿酬所得”缴纳个人所得税的有（　　）。

A. 书法家为企业题字获得的报酬

B. 杂志社记者在本社杂志发表文章获得的报酬

C. 编剧从电视剧的制作单位取得的剧本使用费

D. 出版社的专业作者翻译的小说由该出版社出版获得的报酬

E. 报社印刷车间工作人员在该社报纸发表作品获得的报酬

【解析】D、E

选项A，应按劳务报酬所得缴纳个人所得税；选项B，应按工资薪金所得缴纳个人所得税；选项C，应按特许权使用费所得缴纳个人所得税。

1.1.4 特许权使用费所得

特许权使用费所得，是指个人提供专利权、商标权、著作权、非专利技术以及其他特许权的使用权取得的所得。

①我国个人所得税法律制度规定，提供著作权的使用权取得的所得，不包括稿酬所得，对于作者将自己的文字作品手稿原件或复印件公开拍卖（竞价）取得的所得，属于提

供著作权的使用所得，故应按“特许权使用费所得”项目征收个人所得税。

②个人取得特许权的经济赔偿收入，应按“特许权使用费所得”项目缴纳个人所得税，税款由支付赔偿的单位或个人代扣代缴。

③编剧从电视剧的制作单位取得的剧本使用费，不再区分剧本的使用方是否为其任职单位，统一按“特许权使用费所得”项目征收个人所得税。

1.1.5 利息、股息、红利所得

利息、股息、红利所得，是指个人拥有债权、股权而取得的利息、股息、红利所得。其中，利息一般是指存款、贷款和债券的利息。股息、红利是指个人拥有股权取得的公司、企业分红。按照一定比率派发的每股息金，称为股息。根据公司、企业应分配的超过股息部分的利润，按股派发的红股，称为红利。

1.1.6 财产租赁所得

财产租赁所得，是指个人出租不动产、土地使用权、机器设备、车船以及其他财产取得的所得。

①个人取得的房屋转租收入，属于“财产租赁所得”的征税范围。

②房地产开发企业与商店购买者个人签订协议，以优惠价格出售其商店给购买者个人，购买者个人在一定期限内必须将购买的商店无偿提供给房地产开发企业对外出租使用。该行为实质上是购买者个人以所购商店交由房地产开发企业出租而取得的房屋租赁收入支付了部分购房价款。对购买者个人少支出的购房价款，应视同个人财产租赁所得，按照“财产租赁所得”项目征收个人所得税。每次财产租赁所得的收入额，按照少支出的购房价款和协议规定的租赁月份数平均计算确定。

1.1.7 财产转让所得

财产转让所得，是指个人转让有价证券、股权、机器设备、车船以及其他财产取得的所得。转让境内上市公司股票净所得暂免征收个人所得税，但2010年起，对个人转让上市公司限售股征收个人所得税。转让境外上市公司股票所得按照“财产转让所得”缴纳个人所得税。

1.1.8 偶然所得

偶然所得是指个人得奖、中奖、中彩以及其他偶然性质的所得。得奖是指参加各种有奖竞赛活动，取得名次得到的奖金；中奖、中彩是指参加各种有奖活动，如有奖储蓄，或者购买彩票，经过规定程序，抽中、摇中号码而取得的奖金。

①企业对累积消费达到一定额度的顾客，给予额外抽奖机会，个人的获奖所得，按照“偶然所得”项目，全额适用20%的税率缴纳个人所得税。

②个人取得单张有奖发票奖金所得超过800元的，应全额按照“偶然所得”项目征收

个人所得税。税务机关或其指定的有奖发票兑奖机构，是有奖发票奖金个人所得税的扣缴义务人。

1.1.9 经营所得

经营所得内容如下：

①个人通过在中国境内注册登记的个体工商户、个人独资企业、合伙企业从事生产、经营活动取得的所得。

②个人依法取得执照，从事办学、医疗、咨询以及其他有偿服务活动取得的所得。

③个人承包、承租、转包、转租取得的所得。

④个人从事其他生产、经营活动取得的所得。

居民个人取得上述1.1.1～1.1.4项所得（综合所得），按纳税年度合并计算个人税；非居民个人取得上述1.1.1～1.1.4项所得，按月或者按次分项计算个人所得税。纳税人取得上述1.1.5～1.1.9项所得，依照法律分别计算个人所得税。

个人取得的所得，难以界定应纳税所得项目的，由主管税务机关确定。

1.2 个人所得税税率

1.2.1 工资、薪金所得，劳务报酬所得，稿酬所得，特许权使用费所得个人所得税预扣率（预扣预缴适用）

工资、薪金所得，劳务报酬所得，稿酬所得，特许权使用费所得统称为综合所得。居民纳税人取得综合所得采用先预扣预缴再汇算清缴个税的方法，预扣时仍按不同所得项目分项进行。

（1）居民个人工资、薪金所得预扣预缴个人所得税的预扣率

居民个人工资、薪金所得预扣预缴个人所得税的预扣率表如表5-1所示。

表5-1 居民个人工资、薪金所得预扣预缴个人所得税的预扣率

级数	累计预扣预缴应纳税所得额	预扣率/%	速算扣除数/元
1	不超过36 000元的	3	0
2	超过36 000元至144 000元的	10	2 520
3	超过144 000元至300 000元的	20	16 920
4	超过300 000元至420 000元的	25	31 920
5	超过420 000元至660 000元的	30	52 920
6	超过660 000元至960 000元的	35	85 920
7	超过960 000元的	45	181 920

（2）居民个人劳务报酬所得预扣预缴个人所得税的预扣率

居民个人劳务报酬所得预扣预缴个人所得税的预扣率表如表5-2所示。

表5-2　居民个人劳务报酬所得预扣预缴个人所得税的预扣率

级数	预扣预缴应纳税所得额	预扣率/%	速算扣除数/元
1	不超过2 000元的	20	0
2	超过20 000元至50 000元的	30	2 000
3	超过50 000元的	40	7 000

（3）居民个人稿酬所得、特许权使用费所得预扣预缴个人所得税的预扣率

居民个人稿酬所得、特许权使用费所得适用20%的比例预扣率。

1.2.2　工资、薪金所得，劳务报酬所得，稿酬所得，特许权使用费所得个人所得税适用税率（非预扣预缴适用）

（1）居民个人综合所得个人所得税的适用税率（年终汇算清缴）

表5-3　居民个人综合所得个人所得税的税率表（按年）

级数	全年应纳税所得额	税率/%	速算扣除数/元
1	不超过36 000元的	3	0
2	超过36 000元至144 000元的	10	2 520
3	超过144 000元至300 000元的	20	16 920
4	超过300 000元至420 000元的	25	31 920
5	超过420 000元至660 000元的	30	52 920
6	超过660 000元至960 000元的	35	85 920
7	超过960 000元的	45	181 920

（2）非居民个人工资、薪金所得，劳务报酬所得，稿酬所得和特许权使用费所得个人所得税的适用税率

非居民个人取得工资、薪金所得，劳务报酬所得，稿酬所得和特许权使用费所得个人所得税税率表（与按月换算后的“表5-3居民个人综合所得个人所得税的税率表（按年）”一样）如表5-4所示。

表5-4　非居民个人工资、薪金所得，劳务报酬所得，
稿酬所得和特许权使用费所得个人所得税税率表

级数	应纳税所得额	税率/%	速算扣除数/元
1	不超过3 000元的	3	0
2	超过3 000元至12 000元的部分	10	210
3	超过12 000元至25 000元的部分	20	1 410
4	超过25 000元至35 000元的部分	25	2 660
5	超过35 000元至55 000元的部分	30	4 410
6	超过55 000元至80 000元的部分	35	7 160
7	超过80 000元的部分	45	15 160

1.2.3　经营所得的适用税率

经营所得，适用5%～35%的超额累进税率。经营所得个人所得税税率表如表5-5所示。

表5-5　经营所得个人所得税税率表

级数	全年应纳税所得额	税率/%	速算扣除数/元
1	不超过30 000元	5	0
2	超过30 000元至90 000元的部分	10	1 500
3	超过90 000元至300 000元的部分	20	10 500
4	超过300 000元至500 000元的部分	30	40 500
5	超过500 000元的部分	35	65 500

1.2.4　财产租赁所得，财产转让所得，利息、股息、红利所得和偶然所得的适用税率

财产租赁所得，财产转让所得，利息、股息、红利所得和偶然所得，适用比例税率，税率为20%。

>>> 知识链接：个人出租住房个税税率

为了配合国家住房制度改革，支持住房租赁市场的健康发展，自2008年3月1日起，对个人出租住房取得的所得暂减按10%的税率征收个人所得税。

2 个人所得税应纳税额的计算

2.1 居民个人综合所得应纳税额的计算

2.1.1 居民个人综合所得应纳税额的预扣预缴方法

自2019年1月1日起，扣缴义务人向居民个人支付工资、薪金所得，劳务报酬所得，稿酬所得，特许权使用费所得时，按以下方法预扣预缴个人所得税，并向主管税务机关报送个人所得税扣缴申报表。年度预扣预缴税额与年度应纳税额不一致的，由居民个人于次年3月1日至6月30日向主管税务机关办理综合所得年终汇算清缴，税款多退少补。

（1）扣缴义务人向居民个人支付工资、薪金所得时，应当按照累计预扣法计算预扣税款，并按月办理全员全额扣缴申报

具体计算公式为：

本期应预扣预缴个人所得税=（累计预扣预缴应纳税所得额×预扣率−速算扣除数）
−累计减免税额−累计已预扣预缴税额

累计预扣预缴应纳税所得额=累计收入−累计免税收入−累计减除费用
−累计专项扣除−累计专项附加扣除
−累计依法确定的其他扣除

上述公式中，累计减除费用，按照5 000元/月乘以纳税人当年截至本月在本单位的任职受雇月份数计算。

专项扣除包括居民个人按照国家规定的范围和标准缴纳的基本养老保险、基本医疗保险、失业保险等社会保险和住房公积金等；专项附加扣除包括子女教育、继续教育、大病医疗、住房贷款利息或者住房租金、赡养老人等支出，具体范围、标准和实施步骤由国务院确定，并报全国人民代表大会常务委员会备案。

上述公式中，计算居民个人工资、薪金所得预扣预缴税额的预扣率、速算扣除数，按表5-1执行。

>>> 知识链接：专项附加扣除

（1）专项附加扣除的具体规定

根据《个人所得税专项附加扣除暂行办法》和《个人所得税专项附加扣除操作办法（试行）》的主要内容如下。

①子女教育。

纳税人的子女接受全日制学历教育的相关支出，按照每个子女每月1 000元的标准定额扣除。

学历教育包括义务教育（小学、初中教育）、高中阶段教育（普通高中、中等职业、技工教育）、高等教育（大学专科、大学本科、硕士研究生、博

士研究生教育)。年满3岁至小学入学前处于学前教育阶段的子女,按上述规定执行。父母可以选择由其中一方按扣除标准的100%扣除,也可以选择由双方分别按扣除标准的50%扣除,具体扣除方式在一个纳税年度内不能变更。

纳税人子女在中国境外接受教育的,纳税人应当留存境外学校录取通知书、留学签证等相关教育的证明资料备查。计算时间认定:学前教育阶段,为子女年满3周岁当月至小学入学前一月。学历教育,为子女接受全日制学历教育入学的当月至全日制学历教育结束的当月。学历教育的期间,包含因病或其他非主观原因休学但学籍继续保留的休学期间,以及施教机构按规定组织实施的寒暑假等假期。

②继续教育。

纳税人在中国境内接受学历(学位)继续教育的支出,在学历(学位)教育期间按月400元定额扣除。同一学历(学位)继续教育的扣除期限不能超过48个月。纳税人接受技能人员职业资格继续教育、专业技术人员职业资格继续教育的支出,在取得相关证书的当年,按照3 600元定额扣除。个人接受本科及以下学历(学位)继续教育,符合《个人所得税专项附加扣除暂行办法》规定扣除条件的,可以选择由其父母扣除,也可以选择由本人扣除。纳税人接受技能人员职业资格继续教育、专业技术人员职业资格继续教育的,应当留存相关证书等资料备查。计算时间认定:学历(学位)继续教育,为在中国境内接受学历(学位)继续教育入学的当月至学历(学位)继续教育结束的当月,同一学历(学位)继续教育的扣除期限最长不得超过48个月。学历(学位)继续教育期间,包含因病或其他非主观原因休学但学籍继续保留的休学期间,以及施教机构按规定组织实施的寒暑假等假期。技能人员职业资格继续教育、专业技术人员职业资格继续教育为取得相关证书的当年。

③大病医疗。

在一个纳税年度内,纳税人发生的与基本医保相关的医药费用支出,扣除医保报销后个人负担(指医保目录范围内的自付部分)累计超过15 000元的部分,由纳税人在办理年度汇算清缴时,在80 000元限额内据实扣除。纳税人发生的医药费用支出可以选择由本人或者其配偶扣除;未成年子女发生的医药费用支出可以选择由其父母一方扣除。纳税人及其配偶、未成年子女发生的医药费用支出,按上述规定分别计算扣除额。

纳税人应当留存医药服务收费及医保报销相关票据原件(或者复印件)等资料备查。医疗保障部门应当向患者提供在医疗保障信息系统记录的本人年度医药费用信息查询服务。计算时间认定:为医疗保障信息系统记录的医药费用实际支出的当年。

④住房贷款利息。

纳税人本人或者配偶单独或共同使用商业银行或者住房公积金个人住房

贷款为本人或其配偶购买中国境内住房，发生的首套住房贷款利息支出，在实际发生贷款利息的年度，按照每月1 000元的标准定额扣除，扣除期限最长不超过240个月。纳税人只能享受一次首套住房贷款的利息扣除。首套住房贷款是指购买住房享受首套住房贷款利率的住房贷款。经夫妻双方约定，可以选择由其中一方扣除，具体扣除方式在一个纳税年度内不能变更。

夫妻双方婚前分别购买住房发生的首套住房贷款，其贷款利息支出，婚后可以选择其中一套购买的住房，由购买方按扣除标准的100%扣除，也可以由夫妻双方对各自购买的住房分别按扣除标准的50%扣除，具体扣除方式在一个纳税年度内不能变更。

纳税人应当留存住房贷款合同、贷款还款支出凭证备查。计算时间认定：为贷款合同约定开始还款的当月至贷款全部归还或贷款合同终止的当月，扣除期限最长不得超过240个月。

⑤住房租金。

纳税人在主要工作城市没有自有住房而发生的住房租金支出，可以按照以下标准定额扣除：

a. 直辖市、省会（首府）城市、计划单列市以及国务院确定的其他城市，扣除标准为每月1 100元。

b. 除第a项所列城市以外，市辖区户籍人口超过100万的城市，扣除标准为每月1 100元；市辖区户籍人口不超过100万的城市，扣除标准为每月800元。

纳税人的配偶在纳税人的主要工作城市有自有住房的，视同纳税人在主要工作城市有自有住房。市辖区户籍人口，以国家统计局公布的数据为准。主要工作城市是指纳税人任职受雇的直辖市、计划单列市、副省级城市、地级市（地区、州、盟）全部行政区域范围；纳税人无任职受雇单位的，为受理其综合所得汇算清缴的税务机关所在城市。夫妻双方主要工作城市相同的，只能由一方扣除住房租金支出。夫妻双方主要工作城市不相同的，且各自在其主要工作城市都没有住房的，可以分别扣除住房租金支出。

住房租金支出由签订租赁住房合同的承租人扣除。纳税人及其配偶在一个纳税年度内不能同时分别享受住房贷款利息和住房租金专项附加扣除。纳税人应当留存住房租赁合同、协议等有关资料备查。计算时间认定：为租赁合同（协议）约定的房屋租赁期开始的当月至租赁期结束的当月。提前终止合同（协议）的，以实际租赁期限为准。

⑥赡养老人。

纳税人赡养一位及以上被赡养人的赡养支出，统一按照以下标准定额扣除：

a. 纳税人为独生子女的，按照每月2 000元的标准定额扣除。

b. 纳税人为非独生子女的，由其与兄弟姐妹分摊每月2 000元的扣除额度，每人分摊的额度不能超过每月1 000元。可以由赡养人均或者约定分推，也可以由被赡养人指定分摊。约定或者指定分摊的须签订书面分摊协议，指定分摊优先于约定分摊。具体分摊方式和额度在一个纳税年度内不能变更。被赡养人是指年满60岁的父母，以及子女均已去世的年满60岁的祖父母、外祖父母。计算时间认定：为被赡养人年满60周岁的当月至赡养义务终止的年末。

（2）专项附加扣除的操作办法

享受子女教育、继续教育、住房贷款利息或者住房租金、赡养老人专项附加扣除的纳税人，自符合条件开始，可以向支付工资、薪金所得的扣缴义务人提供上述专项附加扣除有关信息，由扣缴义务人在预扣预缴税款时，按其在本单位本年可享受的累计扣除额办理扣除；也可以在次年3月1日至6月30日内，向汇缴地主管税务机关办理汇算清缴申报时扣除。享受大病医疗专项附加扣除的纳税人，由其在次年3月1日至6月30日内，自行向汇缴地主管税务机关办理汇算清缴申报时扣除。

【案例5-4】我国居民个人肖某为独生子女，就职于我国的A公司。2019年每月税前工资、薪金收入为30 000元，每月扣除费用5 000元。肖某个人每月负担的三险一金合计5 550元。赡养老人每月专项附加扣除金额为2 000元，除此之外，肖某没有其他专项附加扣除和依法确定的其他扣除。居民个人工资、薪金所得预扣预缴个人所得税的预扣率表如表5-1所示。请计算肖某2019年每月工资、薪金所得应由A公司预扣预缴的个人所得税。

【解析】肖某1月工资、薪金所得应由A公司预扣预缴的个人所得税=（30 000−5 000−5 550−2 000）×3%=17 450×3%=523.5（元）

肖某2月工资、薪金所得应由A公司预扣预缴的个人所得税=（30 000×2−5 000×2−5 550×2−2 000×2）×3%−523.5=1 047−523.5=523.5（元）

肖某3月工资、薪金所得应由A公司预扣预缴的个人所得税=（30 000×3−5 000×3−5 550×3−2 000×3）×10%−2 520−523.5−523.5=1 668（元）

肖某4月工资、薪金所得应由A公司预扣预缴的个人所得税=（30 000×4−5 000×4−5 550×4−2 000×4）×10%−2 520−523.5−523.5−1 668=1 745（元）

……

肖某12月工资、薪金所得应由A公司预扣预缴的个人所得税=（30 000×12−5 000×12−5 550×12−2 000×12）×20%−16 920−523.5−523.5−1 668−1 745−1 745−1 745−1 745−1 745−3 050−3 490−3 490=3 490（元）

肖某当年工资、薪金所得应由A公司预扣预缴的个人所得税合计=（30 000×12−5 000×12−5 550×12−2 000×12）×20%−16 920=523.5+523.5+1 668+1 745+1 745+1 745+1 745+1 745+3 050+3 490+3 490+3 490=24 960（元）

（2）扣缴义务人向居民个人支付劳务报酬所得、稿酬所得、特许权使用费所得，按次或者按月预扣预缴个人所得税

具体预扣预缴方法如下：

劳务报酬所得、稿酬所得、特许权使用费所得以收入减除费用后的余额为收入额。其中，稿酬所得的收入额减按70%计算。劳务报酬所得、稿酬所得、特许权使用费所得每次收入不超过4 000元的，减除费用按800计算；每次收入额4 000以上的，减除费用按20%计算。

劳务报酬所得、稿酬所得、特许权使用费所得，属于一次性收入的，以取得该收入为一次；属于同一项目连续性收入的，以一个月内取得的收入为一次。

劳务报酬所得、稿酬所得、特许权使用费所得，以每次收入额为预扣预缴应纳税所得额。劳务报酬所得适用20%～40%的超额累进预扣率（表5-2），稿酬所得、特许权使用费所得适用20%的比例预扣率。

劳务报酬所得预扣预缴税额=预扣预缴应纳税所得额×预扣率-速算扣除数

稿酬所得、特许权使用费所得应预扣预缴税额=预扣预缴应纳税所得额×20%

【案例5-5】承**【案例5-4】**，居民个人肖某2019年3月还从兼职单位B公司取得了一次性劳务报酬收入40 000元；当年6月从C出版社取得一次性稿酬收入12 000元；当年10月转让给D公司专利权取得一次性特许权使用费收入3 000元。上述收入均为税前收入，且均来自于中国境内。假设不考虑增值税等因素。请计算（1）肖某劳务报酬应由B公司预扣预缴的个人所得税；（2）肖某稿酬所得应由C出版社预扣预缴的个人所得税；（3）肖某特许权使用费所得应由D公司预扣预缴的个人所得税。

【解析】

（1）肖某劳务报酬应由B公司预扣预缴的个人所得税=40 000×（1-20%）×30%-2 000=7 600（元）

（2）肖某稿酬所得应由C出版社预扣预缴的个人所得税=12 000×（1-20%）×70%×20%=1 344（元）

（3）肖某特许权使用费所得应由D公司预扣预缴的个人所得税=（3 000-800）×20%=440（元）

2.1.2 居民个人综合所得应纳税额汇算清缴的方法

自2019年1月1日起，居民个人的综合所得（工资、薪金所得，劳务报酬所得，稿酬所得，特许权使用费所得），以每一纳税年度的收入额减除费用60 000元以及专项扣除、专项附加扣除和依法确定的其他扣除后的余额，为应纳税所得额。各项所得的计算，以人民币为单位。所得为人民币以外的货币的，按照人民币汇率中间价折合成人民币缴纳税款。

居民个人的综合所得适用七级超额累进税率，其应纳税额的计算公式为：

应纳个人所得税=年应纳税所得额×适用税率−速算扣除数

=（每一纳税年度的收入额−60 000−专项扣除、专项附加扣除和依法确定的其他扣除）×适用税率−速算扣除数

=［工资、薪金收入+劳务报酬收入×（1−20%）+稿酬收入×（1−20%）×70%+特许权使用费收入×（1−20%）−60 000−专项扣除、专项附加扣除和依法确定的其他扣除］×适用税率−速算扣除数

请注意 （1）居民个人取得劳务报酬所得、稿酬所得、特许权使用费所得预扣预缴个人所得税时，每次收入不超过4 000元的，减除费用按800计算；每次收入额超过4 000元的，减除费用按20%计算。汇算清缴时不论三项所得的金额是多少，减除费用一律按20%计算。

（2）专项扣除、专项附加扣除和依法确定的其他扣除，以居民个人一个纳税年度应纳税所得额为限额；一个纳税年度扣除不完的，不结转以后纳税年度扣除。

>>> 知识链接：居民个人取得综合所得个人所得税的缴纳方法

居民个人取得综合所得，按年计算个人所得税；有扣缴义务人的，由扣缴义务人按月或者按次预扣预缴税款；需要办理汇算清缴的，应当在取得所得的次年3月1日至6月30日内办理汇算清缴。预扣预缴办法由主管税务部门制定。

【案例5-6】承**【案例5-4】**和**【案例5-5】**，居民个人肖某于2020年3月1日至6月30日内办理汇算清缴。汇算清缴应按照表5-3进行。请计算肖某汇算清缴应补缴或申请退回的个人所得税。

【解析】［30 000×12+40 000×（1−20%）+12 000×（1−20%）×70%+3 000×（1−20%）−5 000×12−5 550×12−2 000×12］×20%−16 920=33 184（元）

肖某已由扣缴义务人预扣预缴的个人所得税总额=24 960+7 600+1 344+440=34 344（元）

肖某汇算清缴应退回个人所得税=34 344−33 184=1 160（元）

2.2 非居民个人工资、薪金所得，劳务报酬所得，稿酬所得，特许权使用费所得应纳税额的计算

自2019年1月1日起，扣缴义务人向非居民个人支付工资、薪金所得，劳务报酬所得，稿酬所得和特许权使用费所得时，应按照以下方法按月或者按次代扣代缴个人所得税：

非居民个人的工资、薪金所得，以每月收入额减除费用5 000元后的余额为应纳税所得额；劳务报酬所得、稿酬所得、特许权使用费所得，以每次收入额为应纳税所得额，适用非居民个人工资、薪金所得，劳务报酬所得，稿酬所得，特许权使用费所得个人所得税

的税率表（表5-4）计算应纳税额。其中，劳务报酬所得、稿酬所得、特许权使用费所得以收入减除20%费用后的余额为收入额；稿酬所得的收入额减按70%计算。

非居民个人工资、薪金所得，劳务报酬所得，稿酬所得，

特许权使用费所得应纳税额=应纳税所得额×税率−速算扣除数

2.2.1　非居民个人工资、薪金所得

非居民个人工资、薪金所得适用七级超额累进税率，应纳税额的计算公式为：

应纳个人所得税=月应纳税所得额×适用税率−速算扣除数

=（每月工资、薪金收入额−5 000）×适用税率−速算扣除数

2.2.2　非居民个人劳务报酬所得

非居民个人劳务报酬所得计算个人所得税适用同样的税率表（表5-4），即适用七级超额累进税率，应纳税额计算公式为：

应纳个人所得税=应纳税所得额×适用税率−速算扣除数

=每次收入额×适用税率−速算扣除数

=劳务报酬收入×（1−20%）×适用税率−速算扣除数

2.2.3　非居民个人稿酬所得

非居民个人稿酬所得计算个人所得税适用同样的税率表（表5-4），即适用七级超额累进税率，应纳税额计算公式为：

应纳个人所得税=应纳税所得额×适用税率−速算扣除数

=每次收入额×适用税率−速算扣除数

=稿酬收入×（1−20%）×70%×适用税率−速算扣除数

2.2.4　非居民个人特许权使用费所得

非居民个人特许权使用费所得计算个人所得税适用同样的税率表（表5-4），即适用七级超额累进税率，应纳税额计算公式为：

应纳个人所得税=应纳税所得额×适用税率−速算扣除数

=每次收入额×适用税率−速算扣除数

=特许权使用费收入×（1−20%）×适用税率−速算扣除数

请注意　扣缴义务人计算非居民纳税人工资、薪金所得，劳务报酬所得，稿酬所得和特许权使用费所得四项所得的个人所得税时，均适用同样的税率表（表5-4），且计算应纳税所得额时，劳务报酬所得，稿酬所得和特许权使用费所得无论金额大小均减除20%后作为收入额计算个人所得税。由扣缴义务人按月或者按次代扣代缴税款，不办理汇算清缴。

【案例5-7】2019年1月，某非居民纳税人甲从任职单位取得税前工资、薪金收入22 000元。上述收入来源于中国境内，且不享受免税优惠政策。请计算此人当月应缴纳的个人所得税。

【解析】甲当年1月工资、薪金所得的应纳税所得额=22 000−5 000=17 000（元）

甲当年1月工资、薪金所得应纳（任职单位应代扣代缴）个人所得税=17 000×20%−1 410=1 990（元）

【案例5-8】2019年1月，另一非居民纳税人乙一次性取得税前劳务报酬收入50 000元，该收入来源于中国境内，且不享受免税优惠政策。假设不考虑增值税因素。请计算乙当年1月应缴纳的个人所得税。

【解析】乙当年1月劳务报酬所得的应纳税所得额=50 000×（1−20%）=40 000（元）

乙当年1月劳务报酬所得应纳（由支付劳务报酬的单位代扣代缴）个人所得税=40 000×30%−4 410=7 590（元）

2.3 经营所得应纳税额的计算

经营所得以每一纳税年度的收入总额减除成本、费用以及损失后的余额，为应纳税所得额。

成本、费用，是指个体工商户、个人独资企业、合伙企业以及个人从事其他生产、经营活动发生的各项直接支出和分配计入成本的间接费用以及销售费用、管理费用、财务费用；所称损失，是指个体工商户、个人独资企业、合伙企业以及个人从事其他生产经营活动发生的固定资产和存货的盘亏、毁损、报废损失，转让财产损失、坏账损失，自然灾害等不可抗力因素造成的损失以及其他损失。

经营所得税前扣除规定如表5-6所示。

表5-6 经营所得税前扣除规定一览表

扣除项目	税前扣除规定	
生产经营费用和个人、家庭费用	划分清晰	据实扣除
	混用，难以分清的费用	“40%”视为与生产经营有关的费用，准予扣除
工资	职工	据实扣除
	业主本人	不得扣除：实发工资 可以扣除：6万元+专项扣除+专项附加扣除+其他扣除 注意1：扣除前提是该业主无综合所得 注意2：专项附加扣除在办理汇算清缴时扣除
三项经费	职工	以“实发工资总额”为计算依据
	业主本人	以“当地上年度社会平均工资3倍”为计算依据
	职工教育经费	扣除比例为2.5%
补充养老保险、补充医疗保险	职工	分别不超过实发工资总额的5%的部分准予扣除
	业主本人	分别不超过“当地上年度社会平均工资3倍”的5%的部分准予扣除

续表

扣除项目	税前扣除规定	
捐赠	公益性捐赠	不超过“应税所得额30%”的部分可以扣除
	非公益性捐赠	不得扣除
购置研发专用设备	单价<10万元	准予一次性全额扣除
	单价≥10万元	按固定资产管理

备注：其他项目如业务招待费、广告和业务宣传费、借款费用、社会保险等与企业所得税完全一致

个体工商户、个人独资企业、合伙企业以及个人从事其他生产、经营活动，未提供完整、准确的纳税资料，不能正确计算应纳税所得额的，由主管税务机关核定其应纳税所得额。

经营所得个人所得税的计算公式为：

应纳个人所得税=应纳税所得额×适用税率−速算扣除数

=（全年收入总额−成本、费用、损失）×适用税率−速算扣除数

取得经营所得的个人，没有综合所得的，计算其每一纳税年度的应纳税所得额时，应当减除费用6万元、专项扣除、专项附加扣除以及依法确定的其他扣除。

>>> 知识链接：经营个人所得税的缴纳方法

纳税人取得经营所得，应按年计算个人所得税，由纳税人在月度或者季度终了后15日内向税务机关报送纳税申报表，并预缴税款；在取得所得次年的3月31日前办理汇算清缴。

2.4 财产租赁所得应纳税额的计算

财产租赁所得，以一个月内取得的收入为一次。每次收入不超过4 000元的，减除费用800元；4 000元以上的，减除费用20%，其余额为应纳税所得额。纳税人负担的该出租财产实际发生的修缮费用，以每次（月）扣除800元为限，一次扣不完的，准予在下一次继续扣除，直到扣完为止。财产租赁所得应纳个人所得税额的计算公式为：

（1）每次（月）收入不超过4 000元

应纳个人所得税=［每次（月）收入额−准予扣除项目−修缮费用（800元为限）−800］×20%

（2）每次（月）收入超过4 000元

应纳个人所得税=［每次（月）收入额−准予扣除项目−修缮费用（800元为限）］×（1−20%）×20%

2.5 财产转让所得应纳税额的计算

财产转让所得，以转让财产的收入额减除财产原值和合理费用后的余额，为应纳税所得额。财产转让所得应纳税额的计算公式为：

应纳个人所得税=应纳税所得额×适用税率=（收入总额−财产原值−合理税费）×20%

>>> 知识链接：个人出售住房及股票转让所得个税规定

对个人出售自有住房取得的所得按照“财产转让所得”税目计征个人所得税，但对个人转让自用5年以上并且是家庭唯一生活用房取得的所得，免征个人所得税；对股票转让所得，暂不征收个人所得税。

【案例5−9】赵某于2019年2月将其2017年1月购入的原价为170万元的住宅，以380万元的价格卖给刘某。售房过程中赵某支付各项交易费和税费10万元。

【解析】应纳个人所得税=（380−170−10）×20%=40（万元）

2.6 利息、股息、红利所得和偶然所得应纳税额的计算

利息、股息、红利所得和偶然所得个人所得税按次征收。利息、股息、红利所得，以支付利息、股息、红利时取得的收入为一次；偶然所得，以每次取得该项收入为一次。利息、股息、红利所得和偶然所得的应纳税所得额即为每次收入额，不允许有任何减除。利息、股息、红利所得和偶然所得应纳税额的计算公式为：

应纳个人所得税=应纳税所得额×适用税率=每次收入额×20%

2.7 涉及捐赠等其他费用扣除的个人所得税计算

①对个人将其所得对教育、扶贫、济困等公益慈善事业进行捐赠，捐赠额不超过应纳税所得额的30%的部分，可以从其应纳税所得额中扣除。国务院规定对公益慈善事业捐赠实行全额税前扣除的，从其规定。

【案例5−10】中国公民李某出版散文集取得稿酬收入40 000元，将其中6 000元通过民政部门捐赠给贫困山区。请计算李某稿酬所得应缴纳个人所得税。

【解析】捐赠扣除限额=40 000×（1−20%）×70%×30%=6 720（元）

大于实际捐赠额6 000元，所以实际捐赠额可以全额税前扣除。

应纳个人所得税=［40 000×（1−20%）×70%−6 000］×20%=3 280（元）

②个人通过非营利性的社会团体和国家机关向红十字事业的捐赠，在计算缴纳个人所得税时，准予在税前的所得额中全额扣除。

③个人通过非营利的社会团体和国家机关向农村义务教育的捐赠，在计算缴纳个人所得税时，准予在税前的所得额中全额扣除。

农村义务教育的范围是指政府和社会力量举办的农村乡镇（不含县和县级市政府所在地的镇）、村的小学和初中以及属于这一阶段的特殊教育学校。纳税人对农村义务教育与高中在一起的学校的捐赠，也享受规定的所得税前扣除政策。

接受捐赠或办理转赠的非营利的社会团体和国家机关，应按照财务隶属关系分别使用由中央或省级财政部门统一印（监）制的捐赠票据，并加盖接受捐赠或转赠单位的财务专用印章。税务机关据此对捐赠个人进行税前扣除。

④个人通过非营利性社会团体和国家机关对公益性青少年活动场所（其中包括新建）的捐赠，在计算缴纳个人所得税时，准予在税前的所得额中全额扣除。

公益性青少年活动场所，是指专门为青少年学生提供科技、文化、德育、爱国主义教育、体育活动的青少年宫、青少年活动中心等校外活动的公益性场所。

⑤根据财政部、国家税务总局有关规定，个人通过宋庆龄基金会等6家单位、中国医药卫生事业发展基金会、中国教育发展基金会、中国老龄事业发展基金会等8家单位、中华健康快车基金会等5家单位用于公益救济性的捐赠，符合相关条件的，准予在缴纳个人所得税税前全额扣除。

【案例5-11】 郑某为某上市公司独立董事（未在该公司任职），2019年12月份取得董事费8万元，向中国教育发展基金会捐款3万元。请计算该上市公司2019年12月份应为郑某预扣预缴的个人所得税。

【解析】 独立董事费应按劳务报酬收入计算缴纳个人所得税，向中国教育发展基金会捐赠可以全额扣除。

应预扣预缴的个人所得税=［80 000×（1−20%）−30 000］×30%−2 000=8 200（元）

⑥自2017年7月1日起，对个人购买符合规定的商业健康保险产品的支出，允许在当年（月）计算应纳税所得额时予以税前扣除，扣除限额为2 400元/年（200元/月）。单位统一为员工购买符合规定的商业健康保险产品的支出，应分别计入员工个人工资薪金，视同个人购买，按上述限额予以扣除。2 400元/年（200元/月）的限额扣除为个人所得税法规定减除费用标准之外的扣除。适用商业健康保险税收优惠政策的纳税人，是指取得工资薪金所得、连续性劳务报酬所得的个人，以及取得个体工商户生产经营所得、对企事业单位的承包承租经营所得的个体工商户业主、个人独资企业投资者、合伙企业合伙人和承包承租经营者。

2.8 个人所得税税收优惠

2.8.1 免税项目

①省级人民政府、国务院部委和中国人民解放军“军”以上单位，以及外国组织、国际组织颁发的科学、教育、技术、文化、卫生、体育、环境保护等方面的奖金。

②国债和国家发行的金融债券利息。其中，国债利息，是指个人持有中华人民共和国财政部发行的债券而取得的利息；国家发行的金融债券利息，是指个人持有经国务院批准发行的金融债券而取得的利息所得。

③按照国家统一规定发给的补贴，津贴，是指按照国务院规定发给的政府特殊津贴、院士津贴、资深院士津贴，以及国务院规定免纳个人所得税的其他补贴、津贴。

④福利费、抚恤金、救济金。其中，福利费是指根据国家有关规定，从企业、事业单位、国家机关、社会团体提留的福利费或者从工会经费中支付给困难个人的生活补助费；救济金是指国家民政部门支付给个人的生活困难补助费。

⑤保险赔款。

⑥军人的转业费、复员费、退役金。

⑦按照国家统一规定发给干部、职工的安家费、退职费、基本养老金或者退休费、离休费、离休生活补助费。

⑧依照我国有关法律规定应予免税的各国驻华使馆、领事馆的外交代表、领事官员和其他人员的所得。

⑨中国政府参加的国际公约、签订的协议中规定免税的所得。

⑩经国务院财政部门批准免税的其他所得。该规定，由国务院报全国人民代表大会向常务委员会备案。

2.8.2 减税项目

①残疾、孤老人员和烈属的所得。

②因严重自然灾害造成重大损失的。

上述减税项目的减征幅度和期限，由省、自治区、直辖市人民政府规定，并报同级人民代表大会常务委员会备案。

国务院可以规定其他减税情形，报全国人民代表大会常务委员会备案。

2.8.3 暂免征税项目

根据《财政部、国家税务总局关于个人所得税若干政策问题的通知》和有关文件的规定，对下列所得暂免征收个人所得税：

①外籍个人以非现金形式或实报实销形式取得的住房补贴、伙食补贴、搬迁费、洗衣费。

②外籍个人按合理标准取得的境内、境外出差补贴。

③外籍个人取得的探亲费、语言训练费、子女教育费等，经当地税务机关审核批准为合理的部分。

④外籍个人从外商投资企业取得的股息、红利所得。

⑤凡符合下列条件之一的外籍专家取得的工资、薪金所得，可免征个人所得税：

a. 根据世界银行专项借款协议，由世界银行直接派往我国工作的外国专家。

b. 联合国组织直接派往我国工作的专家。

c. 为联合国援助项目来中国工作的专家。

d. 援助国派往我国专为该国援助项目工作的专家。

e. 根据两国政府签订的文化交流项目来中国工作两年以内的文教专家，其工资、薪金所得由该国负担的。

f. 根据我国大专院校国际交流项目来中国工作2年以内的文教专家，其工资、薪金所得由该国负担的。

g. 通过民间科研协定来中国工作的专家，其工资、薪金所得由该国政府机构负担的。

⑥个人举报、协查各种违法、犯罪行为而获得的奖金。

⑦个人办理代扣代缴手续，按规定取得的扣缴手续费。

⑧个人转让自用达5年以上，并且是唯一的家庭生活用房取得的所得，暂免征收个人所得税。

⑨对个人购买福利彩票、体育彩票，一次中奖收入在1万元以下的（含1万元）暂免征收个人所得税，超过1万元的，全额征收个人所得税。

⑩个人取得单张有奖发票奖金所得不超过800元（含800元）的，暂免征收个人所得税。

⑪达到离休、退休年龄，但确因工作需要适当延长离休、退休年龄的高级专家（指享受国家发放的政府特殊津贴的专家、学者），其在延长离休、退休期间的工资、薪金所得，视同离休、退休工资免征个人所得税。

⑫职工与用人单位解除劳动关系取得的一次性补偿收入（包括用人单位发放的经济补偿金、生活补助费和其他补助费用），在当地上年职工年平均工资3倍数额内的部分，可免征个人所得税。

⑬个人领取原提存的住房公积金、基本医疗保险金、基本养老保险金，以及失业保险金，免予征收个人所得税。

⑭对工伤职工及其近亲属按照《工伤保险条例》规定取得的工伤保险待遇，免征个人所得税。

⑮企业和事业单位根据国家有关政策规定的办法和标准，为在本单位任职或者受雇的全体职工缴付的企业年金或职业年金单位缴费部分，在计入个人账户时，个人暂不缴纳个人所得税。

个人根据国家有关政策规定缴付的年金个人缴费部分，在不超过本人缴费工资计税基数的4%标准内的部分，暂从个人当期的应纳税所得额中扣除。

年金基金投资运营收益分配计入个人账户时，个人暂不缴纳个人所得税。

⑯自2008年10月9日（含）起，对储蓄存款利息所得暂免征收个人所得税。

⑰自2015年9月8日起，个人从公开发行和转让市场取得的上市公司股票，持股期限超过1年的，股息红利所得暂免征收个人所得税。

⑱个体工商户、个人独资企业和合伙企业或个人从事种植业、养殖业、饲养业、捕捞业取得的所得，暂不征收个人所得税。

⑲企业在销售商品（产品）和提供服务过程中向个人赠送礼品，属于下列情形之一的，不征收个人所得税：

a. 企业通过价格折扣、折让方式向个人销售商品（产品）和提供服务。

b. 企业在向个人销售商品（产品）和提供服务的同时给予赠品，如通信企业对个人购买手机赠话费、入网费，或者购话费赠手机等。

c. 企业对累积消费达到一定额度的个人按消费积分反馈礼品。

3 个人所得税的征收管理

3.1 个人所得税的代扣代缴（含预扣预缴）

3.1.1 个人所得税的扣缴义务人

我国实行个人所得税代扣代缴和个人自行申报纳税相结合的征收管理制度。税法规定，个人所得税以支付所得的单位和个人为扣缴义务人，纳税人有中国公民身份证号码的，以其中国公民身份证号码为纳税识别号；纳税人没有中国公民身份证号码的，由税务机关赋予其纳税人识别号。扣缴义务人扣缴税款时，纳税人应当向扣缴义务人提供纳税人识别号，扣缴义务人应当按照国家规定办理全员全额扣缴申报，并向纳税人提供其个人所得和已扣缴税款等信息。扣缴义务人在向纳税人支付各项应纳税所得额时，必须履行代扣代缴税款的义务。扣缴义务人对纳税人的应扣未扣税款应由纳税人予以补缴。对扣缴义务人按规定所扣缴的税款，税务机关应付给2%的手续费。

>>> 知识链接：全员全额扣缴申报

全员全额扣缴申报是指扣缴义务人在代扣税款的次月15日内，向主管税务机关报送其支付所得的所有个人的有关信息、支付所得数额、扣除事项和数据、扣缴税款的具体数额和总额以及其他相关涉税信息资料。实行个人所得税全员全额扣缴申报的应税所得包括除了前述经营所得之外的其他任何所得。

3.1.2 个人所得税代扣代缴的范围

居民个人取得综合所得，按年计算个人所得税；有扣缴义务人的，由扣缴义务人按月或者按次预扣预缴税款；需要办理汇算清缴的，应当在取得所得的次年3月1日至6月30日内办理汇算清缴。预扣预缴办法由国务院税务主管部门制定。

居民个人向扣缴义务人提供专项附加扣除信息的，扣缴义务人按月预扣预缴税款时应当按照规定予以扣除，不得拒绝。非居民纳税人取得工资、薪金所得，劳务报酬所得，稿酬所得和特许权使用费所得，有扣缴义务人的，由扣缴义务人按月或者按次代扣代缴，不办理汇算清缴。

纳税人取得利息、股息、红利所得，财产租赁所得，财产转让所得和偶然所得，按月或者按次计算个人所得税，有扣缴义务人的，由扣缴义务人按月或者按次代扣代缴。

扣缴义务人向个人支付应纳税所得时，不论纳税人是否属于本单位人员，均应代扣代缴其应缴纳的个人所得税税款。

3.1.3 个人所得税的代扣代缴期限

扣缴义务人每月或者每次预扣、代扣的税款，应当在次月15日内缴入国库，并向税务机关报送个人所得税扣缴申报表。

3.2 个人所得税自行申报

3.2.1 个人所得税自行申报的范围

有下列情形之一的纳税人应当依法办理纳税申报：

①取得综合所得需要办理汇算清缴。具体包含以下情形：

a. 从两处以上取得综合所得，且综合所得年收入额减除专项扣除的余额超过6万元；

b. 取得劳务报酬所得、稿酬所得、特许权使用费所得中一项或者多项所得，且综合所得年收入额减除专项扣除的余额超过6万元；

c. 纳税年度内预缴税额低于应纳税额；

d. 纳税人申请退税。纳税人申请退税，还应当提供其在中国境内开设的银行账户。

②取得应税所得没有扣缴义务人。

③取得应税所得，扣缴义务人未扣缴税款。

④取得境外所得。

⑤因移居境外注销中国户籍。

⑥非居民个人在中国境内从两处以上取得工资、薪金所得。

⑦国务院规定的其他情形。

>>> 知识链接：可免于办理汇算清缴的情形

2019年1月1日至2020年12月31日，居民个人取得的综合所得，年度综合所得收入不超过12万元且需要汇算清缴补税的，或者年度汇算清缴补税金额不超过400元的，居民个人可免于办理个人所得税综合所得汇算清缴。居民个人取得综合所得时存在扣缴义务人未依法预扣预缴税款的情形除外。

3.2.2 个人所得税自行申报的期限

居民个人取得综合所得，按年计算个人所得税；有扣缴义务人的，由扣缴义务人按月或者按次预扣预缴税款；需要办理汇算清缴的，应当在取得所得的次年3月1日至6月30日内办理汇算清缴。预扣预缴办法由国务院税务主管部门制定。

纳税人取得经营所得，按年计算个人所得税，由纳税人在月度或者季度终了后15日内向税务机关报送个人所得税纳税申报表，并预缴税款；在取得所得的次年3月31日前，办理汇算清缴。

居民个人从中国境外取得所得的，应当在取得所得的次年3月31日至6月30日内申报纳税。

非居民个人在中国境内从两处以上取得工资、薪金所得的，应当在取得所得的次月15日内申报纳税。

纳税人因移居境外注销中国户籍的，应当在注销中国户籍前办理税款清算。

纳税人办理汇算清缴退税或者扣缴义务人为纳税人办理汇算清缴退税的，税务机关审核后，按照国库管理的有关规定，办理退税。

3.2.3 个人所得税自行申报的地点

需要办理汇算清缴的纳税人，应当在取得所得的次年3月1日至6月30日内，向任职、受雇单位所在地主管税务机关办理纳税申报，并报送“个人所得税年度自行纳税申报表”。

纳税人有两处以上任职、受雇单位的，选择一处任职、受雇单位所在地主管税务机关办理纳税申报。

纳税人没有任职、受雇单位的，向户籍所在地或经常居住地主管税务机关办理纳税申报。

练习题

一、单项选择题

1. 新《中华人民共和国个人所得税法》费用减除基数为（　　）元。

A. 3 000　　B. 3 500　　C. 4 800　　D. 5 000

2. 新《中华人民共和国个人所得税法》规定子女教育扣除的分摊比例为50%或100%，但是已经确定的（　　）年内不得变更。

A. 1　　B. 2　　C. 3　　D. 4

3. 境内住房贷款利息的个人扣除金额标准为（　　）元。

A. 500　　B. 1 000　　C. 1 100　　D. 1 200

4. 李某和其妻子钱某婚后购买了一套住房，属于首套住房贷款，下列说法正确的是（　　）。

A. 李某和钱某均可以扣除住房贷款利息

B. 李某和钱某每月均可扣除的额度是1 000元

C. 李某和钱某可以由其中一人扣除，每月扣除额度是1 000元

D. 李某、钱某所购买住房如果在北上广深等城市，扣除的标准要高于1 000元

5. 企业在年会、座谈会、庆典以及其他活动中向本单位以外的个人赠送礼品，对个人取得的礼品所得，按照“其他所得”项目，全额适用（　　）的税率缴纳个人所得税。

A. 5%　　B. 10%　　C. 15%　　D. 20%

6. 子女教育个税扣除的范围为子女年满（　　）周岁直至博士研究生毕业（全日制）。

A. 1　　B. 2　　C. 3　　D. 4

7. 下列情况中纳税人不可以享受子女教育个人所得税专项费用扣除的是（　　）。

A. 纳税人8岁的女儿放暑假了　　B. 纳税人儿子大学期间因服兵役而休学

C. 纳税人24岁的儿子在海外留学　　D. 纳税人18岁的儿子辍学打工

8. 纳税人在取得证书当年可享受个税专项扣除（　　）元。

A. 3 000　　B. 3 600　　C. 4 000　　D. 4 500

9. 大病医疗的个税专项扣除金额标准为个人负担超过15 000元至（　　）元部分的医药费支出。

A. 60 000　　B. 70 000　　C. 80 000　　D. 100 000

10. 境内住房贷款利息专项扣除纳税人最长可扣除（　　）个月。

A. 100　　B. 150　　C. 240　　D. 360

11. 新《中华人民共和国个人所得税法》下，经营所得适用（　　）级超额累进税率。

A. 2　　B. 3　　C. 5　　D. 7

12. 个人所得税政策中，关于子女教育的扣除范围是子女年满3周岁直至（　　）毕业（全日制）。

A. 本科　　B. 硕士研究生　　C. 博士研究生　　D. 博士后

13. 个人所得税政策中，境内学历（学位）继续教育扣除金额标准为每月（　　）元。

A. 200　　B. 300　　C. 400　　D. 500

14. 个人所得税政策中，职业资格教育扣除金额标准是（　　）。

A. 取得证书当年可扣除1 200元　　B. 取得证书当年可扣除2 400元

C. 取得证书当年可扣除3 600元　　D. 取得证书次年可扣除3 600元

15. 个人所得税政策中，大病医疗支出的计算周期是（　　）。

A. 1月1日—12月31日　　B. 1月1日—6月31日

C. 开始治疗到结束治疗　　D. 入院到出院

16. 个人所得税政策中，首套住房贷款利息支出从实际发生的（　　）开始享受，纳税人取得房屋所有权证、不动产权证或者房屋买卖合同、房屋预售合同中的任何一项即可。

A. 当月　　B. 下月　　C. 当年年末　　D. 次年年末

17. 6岁的小明的父母离异了，妈妈带着他又再婚了。继父承担着对小明的抚养责任。下列选项中不能享受对小明的子女教育支出扣除的是（　　）。

A. 小明的母亲　　B. 小明的父亲　　C. 小明的继父　　D. 小明

18. 下列选项中不属于税法规定的可以进行职业教育专项扣除的证书的是（　　）。

A. 特许金融分析师证书　　B. 注册会计师证书

C. 房地产估价师证书　　D. 税务师证书

19. 小明在2019年取得了注册会计师和资产评估师证书，他在当年缴纳个税时可享受（　　）元的专项附加扣除。

A. 1 500　　B. 3 000　　C. 3 600　　D. 7 200

20. 小明在（　　）租房可享受每月1 500元的专项附加扣除。

A. 苏州　　B. 北京　　C. 廊坊　　D. 张家口

21.《个人所得税法实施条例》第二十八条规定：纳税人同时从（　　）取得工资、薪金所得，并由扣缴义务人减除专项附加扣除的，对同一专项附加扣除项目，在一个纳税年度内只能选择从一处取得的所得中减除。

A. 一处　　B. 两处以上　　C. 三处以上　　D. 四处以上

22.（　　）起，每个纳税人有了唯一的纳税人识别号，实现税收信息“一人式归档”。

A. 2018年　　B. 2019年　　C. 2020年　　D. 2021年

23. 综合所得年收入额减去专项扣除的余额超过（　　）元的，且有两处以上取得工资薪金的，需要汇算清缴。

A. 50 000　　B. 60 000　　C. 70 000　　D. 80 000

24. 年满(　　)周岁的父母，其子女可以享受个人所得税法中的赡养老人专项扣除。

A. 40　　B. 50　　C. 60　　D. 70

25. 医药费应当是治疗过程发生的药物、治疗费的统称，包括内服药和外用药，也包括（　　）等治疗费用。

A. 床位费　　B. 门诊费　　C. 护理费　　D. 以上均对

二、多项选择题

1. 下列选项中属于继续教育个人所得税专项扣除的范围的有（　　）。

A. 电大　　B. 自考　　C. 成人高考　　D. 远程网络教育

2. 境内住房贷款利息的专项费用扣除的分摊比例可以为（　　）。

A. 10%　　B. 30%　　C. 50%　　D. 100%

3. 下列选项中关于住房租金的个税专项费用扣除说法正确的有（　　）。

A. 直辖市、省会（首府）城市、计划单列市以及国务院确定的其他城市，每月扣除1 500元

B. 市辖区户籍人口超过100万人的城市，则每月扣除1 100元

C. 市辖区户籍人口超过200万人的城市，则每月扣除1 100元

D. 市辖区户籍人口不超过100万人（含）的城市，则每月扣除800元

4. 下列有关赡养老人个人所得税专项扣除的说法正确的有（　　）。

A. 扣除范围指年满60周岁的父母以及其他法定赡养人

B. 独生子女每月可扣除1 000元

C. 非独生子女每月最多可扣除1 000元

D. 继子女不可进行扣除

5. 下列选项中关于住房租金个人所得税专项扣除的说法正确的有（　　）。

A. 夫妻中签订租赁住房合同的承租人为扣除方

B. 如果夫妻不在同一城市工作且这两个城市均无自有住房，夫妻两人可以分别按照城市的定额标准扣除住房租金支出

C. 夫妻双方都在同一城市工作且该城市无自有住房，可协商扣除

D. 住房贷款利息和住房租金只能择一扣除

6. 下列说法中正确的有（　　）。

A. 居民个人每年的减除费用为6万元

B. 能够享受子女教育支出扣除的父母包括生父母、养父母和继父母，以及担任未成年人的监护人

C. 对不同子女，可以在父母间有不同的扣除比例

D. 继续教育专项扣除每月可扣除500元

7. 下列有关职业资格教育的个人所得税专项扣除说法正确的有（　　）。

A. 纳税人可以自己作为继续教育学历（学位）教育支出扣除，每月400元

B. 继续教育中的学历（学位）教育，凭学籍信息扣除，不考察最终是否取得证书，最长扣除24个月

C. 取得相关证书的当年是指证书颁发的当年，具体以证书上面的日期为准

D. 如果继续教育没有证书的，除另有规定外，不能享受3 600元的定额扣除

8. 下列有关大病医疗个人所得税专项扣除的说法错误的有（　　）。

A. 大病医疗支出的计算周期是按照治疗周期

B. 大病医疗的扣除方只能是纳税人

C. 大病医疗支出，纳税人在办理年度汇算清缴时，在80 000元限额内据实扣除

D. 大病医疗的扣除范围是基本医保目录范围内的医药费用支出，医保报销后的个人自付部分

9. 下列有关境内住房贷款利息的个人所得税专项扣除的说法错误的有（　　）。

A. 扣除范围是指纳税人及配偶的首套商贷或公积金贷款利息

B. 可同时享受住房租金扣除和首套商贷或公积金贷款利息扣除

C. 扣除金额为每月2 000元

D. 夫妻约定由一方扣除，确定后一个纳税年度内不变

10. 取得综合所得需要办理汇算清缴的情形包括（　　）。

A. 从两处以上取得综合所得，且综合所得年收入额减除专项扣除的余额超过6万元

B. 取得劳务报酬所得、稿酬所得、特许权使用费所得中一项或者多项所得，且综合所得年收入额减除专项扣除的余额超过6万元

C. 纳税年度内预缴税额低于应纳税额

D. 纳税人申请退税

三、判断题

1. 新《中华人民共和国个人所得税法》正式提出居民个人和非居民个人的概念。（　　）

2. 临时离境，是指在一个纳税年度中一次不超过30日或者多次累计不超过30日的离境。（　　）

3. 纳税人进行职业资格教育，取得证书当年可扣除3 600元。（　　）

4. 住房租金支出由签订租赁住房合同的承租人扣除。（　　）

5. 年满60周岁的养父母不可以享受个人所得税法规定的专项扣除。（　　）

6. 纳税人可以委托扣缴义务人或者其他单位和个人办理汇算清缴。（　　）

7. 非居民个人各项所得仍按月（次）分别代扣代缴，无须汇算清缴。（　　）

8. 自2019年1月1日起，居民个人取得全年一次性奖金，应并入当年综合所得计算缴纳个人所得税。（　　）

9. 2019年起，每个纳税人有了唯一的纳税人识别号，实现税收信息“一人式归档”。（　　）

10. 实行新个人所得税后，纳税人无法提供留存备查资料，或者留存备查资料不足以证明相关情况的，税务机关可以要求纳税人提供其他佐证材料。(　　)

四、不定项选择题

王某就职于境内甲公司，2019年1月有关收入情况如下：

(1) 取得工资收入5 000元，第二季度奖金6 000元。

(2) 为乙公司提供技术服务，取得服务费3 900元、交通费300元、餐费2 000元、资料费100元、通信费50元。

(3) 体育彩票中奖1 000元，在某杂志发表论文取得稿酬2 800元。

(4) 取得国家发行的金融债券利息1 000元，在二级市场买卖股票取得转让所得70 000元。

已知：个人工资、薪金所得减除费用标准为5 000元/月；劳务报酬所得个人所得税税率为20%；每次收入不超过4 000元的，减除费用800元；每次收入在4 000元以上的，减除20%的费用。

个人所得税税率表一（综合所得适用）

级数	全年应纳税所得额	税率 / %	速算扣除数 / 元
1	不超过36 000元的	3	0
2	超过36 000元至144 000元的部分	10	2 520
3	超过144 000元至300 000元的部分	20	16 920
4	超过300 000元至420 000元的部分	25	31 920
5	超过420 000元至660 000元的部分	30	52 920
6	超过660 000元至960 000元的部分	35	85 920
7	超过960 000元的部分	45	181 920

要求：根据上述资料，分别回答下列问题。

(1) 王某当月工资、薪金所得应缴纳个人所得税额的下列计算中，正确的是(　　)。

A. (5 000−3 500) ×3%+6 000×3%=1 680 (元)

B. (5 000+6 000−5 000) ×3%=180 (元)

C. (5 000+6 000÷3−5 000) ×3%=60 (元)

D. (5 000−5 000) ×3%+ (6 000÷3×3%) =180.9 (元)

(2) 王某当月提供技术服务取得的下列收入中，应缴纳个人所得税的是 (　　)。

A. 通信费50元　　B. 餐费200元

C. 资料费100元　　D. 交通费300元

(3) 王某当月提供技术服务应缴纳个人所得税额的下列计算中，正确的是 (　　)。

A.（3 900+300+200+50）×（1−20%）×20%=712（元）

B.（3 900+300+200+100+50）×（1−20%）×20%=728（元）

C.（3 900+50−50−800）×20%=630（元）

D.（3 900+100−800）×20%=640（元）

（4）王某的下列行为中，免征个人所得税的是（　　）。

A. 体育彩票中奖10 000元

B. 在某杂志发表论文取得稿酬2 800元

C. 取得国家发行的金融债券利息1 000元

D. 在二级市场买卖股票取得转让所得70 000元

项目6 其他税种

任务1 城市维护建设税及教育费附加

1 认识城市维护建设税和教育费附加

城市维护建设税和教育费附加是对实际缴纳增值税、消费税的单位和个人征收的一种税。城市维护建设税和教育费附加的纳税人为实际缴纳增值税和消费税的单位和个人。

2 城市维护建设税及教育费附加的计算

2.1 计税依据

纳税人实际缴纳的增值税和消费税税额，以及出口货物、劳务或者跨境销售服务、无形资产增值税免抵税额。

纳税人因违反增值税、消费税的有关规定而加收的滞纳金和罚款，不作为城市维护建设税和教育费附加的计征依据；但纳税人在被查补两税和被处以罚款时，应同时对其城市维护建设税和教育费附加进行补缴、征收滞纳金和罚款。

2.2 税率

城市维护建设税适用比例税率，分为三档：纳税人所在地在市区的，税率为7%；纳税人所在地在县城、镇的，税率为5%；纳税人所在地不在市区、县城或者镇的，税率为1%。纳税人所在地，是指纳税人住所地或者与纳税人生产经营活动相关的其他地点，具体地点由省、自治区、直辖市确定。教育费附加比例为3%，地方教育费附加比例为2%。

>>> 知识链接：特殊情况下城市维护建设税纳税人所在地的确定

①由受托方代收、代扣增值税、消费税的单位和个人，其代收、代扣的城市维护建设税适用受托方所在地税率。

②无固定纳税地点的单位和个人，在经营地缴纳两税的，其城市维护建设税缴纳按经营地适用税率执行。

2.3 应纳税（费）额的计算

应纳税（费）额=（实际缴纳增值税+消费税+出口货物、劳务或者跨境销售服务、无形资产增值税免抵税额）×适用税（费）率

【案例6-1】某市区一家化妆品企业（假设该企业按政策规定无法享受附加税费减免）2019年8月实际缴纳增值税30万元，缴纳消费税40万元。请计算该企业当月应缴纳的城市维护建设税、教育费附加、地方教育费附加。

【解析】因为在市区，该企业适用的城市维护建设税率应为7%。

城市维护建设税应纳税额=（30+40）×7%=4.9（万元）

教育费附加应纳费额=（30+40）×3%=2.1（万元）

地方教育费附加应纳费额=（30+40）×2%=1.4（万元）

2.4 税收优惠

①对进口货物或境外单位和个人向境内销售劳务、服务、无形资产缴纳的增值税、消费税税额，不征收城市维护建设税和教育费附加、地方教育费附加。

②对出口货物、劳务和跨境销售服务、无形资产以及因优惠政策退还增值税、消费税的，不退还已缴纳的城市维护建设税、教育费附加、地方教育费附加。

③对两税实行先征后返、先征后退、即征即退办法的，除另有规定外，对随两税附征的城市维护建设税、教育费附加、地方教育费附加，一律不予退（返）还。

3 城市维护建设税及教育费附加的征收管理

城市维护建设税、教育费附加、地方教育费附加的纳税义务发生时间与增值税、消费税的纳税义务发生时间一致，分别与增值税、消费税同时缴纳。

城市维护建设税、教育费附加、地方教育费附加的扣缴义务人为负有增值税、消费税扣缴义务的单位和个人，在扣缴增值税、消费税的同时扣缴城市维护建设税。

任务2 印花税

1 认识印花税

印花税是对在中华人民共和国境内书立应税凭证、进行证券交易的单位和个人征收的一种行为税。

在中华人民共和国境外书立在境内使用的应税凭证的单位和个人，应当依照本法规定缴纳印花税。应税凭证，是指下述《印花税税目税率表》列明的合同、产权转移书据和营业账簿。

印花税具有征税范围广、税率低、税负轻的特点。

现行印花税的基本规范是1988年8月6日由国务院颁布并于同年10月1日实施的《中华人民共和国印花税暂行条例》以及1988年9月29日财政部制定的《中华人民共和国

印花税暂行条例实施细则》。2021年6月10日第十三届全国人民代表大会常务委员会第二十九次会议通过了《中华人民共和国印花税法》，将于2022年7月1日起施行，前述《中华人民共和国印花税暂行条例》将同时废止。下述印花税的各规定来自于《中华人民共和国印花税法》。

2 印花税的计算

2.1 计税依据

印花税的计税依据如下：

（1）应税合同的计税依据，为合同所列的金额，不包括列明的增值税税款；

（2）应税产权转移书据的计税依据，为产权转移书据所列的金额，不包括列明的增值税税款；

（3）应税营业账簿的计税依据，为账簿记载的实收资本（股本）、资本公积合计金额；

（4）证券交易的计税依据，为成交金额。

应税合同、产权转移书据未列明金额的，印花税的计税依据按照实际结算的金额确定。

计税依据按照上述规定仍不能确定的，按照书立合同、产权转移书据时的市场价格确定；依法应当执行政府定价或者政府指导价的，按照国家有关规定确定。

证券交易无转让价格的，按照办理过户登记手续时该证券前一个交易日收盘价计算确定计税依据；无收盘价的，按照证券面值计算确定计税依据。

2.2 税率

印花税的税目和各税目适用的税率，如表6-1所示。

表6-1 印花税税目税率表

税目		税率	备注
合同（指书面合同）	借款合同	借款合同的万分之零点五	指银行业金融机构、经国务院银行业监督管理机构批准设立的其他金融机构与借款人（不包括同业拆借）的借款合同
	融资租赁合同	租金的万分之零点五	
	买卖合同	价款的万分之三	指动产买卖合同（不包括个人书立的动产买卖合同）
	承揽合同	报酬的万分之三	
	建设工程合同	价款的万分之三	
	运输合同	运输费用的万分之三	指货运合同和多式联运合同（不包括管道运输合同）

续表

税目		税率	备注
合同（指书面合同）	技术合同	价款、报酬或者使用费的万分之三	不包括专利权、专有技术使用权转让书据
	租赁合同	租金的千分之一	
	保管合同	保管费的千分之一	
	仓储合同	仓储费的千分之一	
	财产保险合同	保险费的千分之一	不包括再保险合同
产权转移书据	土地使用权出让书据	价款的万分之五	转让包括买卖（出售）、继承、赠与、互换、分割
	土地使用权、房屋等建筑物和构筑物所有权转让书据（不包括土地承包经营权和土地经营权转移）	价款的万分之五	
	股权转让数据（不包括应缴纳证券交易印花税的）	价款的万分之五	
	商标专用权、著作权、专利权、专有技术使用权转让书据	价款的万分之三	
营业账簿		实收资本（股本）、资本公积合计金额的万分之二点五	
证券交易		成交金额的千分之一	

2.3 应纳税额的计算

印花税的应纳税额按照计税依据乘以适用税率计算。

同一应税凭证载有两个以上税目事项并分别列明金额的，按照各自适用的税目税率分别计算应纳税额；未分别列明金额的，从高适用税率。

同一应税凭证由两方以上当事人书立的，按照各自涉及的金额分别计算应纳税额。

已缴纳印花税的营业账簿，以后年度记载的实收资本（股本）、资本公积合计金额比已缴纳印花税的实收资本（股本）、资本公积合计金额增加的，按照增加部分计算应纳税额。

【案例6-2】某企业2022年7月成立，当年发生以下有关印花税的业务和事项：订立了一份商品买卖合同，合同含税金额为113万元；同银行订立借款合同一份，借款金额为200万元；企业营业账簿中，“实收资本”账户余额为500万元，“资本公积”账户余额为100万元。请计算该企业当年应缴纳的印花税。

【解析】（1）企业订立商品买卖合同应纳税额：

应纳税额=1 130 000÷（1+13%）×0.3‰=300（元）

（2）企业订立借款合同应纳税额：

应纳税额=2 000 000×0.05‰=100（元）

（3）企业营业账簿应纳税额=（5 000 000+1 000 000）×0.25‰=1 500（元）

（4）企业当年应纳印花税额=300+100+1 500=1 900（元）

3 印花税的税收优惠

下列凭证免征印花税：

（1）应税凭证的副本或者抄本；

（2）依照法律规定应当予以免税的外国驻华使馆、领事馆和国际组织驻华代表机构为获得馆舍书立的应税凭证；

（3）中国人民解放军、中国人民武装警察部队书立的应税凭证；

（4）农民、家庭农场、农民专业合作社、农村集体经济组织、村民委员会购买农业生产资料或者销售农产品书立的买卖合同和农业保险合同；

（5）无息或者贴息借款合同、国际金融组织向中国提供优惠贷款书立的借款合同；

（6）财产所有权人将财产赠与政府、学校、社会福利机构、慈善组织书立的产权转移书据；

（7）非营利性医疗卫生机构采购药品或者卫生材料书立的买卖合同；

（8）个人与电子商务经营者订立的电子订单。

根据国民经济和社会发展的需要，国务院对居民住房需求保障、企业改制重组、破产、支持小型微型企业发展等情形可以规定减征或者免征印花税，报全国人民代表大会常务委员会备案。

4 印花税的征收管理

印花税可以采用粘贴印花税票或者由税务机关依法开具其他完税凭证的方式缴纳。印花税票粘贴在应税凭证上的，由纳税人在每枚税票的骑缝处盖戳注销或者画销。

印花税票由国务院税务主管部门监制。

4.1 纳税义务发生时间

印花税的纳税义务发生时间为纳税人书立应税凭证或者完成证券交易的当日。证券交易印花税扣缴义务发生时间为证券交易完成的当日。

4.2 纳税时限

印花税按季、按年或者按次计征。实行按季、按年计征的，纳税人应当自季度、年度终了之日起十五日内申报缴纳税款；实行按次计征的，纳税人应当自纳税义务发生之日起十五日内申报缴纳税款。

证券交易印花税按周解缴。证券交易印花税扣缴义务人应当自每周终了之日起五日内申报解缴税款以及银行结算的利息。

4.3 纳税地点

纳税人为单位的，应当向其机构所在地的主管税务机关申报缴纳印花税；纳税人为个人的，应当向应税凭证书立地或者纳税人居住地的主管税务机关申报缴纳印花税。

不动产产权发生转移的，纳税人应当向不动产所在地的主管税务机关申报缴纳印花税。

纳税人为境外单位或者个人，在境内有代理人的，以其境内代理人为扣缴义务人；在境内没有代理人的，由纳税人自行申报缴纳印花税，具体办法由国务院税务主管部门规定。

证券登记结算机构为证券交易印花税的扣缴义务人，应当向其机构所在地的主管税务机关申报解缴税款以及银行结算的利息。

任务3 契税

1 认识契税

契税，是指国家在土地、房屋权属转移时，按照当事人双方签订的合同（契约），以及所确定价格的一定比例，向权属承受人征收的一种税。

契税的纳税人，是指在我国境内承受土地、房屋权属转移的单位和个人。例如买房子的人要交契税，卖房子的不交；继承房产的人要交契税；租房子的人不用交契税，因为没有发生权属转移。

契税以在我国境内转移土地、房屋权属的行为作为征税对象。土地、房屋权属未发生转移的，不征收契税。

契税的征税范围：

（1）国有土地使用权出让。

（2）土地使用权转让包括出售赠予、交换，不包括农村集体土地承包经营权的转移。

（3）房屋买卖、赠予、交换。

（4）视同发生土地房屋权属转移应当缴纳契税的情形：

①以土地、房屋权属作价投资、入股。

②以土地、房屋权属抵债。

③以获奖方式承受土地、房屋权属。

④以预购方式或者预付集资建房款方式承受土地、房屋权属。

请注意 （1）企业破产清算期间，债权人承受破产企业土地、房屋权属的，免征契税。（2）土地、房屋权属的典当、继承、分拆（分割）、出租、抵押，不属于契税的征税范围。

2 契税的计算

2.1 计税依据

契税的计税依据按照以下规定确定：

（1）国有土地使用权出让、土地使用权出售、房屋买卖以成交价格作为计税依据。

（2）土地使用权赠予、房屋赠予，由征税机关参照土地使用权出售、房屋买卖的市场价格确定。

（3）土地使用权交换、房屋交换，以交换土地使用权、房屋的价格差额确定。

注意 交换价格不相等的，由多交付货币的一方缴纳契税；交换价格相等的，免征契税。

（4）以划拨方式取得的土地使用权，经批准转让房地产时，以补交的土地使用权出让费用或者土地收益为计税依据。

（5）纳税人申报的成交价格、互换价格差额明显偏低且无正当理由的，由税务机关依照《中华人民共和国税收征收管理法》的规定核定。

2.2 契税的税率

契税实行3%～5%的幅度比例税率。

2.3 契税应纳税额的计算

应纳税额=计税依据×税率

【案例6-3】居民李某有四套住房，将一套市场价值1 200万元的别墅折价给王某抵偿了1 000万元的债务；用市场价值70万元的第二、三两套两室住房与张某交换一套四室住房，另取得张某赠送的价值12万元的小轿车一辆；将第四套市场价值150万元的公寓房折成股份投入自己独资经营的企业。当地确定的契税税率为3%。请分别计算李某、王某、张某契税应纳税额。

【解析】

（1）李某不缴纳契税。

（2）王某契税应纳税额=1 000×3%=30（万元）

（3）张某契税应纳税额=12×3%=0.36（万元）

【案例6-4】某国有企业向一外商投资企业以房产投资入股，房产市场价值为100万元。该企业还于2016年以自有房产与另一企业交换一处房产，支付差价款300万元。同年，政府有关部门批准向该企业出让土地一块，该企业缴纳土地出让金150万元。当地确定的契税税率为4%。请计算该国有企业契税应纳税额。

【解析】300×4%+150×4%=18（万元）

3 契税的税收优惠

根据《中华人民共和国契税法》的规定，契税的减免可以分为法定减免和授权减免两种情形。

法定减免的意思是，只要有下列情形之一的，就可以免征契税：

①国家机关、事业单位、社会团体、军事单位承受土地、房屋权属用于办公、教学、医疗、科研、军事设施；

②非营利性的学校、医疗机构、社会福利机构承受土地、房屋权属用于办公、教学、医疗、科研、养老、救助；

③承受荒山、荒地、荒滩土地使用权用于农、林、牧、渔业生产；

④婚姻关系存续期间夫妻之间变更土地、房屋权属；

⑤法定继承人通过继承承受土地、房屋权属；

⑥依照法律规定应当予以免税的外国驻华使馆、领事馆和国际组织驻华代表机构承受土地、房屋权属。

根据国民经济和社会发展的需要，国务院对居民住房需求保障、企业改制重组、灾后重建等情形可以规定免征或者减征契税，报全国人民代表大会常务委员会备案。

授权减免，指的是省、自治区、直辖市可以决定对下列情形免征或者减征契税：

①因土地、房屋被县级以上人民政府征收、征用，重新承受土地、房屋权属；

②因不可抗力灭失住房，重新承受住房权属。

免征或者减征契税的具体办法，由省、自治区、直辖市人民政府提出，报同级人民代表大会常务委员会决定，并报全国人民代表大会常务委员会和国务院备案。

纳税人改变有关土地、房屋的用途，或者有其他不再属于本法第六条规定的免征、减征契税情形的，应当缴纳已经免征、减征的税款。

4 契税的征收管理

4.1 纳税义务发生时间

契税的纳税义务发生时间是纳税人签订土地、房屋权属转移合同的当天，或者纳税人取得其他具有土地、房屋权属转移合同性质凭证的当天。

4.2 纳税时限

契税的纳税时限是纳税义务发生之日起10日内。

4.3 纳税地点

契税纳税地点是土地、房屋所在地。

任务 4 房产税

1 认识房产税

房产税，是以房产为征税对象，按照房产的计税价值或房产租金收入向房产所有人或经营管理人征收的一种税。

房产税的纳税人是指在我国城市、县城、建制镇和工矿区（不包括农村）内拥有房屋产权的单位和个人，具体包括产权所有人、承典人、房产代管人或者使用人。简单理解，就是拥有房产的单位或个人要交房产税。

具体规定如下：

①产权属于全民所有的，其经营管理的单位为纳税人；产权属于集体和个人的，集体单位和个人为纳税人；

②产权出典的承典人为纳税人；

③产权所有人、承典人均不在房产所在地的，房产代管人或者使用人为纳税人；

④产权未确定或者租典纠纷未解决的，房产代管人或者使用人为纳税人；

⑤纳税单位和个人无租使用房产管理部门、免税单位及纳税单位的房产，由使用人代为缴纳房产税；

⑥房地产开发企业建造的商品房，在出售前，不征收房产税，但对出售前房地产开发企业已使用或出租、出借的商品房应按规定征收房产税；

⑦房产出租的，以房产产权所有人（出租人）为纳税人。

房产税的征税范围为城市、县城、建制镇和工矿区的房屋；不包括农村。独立于房屋之外的建筑物，如围墙、烟囱、水塔、室外游泳池等不属于房产税的征税范围。

2 房产税的计算

房产税的计税方法、计税依据、税率和应纳税额的计算如表6-2所示。

表6-2 房产税计算方法列表

计税方法	计税依据	税率	计算公式
从价计征	房产余值	1.2%	全年应纳税额=应税房产原值×（1−扣除比例）×1.2%
从租计征	房产租金	12%	全年应纳税额=全年租金收入×12%（或4%）
	对个人出租住房，不区分用途，均按4%税率征收房产税		

注意 ①房产原值，是指纳税人按照会计制度规定，在账簿上记载的房屋原价（不可减除折旧）。

②对以房产投资联营、投资者参与利润分红、共担风险的，按房产余值作为计税依据计算房产税；对以房产投资取得固定收入、不承担经营风险的，实际上是以联营名义取得房屋租金，应以出租方取得的租金收入为计税依据计算缴纳房产税。

【案例6-5】 龙瑞公司2018年经营用房原值为6 000万元，按照当地规定允许减除30%后以余值计税，适用税率为1.2%，请计算该公司当年房产税应纳税额。

【解析】 房产税应纳税额=6 000万×（1−30%）×1.2%=50.4（万元）

【案例6-6】 某公司出租房屋3间，年租金收入为50 000元，适用税率为12%。请计算该公司房产税应纳税额。

【解析】 房产税应纳税额=50 000×12%=6 000（元）

【案例6-7】 某企业有一处房产原值为1 000万元，2018年7月1日用于投资联营（收取固定收入，不承担联营风险），投资期为5年。已知该企业当年取得固定收入50万元，当地政府规定的扣除比例为20%。请计算该企业2018年房产税应纳税额。

【解析】 房产税应纳税额=1 000×（1−20%）×1.2%÷2+50×12%=10.8（万元）

3 房产税的税收优惠

依据相关规定，房产税的税收优惠有：

①国家机关、人民团体、军队自用（非出租）的房产免征房产税。

②由国家财政部门拨付事业经费（全额或差额）的单位（学校医疗卫生单位、托儿所、幼儿园、敬老院以及文化、体育、艺术类单位）所有的、本身业务范围内使用的房产免征房产税。企业办的各类学校、医院、托儿所、幼儿园自用的房产，可以比照由国家财政部门拨付事业经费的单位自用的房产，免征房产税。上述单位所属的附属工厂、商店、招待所等不属于单位公务、业务的用房，应照章纳税。

③宗教寺庙、公园、名胜古迹、自用的房产免征房产税。宗教寺庙、公园、名胜古迹中附设的营业单位，如影剧院、饮食部、茶社、照相馆等所使用的房产及出租的房产，不属于免税范围，应照章征税。

④个人所有非营业用的房产免征房产税。对个人拥有的营业用房或者出租的房产，不属于免税房产，应照章征税。

⑤纳税人因房屋大修导致连续停用半年以上的，在房屋大修期间免征房产税。

⑥对非营利性医疗机构、疾病控制机构和妇幼保健机构等卫生机构自用的房产，免征房产税。

⑦老年服务机构自用的房产，免征房产税。

⑧对高校学生公寓免征房产税。

⑨公共租赁住房免征房产税，经营单位应分别核算公共租赁住房租金收入，未分别核算的，不享受免税优惠。

⑩国家机关、军队、人民团体、财政补助事业单位、居民委员会、村民委员会拥有的体育场馆，用于体育活动的房产，免征房产税。

4 房产税的征收管理

4.1 纳税义务发生时间

房产税纳税义务发生时间的有关规定有：

①纳税人将原有房产用于生产经营，从生产经营之月起，缴纳房产税。

②纳税人自行新建房屋用于生产经营，从建成之次月起，缴纳房产税。

③纳税人委托施工企业建设的房屋，从办理验收手续之次月起，缴纳房产税（非完工次月）。

④纳税人购置新建商品房，自房屋交付使用之次月起，缴纳房产税。

⑤纳税人购置存量房（二手房），自办理房屋权属转移，变更登记手续，房地产权属登记机关签发房屋权属证书之次月起，缴纳房产税。

⑥纳税人出租、出借房产，自交付出租、出借本企业房产之次月起，缴纳房产税。

⑦房地产开发企业自用、出租、出借本企业建造的商品房，自房屋使用或交付之次月起，缴纳房产税。

⑧纳税人因房产的实务或权利状态发生变化而依法终止房产税的缴纳义务的，其应纳税款的计算截止到房产的实物或权利状态发生变化的当月末。

4.2 纳税期限

房产税实行按年计算，分期缴纳的征收方法，具体纳税期限由省、自治区、直辖市人民政府确定。

4.3 纳税地点

房产税在房产所在地缴纳。房产不在同一地方的纳税人，应按房产的坐落地点分别向房产所在地的税务机关缴纳。

任务 5 城镇土地使用税

1 认识城镇土地使用税

城镇土地使用税是国家在城市、县城、建制镇和工矿区范围内，对使用土地的单位和个人，以及实际占用的土地面积为计税依据，按照规定的税额计算征收的一种税。

城镇土地使用税的纳税人，是指在法律规定的征税范围内使用土地的单位和个人。具体为：

①城镇土地使用税由拥有土地使用权的单位或个人缴纳（出租土地由出租人缴纳）。

②拥有土地使用权的单位或个人不在土地所在地的，由代管人或实际使用人缴纳。

③未确定或权属纠纷未解决的，由实际使用人纳税。

④土地使用权共有的，共有各方均为纳税人。

城镇土地使用税的征税范围如下：

①凡是在城市、县城、建制镇、工矿区范围内的土地，都属于城镇土地使用税的征税范围，不包括农村。其中：建制镇的征税范围为镇人民政府所在地区，不包括镇政府所在地所辖行政村。

②公园、名胜古迹内的索道公司经营用地，应按规定缴纳城镇土地使用税。

2 城镇土地使用税的计算

2.1 计税依据

城镇土地使用税的计税依据为纳税人实际占用的土地面积。

2.2 税率

城镇土地使用税每平方米年税额标准具体规定如下：

①大城市1.5～30元。

②中等城市1.2～24元。

③小城市0.9～18元。

④县城建制镇、工矿区0.6～12元。

2.3 计税依据及应纳税额计算

年应纳税额=实际占用应税土地面积（平方米）×适用税额

①凡由省级人民政府确定的单位组织测定土地面积的，以测定的土地面积为准。

②尚未组织测定，但纳税人持有政府部门核发的土地使用权证书的，以证书确定的土地面积为准。

③尚未核发土地使用权证书的，应当由纳税人据实申报土地面积，待核发土地使用权证书后再作调整。

【案例6-8】某市一家公司实际占地23 000平方米。由于经营规模扩大，年初该公司又受让了一块尚未办理土地使用证的土地3 000平方米，公司按其当年开发使用的2 000平方米土地面积进行申报纳税，以上土地均适用每平方米2元的城镇土地使用税税额。请计算该公司当年城镇土地使用税应纳税额。

【解析】城镇土地使用税应纳税额=（23 000+2 000）×2=50 000（元）

【案例6-9】兴业机械厂坐落在某县城福星大道，经有关部门核定2019年占用土地面积共计15 000平方米，其中幼儿园占地1 000平方米，子弟学校占地1 500平方米，企业内部绿化占地2 000平方米，该地适用城镇土地使用税税额为每平方米3元。请计算该企业2019年城镇土地使用税应纳税额。

【解析】城镇土地使用税应纳税额=（15 000−1 000−1 500）×3=37 500（元）

3 城镇土地使用税的税收优惠

3.1 免税规定

下列用地免征城镇土地使用税：

①国家机关、人民团体、军队自用的土地。

②由国家财政部门拨付事业经费的单位自用的土地。

③宗教寺庙、公园、名胜古迹自用的土地。

④市政街道、广场、绿化地带等公共用地。

⑤直接用于农、林、牧、渔业的生产用地。

⑥经批准开山填海整治的土地和改造的废弃土地，从使用的月份起免缴土地使用税5年至10年。

⑦由财政部另行规定免税的能源、交通、水利设施用地和其他用地。

请注意 公园、名胜古迹内的索道公司经营用地，应按规定缴纳城镇土地使用税。

3.2 其他规定

①缴纳了耕地占用税的，从批准征用之日起满1年后征收城镇土地使用税。不需缴纳耕地占用税的应从批准征用之次月起征收城镇土地使用税。

②免税单位无偿使用纳税单位的土地（如公安、海关使用铁路、民航的土地）免征城镇土地使用税，纳税单位使用免税单位的土地，纳税单位应纳税。

③企业范围内的荒山、林地、湖泊等占地，自2016年1月1日起，全额征收。

④企业厂区（包括生产、办公、铁路专线及生活区）以内的绿化用地，应照章征收城镇土地使用税，厂区以外的公共绿化用地和向社会开放的公园用地，暂免征收城镇土地使用税。

⑤房地产开发公司开发建造商品房的用地，除经批准开发建设经济适用房的用地外，对各类房地产开发用地一律不得减免城镇土地使用税。

⑥老年服务机构自用的土地，免征城镇土地使用税。

⑦港口的码头用地，免征城镇土地使用税。

⑧国家机关、军队、人民团体、财政补助事业单位、居民委员会、村民委员会拥有的

体育场馆，用于体育活动的土地，免征土地使用税。

⑨石油天然气（含页岩气、煤层气）生产企业用地：

a. 地质勘探、钻井、井下作业、油气田地面工程等临时用地，企业厂区以外的铁路专用线、公路及输油（气、水）管道用地，油气长输管线用地暂免征收土地使用税。

b. 城市、县城、建制镇以外工矿区内的消防、防洪排涝、防风、防沙设施用地，暂免征收土地使用税。

c. 除上述列举免税土地外，其他油气生产及办公、生活区用地，应征收土地使用税。

d. 享受上述税收优惠的用地，用于非税收优惠用途的，不得享受税收优惠。

4 城镇土地使用税征收管理

4.1 纳税义务发生时间

城镇土地使用税纳税义务发生时间为：

①纳税人购置新建商品房，自房屋交付使用之次月起，缴纳城镇土地使用税。

②纳税人购置存量房，自办理房屋权属转移、变更登记手续，房地产权属登记机关签发房屋权属证书之次月起，缴纳城镇土地使用税。

③纳税人出租、出借房产，自交付出租、出借房产之次月起，缴纳城镇土地使用税。

④以出让或转让方式有偿取得土地使用权的，应由受让方从合同约定交付土地时间的次月起缴纳城镇土地使用税；合同未约定交付土地时间的，由受让方从合同签订的次月起缴纳城镇土地使用税。

⑤纳税人新征用的耕地，自批准征用之日起满1年时开始缴纳土地使用税。

⑥纳税人新征用的非耕地，自批准征用次月起缴纳城镇土地使用税。

4.2 纳税时限

城镇土地使用税实行按年计算，分期缴纳的征收方法，具体纳税期限由省、自治区、直辖市人民政府确定。

4.3 纳税地点

城镇土地使用税在土地所在地缴纳。纳税人使用的土地不属于同一省、自治区、直辖市管辖的，由纳税人分别向土地所在地的税务机关缴纳城镇土地使用税；在同一省、自治区、直辖市管辖范围内，纳税人跨地区使用的土地，其纳税地点由各省、自治区、直辖市税务局确定。

任务6 土地增值税

1 认识土地增值税

土地增值税是对转让国有土地使用权地上建筑物及其附着物并取得收入的单位和个人，就其转让房地产所取得的增值额征收的一种税。

在中华人民共和国境内转移房地产并取得收入的单位和个人，为土地增值税的纳税人。

土地增值税的征税范围即哪些行为征收土地增值税，哪些行为不征收土地增值税，具体如表6-3所示。

表6-3 土地增值税征税范围一览表

征收	不征收
转让国有土地使用权、地上建筑物和附着物产权	出让国有土地
单位之间房地产交换	个人之间互换自由住房
合作建房建成转让的	合作建房分房自用的
①房地产抵债 ②抵押期满发生权属转让	①房地产抵押期间 ②房地产出租
	企业房地产兼并、代建、评估
	继承
其他赠予	赠予直系亲属、通过境内非盈利团体、国家机关赠予教育、民政和其他福利，公益事业

>>> 知识链接：企业改制重组应纳土地增值税的特殊规定

①非公司制企业整体改建为有限责任公司或股份有限公司，有限责任公司（股份有限公司）整体改建为股份有限公司（有限责任公司），对改建前的企业将国有土地、房屋权属转移、变更到改建后的企业，暂不征收土地增值税；整体改建是指不改变原企业的投资主体，并继承原企业权利、义务的行为。

②两个或两个以上企业合并为一个企业，且原企业投资主体存续的，对原企业将国有土地、房屋权属转移、变更到合并后的企业，暂不征收土地增值税。

③企业分设为两个或两个以上的与原企业投资主体相同的企业，对原企业将国有土地、房屋权属转移、变更到合并后的企业，暂不征收土地增值税。

④单位、个人、在改制重组时以国有土地、房屋进行投资，对其将国有土地、房屋权属转移、变更到合并后的企业，暂不征收土地增值税。

⑤上述改制重组有关土地增值税政策不适用于房地产开发企业。

2　土地增值税的计算

2.1　计税依据

土地增值税的计税依据是纳税人转让房地产所取得的增值额；转让房地产的增值额是纳税人转让房地产的收入减除税法规定的扣税项目金额后的余额。

增值额=转让房地产取得的收入−扣除项目

2.1.1　收入的确定

纳税人转让房地产取得的应税收入，包括转让房地产的全部价款及有关的经济利益，包括货币收入、实物收入和其他收入。

2.1.2　新建房地产的扣除项目金额

（1）取得土地使用权所支付的金额

纳税人为取得土地使用权所支付的地价款，登记过户手续费和契税。

（2）房地产开发成本

房地产开发成本是指纳税人开发房地产项目实际发生的成本，包括土地的征用及拆迁补偿费、前期工程费、建筑安装工程费、基础设施费、公共配套设施费、开发间接费用等。

（3）房地产开发费用

房地产开发费用是指与房地产开发项目有关的销售费用、管理费用和财务费用，但在计算土地增值税时，房地产开发费用并不是按照纳税人实际发生额进行扣除，应分别按以下两种情况扣除：

①利息费用能确定。

a. 利息费用：凡能够按转让房地产项目计算分摊并提供金融机构证明的，允许据实扣除，但最高不能超过按商业银行同类同期贷款利率计算的金额。

b. 其他开发费用，按取得土地使用权所支付的金额和房地产开发成本之和的5%以内计算扣除。

开发费用=利息+（取得土地使用权所支付的金额+房地产开发成本）×省级政府确定的比例

②利息费用不能确定。

利息费用：凡不能按转让房地产项目计算分摊利息支出或者不能提供金融机构证明的，房地产开发费用按取得土地使用权所支付的金额和房地产开发成本之和的10%以内计算扣除。

开发费用=（取得土地使用权所支付的金额+房地产开发成本）×省级政府确定的比例

（4）与转让房地产有关的税金

与转让房地产有关的税金是指在转让房地产时缴纳的城市维护建设税、印花税。因转让房地产缴纳的教育费附加，也可视同税金予以扣除；房地产开发企业按照《房地产开发企业财务制度》的规定，其在转让时缴纳的印花税已列入管理费用中，故不允许单独再扣除；其他纳税人缴纳的印花税允许在此扣除。

转让房地产权属的转让方和承受方纳税情况如表6-4所示。

表6-4　转让房地产权属转让方和承受方纳税情况一览表

转让方	承受方
①增值税（销售不动产，转让土地使用权） ②城市维护建设税、教育费附加及地方教育费附加 ③印花税（产权转移书据） ④土地增值税 ⑤企业所得税（或个人所得税）	①印花税（产权转移书据） ②契税

（5）财政部确定的其他扣除项目

对从事房地产开发的纳税人可按取得土地使用权所支付的金额和房地产开发成本之和，加计20%进行扣除。

2.1.3　转让旧房及建筑物的扣除标准

旧房及建筑物转让的扣除标准如表6-5所示。

表6-5　旧房及建筑物转让的扣除标准一览表

转让旧房及建筑物	①房屋及建筑物的评估价格：重置成本价×成新度折扣率；可按发票所载金额并从购买年度起至转让年度止每年加计5%计算 ②取得土地使用权所支付的地价款和缴纳的有关费用 ③转让环节缴纳的税金
转让土地使用权	上述②③项目

2.2　税率

土地增值税实行四级超率累进税率，如表6-6所示。

表6-6　土地增值税四级超率累进税率表

级数	增值额与扣除项目金额比例	税率	速算扣除系数
1	不超过50%的部分	30%	0
2	超过50%至100%的部分	40%	5%
3	超过100%至200%的部分	50%	15%
4	超过200%的部分	60%	35%

2.3　应纳税额的计算

计算土地增值税一般按几个步骤进行：计算增值额→计算增值率→确定适用税率→计算应纳税额。

（1）计算增值额

增值额=房地产转让收入-扣除项目金额=①-（②+③+④+⑤+⑥）

①房地产转让收入；②取得土地使用权所支付的金额；③房地产开发成本；④房地产开发费用（注意确定利息）；⑤与转让房地产有关的税金（注意印花税）；⑥计算加计扣除（②+③）×20%（注意：房企有，非房企没有）。

（2）计算增值率

增值率=增值额÷扣除项目金额×100%

（3）确定适用税率

根据增值率，查表确定适用税率。

（4）计算应纳税额

土地增值税应纳税额=增值额×适用税率-扣除项目金额×速算扣除系数

【案例6-10】宏宇房地产开发公司开发和销售居民住宅，2018年12月份取得转让不含税收入2 000万元；按规定缴纳增值税180万元，城市维护建设税12.6万元，教育费附加5.4万元，地方教育附加3.6万元；为取得该片住宅的土地使用权支付地价款和有关费用200万元，投入开发成本750万元，支付银行存款利息费用10.6万元（不能按转让房地产项目计算分摊），其他房地产开发费用为50万元。该公司所在地人民政府规定房地产开发费用的计算扣除比例为10%。请计算宏宇房地产开发公司销售该商品房土地增值税应纳税额。

【解析】扣除项目合计=200+750+（200+750）×10%+12.6+5.4+3.6+（200+750）×20%=1 256.6（万元）

增值额=2 000−1 256.6=743.4（万元）

增值率=743.4÷1 256.6×100%≈59.16%

土地增值税应纳税额=743.4×40%−1 256.6×5%=234.53（万元）

【案例6-11】位于市区的某国有工业企业利用厂区空地建造写字楼，发生的相关业务如下：

①按照国家有关规定补交土地出让金4 000万元，缴纳相关费用160万元；

②写字楼开发成本为3 000万元，其中装修费用为500万元；

③写字楼开发费用中的利息支出为300万元（不能提供金融机构证明）；

④写字楼竣工验收，将总建筑面积的1/2销售，签订销售合同，取得销售收入6 500万元；将另外1/2的建筑面积出租，当年取得租金收入5万元，请计算该企业土地增值税应纳税额。

【解析】取得土地使用权所支付的金额=（4 000+160）×50%=2 080（万元）

房地产开发成本=3 000×50%=1 500（万元）

房地产开发费用=（2 080+1 500）×10%=358（万元）

可扣除的有关税金=6 500×9%×（7%+3%+2%）+6 500×0.05%=73.45（万元）

扣除项目合计=2 080+1 500+358+73.45=4 011.45（万元）

增值率=（6 500−4 011.45）÷4 011.45×100%≈62.04%

土地增值税应纳税额=（6 500−4 011.45）×40%−4 011.45×5%=794.847 5（万元）

3 土地增值税税收优惠

3.1 法定减免条款

①纳税人建造保障性住房出售，增值额未超过扣除项目金额20%的，免征土地增值税；

②因国家建设需要依法征收、收回的房地产，免征土地增值税；

③国务院可以根据国民经济和社会发展的需要规定其他减征或免征土地增值税情形，并报全国人民代表大会常务委员会备案。

3.2 税法授权减免条款

省、自治区、直辖市人民政府可以决定对下列情形减征或者免征土地增值税，并报同级人民代表大会常务委员会备案：

①纳税人建造普通标准住宅出售，增值额未超过扣除项目金额20%的；

②房地产市场较不发达、地价水平较低地区的纳税人出让集体土地使用权、地上的建筑物及其附着物，或以集体土地使用权、地上的建筑物及其附着物作价出资、入股的。

4 土地增值税征收管理

4.1 纳税义务发生时间

土地增值税纳税义务发生时间为房地产转移合同签订的当日。

4.2 纳税时限

（1）房地产开发企业

房地产开发项目土地增值税实行先预缴后清算的办法。从事房地产开发的纳税人应当自纳税义务发生月份终了之日起15日内，向税务机关报送预缴土地增值税纳税申报表，预缴税款。

从事房地产开发的纳税人应当自达到以下房地产清算条件起90日内，向税务机关报送土地增值税纳税申报表，自行完成清算，结清应缴税款或向税务机关申请退税：

①已竣工验收的房地产开发项目，已转让的房地产建筑面积占整个项目可售建筑面积的比例在85%以上，或该比例虽未超过85%，但剩余的可售建筑面积已经出租或自用的；

②取得销售（预售）许可证满3年仍未销售完毕的；

③整体转让未竣工决算房地产开发项目的；

④直接转让土地使用权的；

⑤纳税人申请注销税务登记但未办理土地增值税清算手续的；

⑥国务院税务主管部门确定的其他情形。

（2）非房地产开发企业

非从事房地产开发的纳税人应当自房地产转移合同签订之日起30日内办理纳税申报并缴纳税款。

4.3 纳税地点

纳税人应当向房地产所在地主管税务机关申报纳税。

任务 7 车辆购置税

1 认识车辆购置税

车辆购置税是以在中国境内购置规定车辆为征税对象，在特定的环节向车辆购置者征收的一种税。购置，是指以购买、进口、自产、受赠、获奖或者其他方式取得并自用应税车辆的行为。

在我国境内购置规定车辆的单位和个人，为车辆购置税的纳税人。

购置：购买、进口、自产、受赠、获奖、其他（拍卖、抵债、走私、罚没等）方式取得并自用的行为。请注意以下几点：

①购置后自用的，才需要缴纳车辆购置税。购入待售车辆不需要缴纳车辆购置税，待进一步处置时再行确定纳税人，缴纳车辆购置税。例如：4S店购入或者进口车辆是不用交车辆购置税的，但我们去4S店买车就需要交车辆购置税了。

②车辆购置税由承受方缴纳（与契税相同）。

③车辆购置税实行一次性征收制度，购置已征车辆购置税的车辆，不再征收车辆购置税（与耕地占用税相同）。例如：购买二手车的单位和个人是不用交车辆购置税的，因为前手在买新车的时候已经交过车辆购置税了。

车辆购置税征收范围包括汽车、有轨电车、汽车挂车、排气量超过150毫升的摩托车。

2 车辆购置税的计算

2.1 计税依据

（1）购买自用

计税价格为纳税人购买应税车辆而支付给销售者的全部价款和价外费用，不包括增值税税款和代办保险而向购买方收取的保险费以及向购买方收取的代购买方缴纳的车辆购置税、车辆牌照费。

（2）进口自用

计税价格为组成计税价格。

组成计税价格=关税完税价格+关税+消费税（这与进口环节增值税与消费税的组成计税价格相同）

请注意 纳税人购买自用或者进口自用应税车辆，申报的计税价格低于同类型应税车辆的最低计税价格，又无正当理由的，按照最低计税价格征收车辆购置税。

（3）自产、受赠、获奖或者以其他方式取得并自用

计税价格由主管税务机关参照国家税务总局规定的最低计税价格核定。

国家税务总局未核定最低计税价格的车辆，计税价格为纳税人提供的有效价格证明注明的价格；有效价格证明注明的价格明显偏低的，主管税务机关有权核定应税车辆的计税价格。

2.2 税率

车辆购置税采用10%的比例税率。

2.3 应纳税额的计算

应纳税额=计税依据×税率

【案例6-12】甲公司购买一辆轿车供本单位自用，支付含增值税的价款169 500元，另支付购置工具件和零配件价款2 260元、车辆装饰费4 520元，支付销售公司代收保险费等5 650元，所支付的款项均由汽车销售公司开具机动车销售统一发票和有关票据。请计算甲公司车辆购置税应纳税额。

【解析】计税依据=（169 500+2 260+4 520+5 650）÷（1+13%）=161 000（元）

车辆购置税应纳税额=161 000×10%=16 100（元）

【案例6-13】某汽车贸易公司2018年10月进口11辆小轿车，海关审定的关税完税价格为25万元/辆，当月销售8辆，取得含税销售收入240万元；2辆企业自用，1辆用于抵偿债务，合同约定的含税价格为30万元，小轿车关税税率为28%、消费税税率为9%。请计算该汽车贸易公司车辆购置税应纳税额。

【解析】车辆购置税应纳税额=2×（25+25×28%）÷（1−9%）×10%≈7.03（万元）

【案例6-14】某客车制造厂将自产的一辆某型号的客车用于本厂后勤服务。该厂在办理车辆上牌落籍前，出具该车的发票，注明金额65 000元，并按此金额向主管税务机关申报纳税。经审核，国家税务总局对该车同类型车辆核定的最低计税价格为80 000元。请计算该车车辆购置税应纳税额。

【解析】车辆购置税应纳税额=80 000×10%=8 000（元）

3 车辆购置税的税收优惠

符合以下条件之一的，免交车辆购置税：

①外国驻中国使馆、领事馆和国际组织驻中国机构及其外交人员自用的车辆，免税。

②中国人民解放军和中国人民武装警察部队列入军队武器装备订货计划的车辆，免税。

③设有固定装置的非运输车辆，免税。

④自2016年1月1日至2020年12月31日，对城市公交企业购置的公共汽电车免税。

⑤自2018年1月1日至2020年12月31日，对购置的新能源汽车免税。

4 车辆购置税的征收管理

4.1 纳税义务发生时间

车辆购置税由税务机关征收。

①纳税人购买自用应税车辆的，应当自购买之日起60日内申报纳税。

②进口自用应税车辆的，应当自进口之日起60日内申报纳税。

③自产、受赠、获奖或者以其他方式取得并自用应税车辆的，应当自取得之日起60日内申报纳税。

4.2 纳税时限

①纳税人应当在向公安机关车辆管理机构办理车辆登记注册前，缴纳车辆购置税。

②税务机关发现纳税人未按照规定缴纳车辆购置税的，有权责令其补缴；纳税人拒绝缴纳的，税务机关可以通知公安机关车辆管理机构暂扣纳税人的车辆牌照。

请注意 免税、减税车辆因转让、改变用途等原因不再属于免税、减税范围的，应当在办理车辆过户手续前或者办理变更车辆登记注册手续前缴纳车辆购置税。

③已缴纳车辆购置税的车辆，发生下列情形之一的，准予纳税人申请退税：

a. 车辆退回生产企业或者经销商的。

b. 符合免税条件的设有固定装置的非运输车辆但已征税的。

c. 其他应予退税的情形。

车辆退回生产企业或经销商的，纳税人申请退税时，主管税务机关自纳税人办理纳税申报之日起，按已缴纳税款每满1年扣减10%计算退税额，未满1年的，全额退税。

4.3 纳税地点

车辆购置税的纳税地点，按以下规定确认：

①购置应税车辆，应当向车辆登记注册地的主管税务机关申报纳税。

②购置不需要办理车辆登记注册手续的应税车辆，应当向纳税人所在地的主管税务机关申报纳税。

任务8 车船税

1 认识车船税

车船税，是依法对在中国境内的车辆、船舶，按照规定税目和税额计算征收的一种税。

车船税的纳税人，是指在中国境内属于法律规定的车辆、船舶的所有人或者管理人。

属于车船税征税范围的车辆和船舶有：

①依法应当在车船登记管理部门登记的机动车辆和船舶。

②依法不需要在车船登记管理部门登记的在单位内部场所行驶或者作业的机动车辆和船舶。

车船税的税目包括乘用车、商用车、挂车、其他车辆、摩托车和船舶，具体如表6-7所示。

①乘用车为核定载客人数9人（含）以下的车辆。

②商用车包括客车和货车，其中客车为核定载客人数9人（含）以上的车辆（包括电车），货车包括半挂牵引车、挂车、客货两用车、三轮汽车和低速载货汽车等。

③其他车辆包括专用作业车和轮式专用机械车（不包括拖拉机和电动自行车）。

④船舶包括机动船舶、非机动驳船、拖船和游艇。

表6-7 车船税税目一览表

税目	子目	备注
乘用车		核定载客人数9人（含）以下的车辆
商用车	客车	核定载客人数9人（含）以上的车辆（包括电车）
	货车	半挂牵引车、挂车、客货两用车、三轮汽车和低速载货汽车等
其他车辆	专用作业车	不包括拖拉机和电动自行车
	机械车	
船舶	机动船舶	
	非机动驳船	
	拖船	
	游艇	

车辆购置税和车船税各要素对比如表6-8所示。

表6-8 车船税与车辆购置税各要素对比一览表

项目	车辆购置税	车船税
纳税人	购置应税车辆的单位和个人	应税车辆所有人或管理人
征税范围	汽车、摩托车、电车、挂车/半挂车	
	农用运输车	农用运输车（不含拖拉机）
	无船舶	包含船舶
税率	比例税率	定额税率
征收方式	一次性征收	每年征收
征税机关	国家税务局	地方税务局

2 车船税的计算

2.1 税率

车船税采用定额税率，又称为固定税率。

2.2 计税依据及应纳税额的计算

车船税的计税依据和计算方法如表6-9所示。

表6-9 车船税应纳税额的计算方法

税目		计税依据	应纳税额
载人	乘用车、客车和摩托车	辆数	辆数×适用年税额
	游艇	艇身长度/米	艇身长度×适用年税额
载货	货车、专用作业车和轮式专用机械车	整备质量（自重）/吨	自重吨位数×适用年税额
	挂车		自重吨位数×适用年税额×50%
	机动船舶	净吨位/吨	净吨位数×适用年税额
	非机动驳船、拖船		净吨位数×适用年税额×50%

【案例6-15】顺畅交通运输企业2019年拥有整备质量5吨的挂车20辆，整备质量4吨的货车10辆；乘用车16辆，其中9座以上的6辆，其中2辆为当年7月份新购置，气缸容量为2.0升至2.5升（含）。该企业所在地货车年税额为40元/吨，9座以上乘用汽车年税额为800元/辆，9座以下乘用车年税额为480元/辆。请计算该交通运输企业当年车船税应纳税额。

【解析】车船税应纳税额=5×20×40×50%+4×10×40+10×480+4×800+2×800÷12×6=12 400（元）

【案例6-16】某航运公司2018年拥有机动船舶4艘，每艘净吨位为3 000吨；游艇2艘，1艘艇身长度为28米，1艘艇身长度为32米。车船税具体适用税额为：净吨位2 001吨至10 000吨的，每吨5元；艇身长度超过18米但不超过30米的游艇，每米1 300元；艇身长度超过30米的游艇，每米1 800元。请计算该航运公司当年车船税应纳税额。

【解析】车船税应纳税额=4×3 000×5+1×28×1 300+1×32×1 800=154 000（元）

3 车船税的税收优惠

以下车船免征车船税：

①捕捞、养殖渔船。

②军队、武装警察部队专用的车船。

③警用车船。

④依照法律规定应当予以免税的外国驻中国使领馆、国际组织驻中国代表机构及其有关人员的车船。

⑤临时入境的外国车船和中国香港特别行政区、澳门特别行政区、台湾地区的车船，不征收车船税。

⑥按照规定缴纳船舶吨税的机动船舶，自车船税法实施之日起5年内免征车船税。

⑦依法不需要在车船登记管理部门登记的机场、港口、铁路站场内部行驶或者作业的车船，自车船税法实施之日起5年内免征车船税。

⑧对节约能源车船，减半征收车船税，包括节约能源乘用车和节约能源商用车。节约能源乘用车是指符合国家标准的排量为1.6升（含）以下的燃用汽油、柴油的节约能源乘用车（含非插电式混合动力乘用车和双燃料乘用车）；节约能源商用车是指符合国家有关标准的燃用天然气、汽油、柴油的重型节约能源商用车（含非插电式混合动力和双燃料重型商用车）。

⑨对受地震、洪涝等严重自然灾害影响，纳税困难以及其他特殊原因确需减免税的车船，可以在一定期限内减征或免征车船税。

⑩省级人民政府可根据当地实际情况，对公共交通车船，农村居民拥有并主要在农村地区使用的摩托车、三轮汽车和低速载货汽车定期减征或者免征车船税。

此外，对使用新能源车船，免征车船税。

4　车船税的征收管理

4.1　纳税义务发生时间

纳税义务发生时间为取得车船所有权或者管理权的当月。

请注意　*新车船购置当年的应纳税额自纳税义务发生的当月起按月计算，应纳税额为年应纳税额除以12再乘以应纳税月份数。*

4.2　纳税时限

车船税按年申报，分月计算，一次性缴纳，应随交强险每年一并缴纳，并由承保车险的保险公司代收代缴。

4.3　纳税地点

车船税的纳税地点为车船的登记地或者车船税扣缴义务人所在地。

（1）扣缴义务人代收代缴车船税的，纳税地点为扣缴义务人所在地。

（2）依法需要办理登记的车船，纳税人自行申报缴纳车船税的，纳税地点为车船登记地的主管税务机关所在地。

（3）依法不需要办理登记的车船，纳税地点为车船所有人或者管理人所在地。

纳税申报时应注意：①机动车车船税扣缴义务人在代收车船税时，应当在机动车交通事故责任强制保险的保险单以及保费发票上注明已收税款的信息，作为代收税款凭证。

②已完税或者依法减免税的车辆，纳税人应当向扣缴义务人提供登记地的主管税务机关出具的完税凭证或者减免税证明；纳税人没有按照规定期限缴纳车船税的，扣缴义务人在代收代缴税款时，可以一并代收代缴欠缴税款的滞纳金。

③扣缴义务人已代收代缴车船税的，纳税人不再向车辆登记地的主管税务机关申报缴纳车船税；没有扣缴义务人的，纳税人应当向主管税务机关自行申报缴纳车船税。

④已缴纳车船税的车船在同纳税年度内办理转让过户的，不另纳税，也不退税。

任务 9 关税

1 认识关税

关税是对进出国境或关境的货物、物品征收的一种税。

关税的纳税人分为贸易性商品的纳税人和物品的纳税人两种。贸易性商品的纳税人是经营进出口货物的收、发货人。物品的纳税人包括：

①入境旅客随身携带的行李、物品的持有人。

②各种运输工具上服务人员入境时携带自用物品的持有人。

③馈赠物品以及其他方式入境个人物品的所有人。

④个人邮递物品的收件人。

接受纳税人委托办理货物报关等有关手续的代理人，可以代办纳税手续。

关税的征税范围是进出境的货物、物品。

请注意 对从境外采购进口的原产于中国境内的货物，也应按规定征收进口关税。

2 关税的计算

2.1 计税依据

2.1.1 一般贸易项下进口货物的完税价格

一般进口货物的完税价格：海关审定的成交价格为基础的到岸价格为完税价格。

到岸价格：货价加上货物运抵我国关境内输入地点起卸前的包装费、运费、保险费和其他劳务费等。

（1）应计入关税完税价格的项目

①进口货物的买方为购买该项货物向卖方实际支付或应当支付的价格。

②进口人在成交价格外另支付给卖方的佣金。

③货物运抵我国关境内输入地点起卸前的包装费、运费、保险费和其他劳务费。

④为了在境内生产、制造、使用或出版、发行的目的而向境外支付的与该进口货物有关的专利、商标、著作权，以及专有技术、计算机软件和资料等费用。

（2）不应计入完税价格的项目

①向境外采购代理人支付的买方佣金。

②厂房、机械、设备等货物进口后进行基建、安装、装配、维修和技术服务的费用。

③进口货物运抵境内输入地点起卸之后的运输及其相关费用、保险费。

2.1.2 特殊贸易下的进口货物的完税价格

①运往境外修理的机械器具、运输工具或者其他货物的完税价格。出境时已向海关报明并在海关规定期限内复运进境的，以经海关审定的修理费和料件费作为完税价格。

②租借和租赁进口货物的完税价格。租借、租赁方式进境的货物，以海关审查确定的货物租金作为完税价格。

③转让出售进口减免税货物的完税价格。按照特定减免税办法批准予以减免税进口的货物，在转让或者出售而需补税时，可按这些货物原进口时的到岸价格来确定其完税价格。

其计算公式：

完税价格=原入境到岸价格×［1−实际使用月份÷（管理年限×12）］

管理年限是指海关对减免税进口的货物监督管理的年限。

2.1.3 出口货物的完税价格

出口货物应当以海关审定的货物售予境外的离岸价格，扣除出口关税后作为完税价格。

计算公式：

出口货物完税价格=离岸价格÷（1+出口关税税率）

2.2 税率

关税的税率分为进口税率和出口税率两种。

2.2.1 进口税率

进口税率分为普通税率，最惠国税率、协定税率、特惠税率、关税配额税率和暂定税率。进口货物适用何种关税税率是以进口货物的原产地为标准的。

（1）普通税率

①原产于未与我国共同适用最惠国条款的世界贸易组织成员国或者地区，未与我国订有相互给予最惠国待遇、关税优惠条款贸易协定和特殊关税优惠条款贸易协定的国家或者地区。

②原产地不明。

（2）最惠国税率

①原产于共同适用最惠国条款的世贸组织成员国。

②与我国签订含有相互给予最惠国待遇的双边贸易协定的国家或者地区。

③原产于我国。

（3）协定税率

原产于与我国签订含有关税优惠条款的区域性贸易协定的国家或者地区的进口货物，按协定税率征收关税。

（4）特惠税率

原产于与我国签订含有特殊关税优惠条款的贸易协定的国家或者地区。

（5）关税配额税率

关税配额是进口国限制进口货物数量的措施，把征收关税和进口配额相结合以限制进口。对于在配额内进口的货物可以适用较低的关税配额税率，对于配额之外的则适用较高税率。

（6）暂定税率

暂定税率是指在最惠国税率的基础上，对于一些国内需要降低进口关税的货物，以及出于国际双边关系的考虑需要个别安排的进口货物，可以实行暂定税率。

2.3 应纳税额的计算

（1）从价税计算方法

应纳税额=应税进口货物数量×单位完税价格×适用税率

进口关税一般采用比例税率，实行从价计征的办法。

（2）从量税计算方法

应纳税额=应税进口货物数量×关税单位税额

对啤酒、原油等少数货物实行从量计征的办法。

（3）复合计征

对广播用录像机、放像机、摄像机等实行从价加从量的复合计征办法。

此处可对比消费税的税率，以免混淆：

①大多数税目适用比例税率。

②成品油、啤酒、黄酒适用定额税率。

③卷烟、白酒同时适用复合税率。

（4）滑准税计算方法

滑准税是指关税的税率随着进口商品价格的变动而反方向变动的一种税率形式，即价格越高，税率越低，税率为比例税率。

【案例6-17】某进出口公司从美国进口货物一批，货物实际成交价格折合人民币1 475万元（包括单独计价并经海关审查属实的向自己的采购代理人支付的买方佣金10万元），另支付货物运抵我国上海港的运费、保险费等35万元。假设该货物适用的关税税率为20%，上述款项均已支付。请计算该公司关税应纳税额。

【解析】关税完税价格=1 475−10+35=1 500（万元）

关税应纳税额=1 500×20%=300（万元）

【案例6-18】某商贸公司为增值税一般纳税人，并具有进出口经营权。2019年6月发生相关经营业务如下：

①从国外进口小轿车1辆，支付买价400 000元、相关费用30 000元，支付到达我国海关前的运输费用40 000元、保险费用20 000元。

②将生产中使用的价值500 000元的设备运往国外修理，出境时已向海关报明，支付给境外的修理费50 000元、料件费100 000元，并在海关规定的期限内收回了设备。

③从国外进口卷烟80 000条（每条200支），支付买价2 000 000元，支付到达我国海关前的运输费用120 000元，保险费用80 000元。（注：进口关税税率均为20%，小轿车消费税税率为9%）请计算该商贸公司该月进口小轿车、修理设备和进口卷烟关税应纳税额。

【解析】进口小轿车关税应纳税额=（400 000+30 000+40 000+20 000）×20%=98 000（元）

修理设备关税应纳税额=（50 000+100 000）×20%=30 000（元）

进口卷烟关税应纳税额=（2 000 000+120 000+80 000）×20%=440 000（元）

进口小轿车、修理设备和进口卷烟关税应纳税额合计=98 000+30 000+440 000=568 000（元）

【案例6-19】某丝绸进出口公司出口生丝一批，离岸价格为550万元，出口关税税率为10%。请计算该丝绸进出口公司出口生丝关税应纳税额。

【解析】本业务中，出口货物应以海关审定的离岸价格扣除出口关税后作为完税价格。

出口生丝的关税完税价格=550÷（1+10%）=500（万元）

出口生丝关税应纳税额=500×10%=50（万元）

【案例6-20】某外贸公司受甲单位委托，从境外进口小轿车30辆，每辆小轿车货价为15万元，运抵我国海关前发生的运输费用、保险费用无法确定，经海关查实其他运输公司相同业务的运输费用占货价的比重为2%，保险费用占货价和运费之和的3%。关税税率为60%，增值税税率为13%，消费税税率为9%。请分别计算该外贸公司在进口环节应代缴的各项税金。

【解析】

（1）进口小轿车应缴纳的关税：

进口小轿车的货价=15×30=450（万元）

进口小轿车的运输费=450×2%=9（万元）

进口小轿车的保险费=（450+9）×3%=1.38（万元）

关税完税价格=450+9+1.38=460.38（万元）

关税应纳税额=460.38×60%=276.228（万元）

（2）进口环节小轿车应缴纳的消费税：

消费税组成计税价格=（460.38+276.228）÷（1−9%）≈809.46（万元）

消费税应纳税额=809.46×9%≈72.85（万元）

（3）进口环节小轿车应缴纳的增值税：

增值税应纳税额=809.46×13%≈105.23（万元）

3 关税的税收优惠

关税的减税、免税可分为法定性减免和酌情性减免。

（1）法定性减免税

《中华人民共和国海关法》和《中华人民共和国进出口关税条例》中规定的减免税，称为法定性减免税。主要有下列情形：

①一票货物关税税额、进口环节增值税或者消费税税额在人民币50元以下的。

②无商业价值的广告品及货样。

请注意 有商业价值的广告品及货样不能免税。

③国际组织、外国政府无偿赠送的物资。

④进出境运输工具装载的途中必需的燃料、物料和饮食用品。

⑤因故退还的中国出口货物，可以免征进口关税，但已征收的出口关税不予退还。

⑥因故退还的境外进口货物，可以免征出口关税，但已征收的进口关税不予退还。

（2）酌情减免税

有下列情形之一的进口货物，海关可以酌情减免税：

①在境外运输途中或者在起卸时，遭受到损坏或者损失的。

②起卸后、海关放行前，因不可抗力遭受损坏或者损失的。

③海关查验时已经破漏损坏或者腐烂，经证明不是保管不慎造成的。

4 征收管理

关税的申报时间为进口货物应自运输工具申报进境之日起14日内；出口货物除海关特准外，应自货物运抵海关监管区后、装货的24小时以前。

进出口货物的收发货人或者其代理人应当在海关签发税款缴款书之日起15日内（星期日和法定节假日除外），向指定银行缴纳税款。逾期不缴的，除依法追缴外，由海关自到期次日起至缴清税款之日止按日征收欠缴税额万分之五的滞纳金。

自2016年6月1日起，旅客携带进出境的行李物品有下列情形之一的，海关暂不予放行：

①旅客不能当场缴纳进境物品税款的；

②进出境的物品属于许可证件管理范围，但旅客不能当场提交的；

③进出境的物品超过自用合理数量，按规定应当办理货物报关手续或其他海关手续，其尚未办理的；

④对进出境物品的属性、内容存疑，需要由有关部门进行认定、鉴定、检验的；

⑤按规定暂不予放行的其他行李物品。

由于海关误征，多缴纳税款的，纳税人可以从缴纳税款之日起1年内，书面声明理由，连同纳税收据向海关申请退税，逾期不予受理。

进出口货物完税后，如发现少征或者漏征税款，海关有权在1年内予以补征；如因收发货人或其代理人违反规定而造成少征或者漏征税款的，海关在3年内可以追缴。

任务10 资源税

1 认识资源税

资源税是对在我国境内从事应税矿产品开采或生产盐的单位和个人征收的一种税。

资源税的纳税人是指在中国境内及管辖海域开采矿产品或者生产盐的单位和个人。确定资源税纳税人时请注意：

①进口矿产品和盐不征收资源税。

②资源税是对生产盐或者开采应税矿产品进行销售或者自用的单位和个人征收的，在销售或者自用时一次性征收，对批发、零售已税矿产品和盐的单位和个人不征收资源税。

资源税的征税范围如表6-10所示。

表6-10 资源税征税范围一览表

项目	征税范围	注意事项
原油	天然原油	①人造石油不征税 ②加热、修井用的原油免税
天然气	专门开采或与原油同时开采的	煤炭开采企业因安全生产需要抽采的煤成（层）气免税
煤炭	原煤和以未税原煤加工的洗选煤	已税原煤加工的洗煤和其他煤炭制品不征税
其他非金属矿（含井矿盐、湖盐、提取底下卤水晒制的盐）		
金属矿		
海盐：海水晒制的盐		

2 资源税的计算

2.1 计税依据

以纳税人开采或生产应税矿产品的销售额或销售数量为计税依据。各税目的征税对象包括原矿、精矿（或原矿加工产品）、金锭、氯化钠初级产品。

（1）销售额

①纳税人销售应税矿产品向购买方收取的全部价款和价外费用，但不包括收取的增值税销项税额和运输费用。

价外费用，包括价外向购买方收取的手续费、补贴、基金、集资费、返还利润、奖励费、违约金、滞纳金、延期付款利息、赔偿金、代收款项、代垫款项、包装费、优质费等。即除了运费外，其他销售额确定和增值税一致。

运输费用是指应税产品从坑口或洗选（加工）地到车站、码头或购买方指定地点的运输费用、建设基金以及随运输产生的装卸、仓储、运杂费用。运杂费用应与销售额分别核算，未分别核算或未取得相应凭据的，应当一并计征资源税。

下列项目不计入销售额：

a. 同时符合下列条件的代垫运输费用：承运部门的运输费用发票开具给购买方，纳税人将该项发票转交给购买方的。

b. 符合条件代为收取的政府性基金或者行政事业性收费。

②纳税人将开采的原煤用于连续生产洗选煤的，在原煤移送使用环节不缴纳资源税；将开采的原煤加工为洗选煤销售的，以洗选煤销售额乘以折算率作为应税销售额，计算缴纳资源税。

a. 洗选煤销售额包括洗选副产品的销售额，不包括运输费用。

b. 纳税人同时以自采未税原煤和外购已税原煤加工洗选煤的，应当分别核算；未分别核算的，按上述规定缴纳资源税。

c. 纳税人将开采的原煤自用于其他方面的，视同销售原煤；将其开采的原煤加工为洗选煤自用的，视同销售洗选煤缴纳资源税。

（2）销售数量

①纳税人开采或生产应税产品销售的，以实际销售数量为销售数量。

②纳税人开采或者生产应税产品自用的，以移送时的自用数量为销售数量。

③纳税人不能准确提供应税产品销售数量或移送使用数量的，以应税产品的产量或主管税务机关确定的折算比率换算成的数量为计征资源税的销售数量。

④纳税人将开采的矿产品原矿自用于连续生产精矿产品，无法提供移送使用数量的，可将精矿按选矿比折算成原矿数量，以此作为销售数量。

⑤纳税人的减免税项目，应当单独核算销售额和销售数量，未单独核算或者不能准确提供销售额和销售数量的，不得减免税。

2.2 税率

对《资源税税目税率表》中列举名称的资源品目绝大多数按照比例税率从价征收，对地热、石灰岩、其他黏土、砂石、矿泉水、天然卤水，规定可以选择实行从价计征或者从量计征，具体计征方式由省、自治区、直辖市人民政府提出，报同级人民代表大会常务委员会决定，并报全国人民代表大会常务委员会和国务院备案。

纳税人开采或者生产不同税目应税产品的，应当分别核算不同税目应税产品的销售额或者销售数量；未分别核算或者不能准确提供不同税目应税产品的销售额或者销售数量的，从高适用税率。

资源税具体税目和税率如表6-11所示。

表6-11　资源税税目税率表

税目		征税对象	税率
能源矿产	原油	原矿	6%
	天然气、页岩气、天然气水合物	原矿	6%
	煤	原矿或者选矿	2%~10%
	煤成（层）气	原矿	1%~2%
	铀、钍	原矿	4%
	油页岩、油砂、天然沥青、石煤	原矿或者选矿	1%~4%
	地热	原矿	1%~20%或者每立方米1~30元

续表

税目			征税对象	税率
金属矿产	黑色金属	铁、锰、铬、钒、钛	原矿或者选矿	1%～9%
	有色金属	铜、铅、锌、锡、镍、锑、镁、钴、铋、汞	原矿或者选矿	2%～10%
		铝土矿	原矿或者选矿	2%～9%
		钨	选矿	6.5%
		钼	选矿	8%
		金、银	原矿或者选矿	2%～6%
		铂、钯、钌、锇、铱、铑	原矿或者选矿	5%～10%
		轻稀土	选矿	7%～12%
		中重稀土	选矿	20%
		铍、锂、锆、锶、铷、铯、铌、钽、锗、镓、铟、铊、铪、铼、镉、硒、碲	原矿或者选矿	2%～10%
非金属矿产	矿物类	高岭土	原矿或者选矿	1%～6%
		石灰岩	原矿或者选矿	1%～6%或者每吨（或者每立方米）1～10元
		磷	原矿或者选矿	3%～8%
		石墨	原矿或者选矿	3%～12%
		萤石、硫铁矿、自然硫	原矿或者选矿	1%～8%
		天然石英砂、脉石英、粉石英、水晶、工业用金刚石、冰洲石、蓝晶石、硅线石（砂线石）、长石、滑石、刚玉、菱镁矿、颜料矿物、天然碱、芒硝、钠硝石、明矾石、砷、硼、碘、溴、膨润土、硅藻土、陶瓷土、耐火黏土、铁矾土、凹凸棒石黏土、海泡石黏土、伊利石黏土、累托石黏土	原矿或者选矿	1%～12%
		叶蜡石、硅灰石、透辉石、珍珠岩、云母、沸石、重晶石、毒重石、方解石、蛭石、透闪石、工业用电气石、白垩、石棉、蓝石棉、红柱石、石榴子石、石膏	原矿或者选矿	2%～12%
		其他黏土（铸型用黏土、砖瓦用黏土、陶粒用黏土、水泥配料用黏土、水泥配料用红土、水泥配料用黄土、水泥配料用泥岩、保温材料用黏土）	原矿或者选矿	1%～5%或者每吨（或者每立方米）0.1～5元
	岩石类	大理岩、花岗岩、白云岩、石英岩、砂岩、辉绿岩、安山岩、闪长岩、板岩、玄武岩、片麻岩、角闪岩、页岩、浮石、凝灰岩、黑曜岩、霞石正长岩、蛇纹岩、麦饭石、泥灰岩、含钾岩石、含钾砂页岩、天然油石、橄榄岩、松脂岩、粗面岩、辉长岩、辉石岩、正长岩、火山灰、火山渣、泥炭	原矿或者选矿	1%～10%
		砂石	原矿或者选矿	1%～5%或者每吨（或者每立方米）0.1～5元
	宝玉石类	宝石、玉石、宝石级金刚石、玛瑙、黄玉、碧玺	原矿或者选矿	4%～20%

续表

税目		征税对象	税率
水气矿产	二氧化碳气、硫化氢气、氦气、氡气	原矿	2%～5%
	矿泉水	原矿	1%～20%或者每立方米1～30元
盐	钠盐、钾盐、镁盐、锂盐	选矿	3%～15%
	天然卤水	原矿	3%～15%或者每吨（或者每立方米）1～10元
	海盐		2%～5%

注：本表自2020年9月1日起执行。

2.3 应纳税额的计算

资源税的具体计算方法如表6-12所示。

表6-12 资源税计算方法一览表

计税方法	计算公式	适用范围
从价定律征收	应按纳税=不含增值税的销售额×比例税率	绝大部分
从量定额征收	应纳税额=销售数量×定额税率	视省、自治区、直辖市具体规定

【案例6-21】生光油田2018年1月生产原油21万吨，当月销售19.5万吨，加热、修井用0.5万吨，自办炼油厂用1万吨，原油不含税售价为5 500元/吨；开采天然气1 000万立方米，当月销售900万立方米，待售100万立方米，天然气不含税售价为5.5元/立方米。若原油、天然气的适用税率为6%，请计算该油田当月资源税应纳税额。

【解析】资源税应纳税额=（195 000+10 000）×5 500×6%+900×10 000×5.5×6%=70 620 000（元）

3 资源税的税收优惠

3.1 法定减免

根据《中华人民共和国资源税法》的规定，下列情形可免征或减征资源税。

（1）免征资源税

①开采原油以及在油田范围内运输原油过程中用于加热的原油、天然气。

②煤炭开采企业因安全生产需要抽采的煤成（层）气。

（2）减征资源税

①从低丰度油气田开采的原油、天然气，减征20%资源税。

②高含硫天然气、三次采油和从深水油气田开采的原油、天然气，减征30%资源税。

③稠油、高凝油减征40%资源税。

④从衰竭期矿山开采的矿产品，减征30%资源税。

根据国民经济和社会发展需要，国务院对有利于促进资源节约集约利用、保护环境等情形可以规定免征或者减征资源税，报全国人民代表大会常务委员会备案。

3.2 授权自主减免

根据《中华人民共和国资源税法》的规定，有下列情形之一的，可以决定免征或者减征资源税：

①纳税人开采或者生产应税产品过程中，因意外事故或者自然灾害等原因遭受重大损失；

②纳税人开采共伴生矿、低品位矿、尾矿。

免征或者减征资源税的具体办法，由省、自治区、直辖市人民政府提出，报同级人民代表大会常务委员会决定，并报全国人民代表大会常务委员会和国务院备案。

请注意 纳税人的免税、减税项目，应当单独核算销售额或者销售数量；未单独核算或者不能准确提供销售额或者销售数量的，不予免税或者减税。

4 资源税的征收管理

4.1 纳税义务发生时间

纳税人销售应税产品，纳税义务发生时间为收讫销售款或者取得索取销售款凭据的当日。

自用应税产品的，纳税义务发生时间为移送应税产品的当日。

4.2 纳税时限

资源税按月或者按季申报缴纳；不能按固定期限计算缴纳的，可以按次申报缴纳。

纳税人按月或者按季申报缴纳的，应当自月度或者季度终了之日起15日内，向税务机关办理纳税申报并缴纳税款；按次申报缴纳的，应当自纳税义务发生之日起15日内，向税务机关办理纳税申报并缴纳税款。

4.3 纳税地点

纳税人应当向应税产品开采地或者生产地的税务机关申报缴纳资源税。

任务 11 环境保护税

1 认识环境保护税

为了保护和改善环境，减少污染物排放，推进生态文明建设，对在中华人民共和国领域和中华人民共和国管辖的其他海域，直接向环境排放污染物的企业事业单位和其他生产经营者征收的一种税。

环境保护税的纳税人为在中华人民共和国领域和中华人民共和国管辖的其他海域，直接向环境排放应税污染物的企业事业单位和其他生产经营者。

环境保护税的征税范围是《中华人民共和国环境保护税法》所附《环境保护税税目税额表》《应税污染物和当量值表》规定的大气污染物、水污染物、固体废物和噪声等应税污染物。

2 环境保护税的计算

2.1 税率

环境保护税实行定额税率，税目、税额依照《环境保护税税目税额表》(表6-13)执行。

表6-13 环境保护税税目税额表

税目		计税单位	税额	备注
大气污染物		每污染当量	1.2～12元	
水污染物		每污染当量	1.4～14元	
固体废物	煤矸石	每吨	5元	
	尾矿	每吨	15元	
	危险废物	每吨	1 000元	
	冶炼渣、粉煤灰、炉渣、其他固体废物（含半固态、液态废物）	每吨	25元	
噪声	工业噪声	超标1～3dB	每月350元	1. 一个单位边界上有多处噪声超标，根据最高一处超标声级计算应纳税额；当沿边界长度超过100米有两处以上噪声超标，按照两个单位计算应纳税额 2. 一个单位有不同地点作业场所的，应当分别计算应纳税额，合并计征 3. 昼、夜均超标的环境噪声，昼、夜分别计算应纳税额，累计计征
		超标4～6dB	每月700元	
		超标7～9dB	每月1 400元	
		超标10～12dB	每月2 800元	
		超标13～15dB	每月5 600元	

续表

税目		计税单位	税额	备注
噪声	工业噪声	超标16dB以上	每月11 200元	4. 声源一个月内超标不足15天的，减半计算应纳税额 5. 夜间频繁突发和夜间偶然突发厂界超标噪声，按等效声级和峰值噪声两种指标中超标分贝值高的一项计算应纳税额

2.2 计税依据

环境保护税的计税依据按照以下规定确定：

①应税大气污染物按照污染物排放量折合的污染当量数确定。

②应税水污染物按照污染物排放量折合的污染当量数确定。

③应税固体废物按照固体废物的排放量确定。

④应税噪声按照超过国家规定标准的分贝数确定。

2.3 应纳税额的计算

环境保护税应纳税额计算公式：

应税大气污染物的应纳税额=污染当量数×具体适用税额

应税水污染物的应纳税额=污染当量数×具体适用税额

应税固体废物的应纳税额=固体废物排放量×具体适用税额

应税噪声的应纳税额=超过国家规定标准的分贝数对应的具体适用税额

【案例6-22】某采石场1月份生产14天，共生产碎石3 000吨，其1月份监测报告如表6-14所示。

表6-14　某采石场1月份噪声监测结果报告表

监测地点	监测时间	监测结果/dB（A）	标准/dB（A）
厂界东外1m处	1月12日昼间	68.6	60
厂界南外1m处		59.1	60
厂界西外1m处		56.9	60
厂界北外1m处		57.2	60

备注：夜间不生产。实际测量，厂界东、南测点距离超过100m。

【解析】该采石场厂界东面噪声超标8.6dB，根据《环境保护税税目税额表》，超标7～9dB为每月1 400元，则该采石场1月份应纳税额=1 400÷2=700（元）

3 环境保护税的税收优惠

下列情形，暂予免征环境保护税：

①农业生产（不包括规模化养殖）排放应税污染物的。

②机动车、铁路机车、非道路移动机械、船舶和航空器等流动污染源排放应税污染物的。

③依法设立的城乡污水集中处理、生活垃圾集中处理场所排放相应应税污染物，不超过国家和地方规定的排放标准的。

④纳税人综合利用的固体废物，符合国家和地方环境保护标准的。

⑤国务院批准免税的其他情形。

4 环境保护税的征收管理

4.1 纳税义务发生时间

纳税义务发生时间为纳税人排放应税污染物的当日。纳税人应当向应税污染物排放地的税务机关申报缴纳环境保护税。

4.2 纳税时限

环境保护税按月计算，按季申报缴纳。不能按固定期限计算缴纳的，可以按次申报缴纳。

4.3 纳税地点

根据《中华人民共和国环境保护税法》规定，纳税人应当向应税污染物排放地的税务机关申报缴纳环境保护税。

根据《中华人民共和国环境保护税法实施条例》规定，环境保护税法所称应税污染物排放地是指：

①应税大气污染物、水污染物排放口所在地。

②应税固体废物产生地。

③应税噪声产生地。

纳税人跨区域排放应税污染物，税务机关对税收征收管辖有争议的，由争议各方按照有利于征收管理的原则协商解决；不能协商一致的，报请共同的上级税务机关决定。

任务12 耕地占用税

1 认识耕地占用税

耕地占用税是为了合理利用土地资源，加强土地管理，保护耕地，对占用耕地建房或者从事非农业建设的单位或者个人征收的一种税。

耕地占用税的纳税人是在我国境内占用耕地建房或者从事非农业建设的单位或者个人。

耕地占用税的征税范围包括纳税人为建房或者从事其他非农业建设而占用的国家所有和集体所有的耕地。

耕地是指用于种植农作物的土地。占用鱼塘及其他农用土地建房或从事其他非农业建设，也视同占用耕地，必须依法征收耕地占用税。

2 耕地占用税计算

2.1 计税依据

耕地占用税以纳税人实际占用的耕地面积为计税依据，一次性缴纳。

2.2 税率

我国不同地区之间人口和耕地资源的分布极不均衡，有些地区人烟稠密，耕地资源相对匮乏；有些地区则人烟稀少，耕地资源比较丰富。各地区之间的经济发展水平也有很大差异。考虑到不同地区之间客观条件的差别以及与此相关的税收调节力度和纳税人负担能力方面的差别，耕地占用税在税率设计上采用地区差别定额税率。税率规定如下：

①人均耕地不超过1亩（1亩≈666平方米）的地区（以县级行政区域为单位，下同），每平方米为10～50元。

②人均耕地超过1亩但不超过2亩的地区，每平方米为8～40元。

③人均耕地超过2亩但不超过3亩的地区，每平方米为6～30元。

④人均耕地超过3亩以上的地区，每平方米为5～25元。

经济特区、经济技术开发区和经济发达、人均耕地特别少的地区，适用税额可以适当提高，但最多不得超过上述规定税额的50%，具体地区适用税率如表6-15所示。

表6-15 各省、自治区、直辖市耕地占用税平均税额

地区	每平方米平均税额/元
上海	45
北京	40

续表

地区	每平方米平均税额/元
天津	35
江苏、浙江、福建、广东	30
辽宁、湖北、湖南	25
河北、安徽、江西、山东、河南、重庆、四川	22.5
广西、海南、贵州、云南、陕西	20
山西、吉林、黑龙江	17.5
内蒙古、西藏、甘肃、青海、宁夏、新疆	12.5

2.3 应纳税额的计算

应纳税额=实际占用耕地面积×适用单位税额

【案例6-23】某市一家企业新占用19 800平方米耕地用于工业建设，所占耕地适用的定额税率为20元/平方米。请计算该企业耕地占用税应纳税额。

【解析】耕地占用税应纳税额=19 800×20=396 000（元）

3 耕地占用税税收优惠

3.1 免征

①军事设施、学校、幼儿园、养老院、医院（不包括职工住房）。

②建设直接为农业生产服务的生产设施占用前款规定的农用地的，不征收耕地占用税。

3.2 减征

①铁路线路、公路线路、港口、航道和飞机场跑道、停机坪减按每平方米2元的税额标准征收。

②农村居民经批准在户口所在地按照规定标准占用耕地，建设自用住宅，可以按照当地的适用税额标准减半征收耕地占用税。

4 耕地占用税征收管理

4.1 纳税义务发生时间

经批准占用耕地的，耕地占用税纳税义务发生时间为纳税人收到土地管理部门办理占用农用地手续通知的当天。

未经批准占用耕地的，耕地占用税纳税义务发生时间为实际占用耕地的当天。

4.2 纳税时限

纳税人应当自纳税义务发生之日起30日内申报缴纳。

4.3 纳税地点

纳税人占用耕地或其他农用地，应当在耕地或其他农用地所在地申报纳税。

耕地占用税和城镇土地使用税区别如表6-16所示。

表6-16 耕地占用税和城镇土地使用税区别一览表

	耕地占用税	城镇土地使用税
征税范围	从事非农业建设占用的耕地	使用城市、县城、建制镇和工矿区范围内（不包括农村）的土地
税率	定额税率	
计税依据	实际占用	
征税方式	一次性缴纳	每年一次
凡是缴纳了耕地占用税的，从批准之日起满1年后征收城镇土地使用税		

任务13 烟叶税

1 认识烟叶税

烟叶税是向收购烟叶产品的单位征收的税种，由烟草公司负担，征收烟叶税不会增加农民负担。

烟叶税的纳税人为在中国境内收购烟叶的单位（包括接受委托收购烟叶的单位）。

烟叶税的征税范围包括晾晒烟叶、烤烟叶。

2 烟叶税的计算

2.1 计税依据

烟叶税的计税依据是纳税人收购烟叶的价款总额，具体包括纳税人支付给烟叶销售者的烟叶收购价款和价外补贴。价外补贴统一暂按烟叶收购价款的10%计入收购金额。

2.2 税率

烟叶税实行比例税率，税率为20%。

2.3 应纳税额的计算

应纳税额=价款总额×税率=烟叶收购价款×（1+10%）×20%（烟叶税税率）

【案例6-24】某烟草公司2018年8月8日支付烟叶收购价款88万元，另向烟农支付了价外补贴10万元。请计算该烟草公司8月收购烟叶应缴纳的烟叶税。

【解析】应该缴纳的烟叶税=88×（1+10%）×20%=19.36（万元）

3 烟叶税的征收管理

3.1 纳税义务发生时间

烟叶税的纳税义务发生时间为纳税人收购烟叶的当天。烟叶税在烟叶收购环节征收，收购人收购烟叶即发生纳税义务。

3.2 纳税时限

烟叶税纳税人应当自纳税义务发生之日起30日内申报纳税。

3.3 纳税地点

烟叶税应当向烟叶收购地的主管税务机关申报纳税。

任务14 船舶吨税

1 认识船舶吨税

船舶吨税是对自中国境外港口进入境内港口的船舶征收的一种税。

对自中国境外港口进入中国境内港口的船舶（简称应税船舶）征收船舶吨税，以应税船舶负责人为纳税人。

船舶吨税的征税范围为自中国境外港口进入中国境内港口的船舶。

2 船舶吨税的计算

2.1 计税依据

吨税以船舶净吨位为计税依据。拖船按照发动机功率每千瓦折合净吨位0.67吨，无法提供净吨位证明文件的游艇按照发动机功率每千瓦折合净吨位0.05吨，拖船和非机动驳船分别按相同净吨位船舶税率的50%计征。

2.2 税率

吨税税目按船舶净吨位的大小分等级设置为4个税目。税率采用定额税率，分为30日、90日和1年三种不同的税率，具体分为两类：普通税率和优惠税率，我国国籍的应税船舶，船籍国（地区）与我国签订含有互相给予船舶税费最惠国待遇条款的条约或者协定的应税船舶，适用优惠税率；其他应税船舶，适用普通税率。我国现行吨税税率如表6-17所示。

表6-17 船舶吨税税目税率表

税目（按船舶净吨位划分）	税率/（元/净吨）					
	普通税率（按执照期限划分）			优惠税率（按执照期限划分）		
	1年	90日	30日	1年	90日	30日
不超过2 000净吨	12.6	4.2	2.1	9.0	3.0	1.5
超过2 000净吨但不超过10 000净吨	24.0	8.0	4.0	17.4	5.8	2.9
超过10 000净吨但不超过50 000净吨	27.6	9.2	4.6	19.8	6.6	3.3
超过50 000净吨	31.8	10.6	5.3	22.8	7.6	3.8

2.3 应纳税额的计算

吨税按照船舶净吨位和吨税执照期限征收，应税船舶负责人在每次申报纳税时，可以按照《吨税税目税率表》选择申领何种期限的吨税执照。应纳税额的计算公式：

应纳税额=应税船舶净吨位×适用税率

海关根据船舶负责人的申报，审核其申报吨位与其提供的船舶吨位证明和船舶国籍证书或者海事部门签发的船舶国籍证书收存证明相符后，按其申报执照的期限计征吨税，并填发缴款凭证交船舶负责人缴纳税款。

【案例6-25】甲国某货轮停靠上海港装卸货物，该货轮净吨位为9 000吨，货轮负责人已向我国海关领取了船舶吨税执照，在港口停留期限为30天。已知甲国与我国签订含有互相给予船舶税费最惠国待遇条款的条约。

【解析】查表6-15可知，净吨位为9 000吨，停留期限为30天的普通税率为4.0元/净吨，优惠税率为2.9元/净吨；由于两国订有“最惠国待遇”条约，应适用优惠税率，对该货轮应征船舶吨税=9 000×2.9=26 100（元）。

3 船舶吨税的税收优惠

下列船舶免征吨税：

①应纳税额在人民币50元以下的船舶。

②自境外以购买、受赠、继承等方式取得船舶所有权的初次进口到港的空载船舶。

③吨税执照期满后24小时内不上下客货的船舶。

④非机动船舶（不包括非机动驳船）。

⑤捕捞、养殖渔船。

⑥避难、防疫隔离、修理、终止运营或者拆解，并不上下客货的船舶。

⑦军队、武装警察部队专用或者征用的船舶。

⑧警用船舶。

⑨依照法律规定应当予以免税的外国驻华使领馆、国际组织驻华代表机构及其有关人员的船舶。

⑩国务院规定的其他船舶。

4 船舶吨税的征收管理

4.1 纳税义务发生时间

吨税纳税义务发生时间为应税船舶进入境内港口的当日，应税船舶在吨税执照期满后尚未离开港口的，应当申领新的吨税执照，自上一执照期满的次日起续缴吨税。

应税船舶在进入港口办理入境手续时，应当向海关申报纳税领取吨税执照，或者交验吨税执照（或者申请核验吨税执照电子信息）。应税船舶在离开港口办理出境手续时，应当交验吨税执照（或者申请核验吨税执照电子信息）。

应税船舶负责人申领吨税执照时，应当向海关提供下列文件：

①船舶国籍证书或者海事部门签发的船舶国籍证书收存证明。

②船舶吨税证明。

4.2 纳税时限

应税船舶负责人应当自海关填发吨税缴款凭证之日起15日内缴清税款。未按期缴清税款的，自滞纳税款之日起至缴清税款之日止，按日加收滞纳税款0.05%的税款滞纳金。

应税船舶到达港口前，经海关核准先行申报并办结出入境手续的，应税船舶负责人应当向海关提供与其依法履行吨税缴纳义务相适应的担保；应税船舶到达港口后，按规定向海关申报纳税。

人民币、可自由兑换货币；汇票、本票、支票、债券、存单；银行、非银行金融机构的保函和海关依法认可的其他财产、权利，可以用于担保。

4.3 纳税地点

船舶吨税纳税地点为入境地海关。海关征收吨税应当制发缴款凭证。

海关发现少征或者漏征税款的，应当自应税船舶应当缴纳税款之日起1年内，补征收数。但因应税船舶违反规定造成少征或者漏征税款的，海关可以自应当缴纳税款之日起3年内追征税款，并自应当缴纳税款之日起按日加征少征或者漏征税款0.05%的税款滞纳金。

海关发现多征税款的，应当在24小时内通知应税船舶办理退还手续，并加算银行同期活期存款利息。

应税船舶发现多缴税款的，可以自缴纳税款之日起3年内以书面形式要求海关退还多缴的税款并加算银行同期活期存款利息；海关应当自受理退款申请之日起30日内查实并通知应税船舶办理退还手续。

练习题

一、单项选择题

1. 下列各项中，属于土地增值税纳税人的是（　　）。
   A. 自建房屋转为自用
   B. 出租房屋的企业
   C. 转让国有土地使用权的企业
   D. 将办公楼用于抵押的企业，处于抵押期间
2. 某公司销售一幢已经使用过的办公楼，取得收入500万元，办公楼原价480万元，已提折旧300万元。经房地产评估机构评估，该楼重置成本价为800万元，成新度折扣率为五成，销售时缴纳相关税费30万元。该公司销售该办公楼应缴纳土地增值税（　　）万元。
   A. 21　　B. 30　　C. 51　　D. 60
3. 2019年3月某房地产开发公司转让5年前购入的一块土地，取得转让收入2 800万元，该土地购进价1 200万元，取得土地使用权时缴纳相关费用40万元，转让该土地时缴纳相关税费35万元。该房地产开发公司转让土地应缴纳土地增值税（　　）万元。
   A. 73.5　　B. 150　　C. 157.5　　D. 571.25
4. 以下不属于印花税的纳税义务人的是（　　）。
   A. 立合同人　　B. 代理人　　C. 立据人　　D. 领受人
5. 某建筑公司与甲企业签订一份建筑承包合同，合同金额6 000万元。施工期间，该建筑公司又将其中价值800万元的安装工程转包给乙企业，并签订转包合同。该建筑公司上述合同应缴纳印花税（　　）万元。
   A. 1.79　　B. 1.80　　C. 2.03　　D. 2.04
6. 某运输公司与甲公司2019年3月签订了一份运输保管合同，注明运费45万元，保管费10万元；以价值60万元的仓库作抵押，从银行取得抵押贷款80万元，并在合同中规定了还款日期，但是到了还款日期后，由于资金周转困难而无力偿还，按合同规定将抵押财产的产权转移给银行，签订了产权转移书据。该运输公司以上经济行为应缴纳印花税（　　）元。
   A. 265　　B. 575　　C. 580　　D. 665
7. 甲公司与乙公司分别签订了两份合同：一是以货换货合同，甲公司的货物价值160万元，乙公司的货物价值180万元；二是采购合同，甲公司购买乙公司60万元货物，但因故合同未能兑现。甲公司应缴纳印花税（　　）元。
   A. 150　　B. 600　　C. 1 050　　D. 1 200

8. 按照印花税的有关规定，下列各项中，正确的涉税处理是（　　）。
   A. 对技术开发合同，以合同所载的报酬金额和研究开发经费作为计税依据
   B. 货物运输合同，以收取的全部运费、装卸费和保险费为计税依据
   C. 财产租赁合同，以收取的租赁金额为计税依据
   D. 财产保险合同的计税依据中包含所保财产的金额
9. 下列各项中，符合房产税纳税人规定的是（　　）。
   A. 房屋出典的由出典人纳税
   B. 房屋出租的由承租人纳税
   C. 房屋产权未确定的由代管人或使用人纳税
   D. 个人无租使用纳税单位的房产，由纳税单位缴纳房产税
10. 下列关于房产税纳税人的说法中，错误的是（　　）。
   A. 产权属于国家所有的，由经营管理单位纳税
   B. 产权所有人不在房屋所在地的，由房产代管人或者使用人纳税
   C. 外商投资企业是房产税的纳税人
   D. 纳税单位无租使用免税单位房产，不需要缴纳房产税
11. 2019年某企业拥有房产原值共计8 000万元，其中生产经营用房原值6 500万元、内部职工医院用房原值500万元、托儿所用房原值300万元、超市用房原值700万元。当地政府规定计算房产余值的扣除比例为20%，2019年该企业应缴纳房产税（　　）万元。
   A. 62.4　　B. 69.12　　C. 76.8　　D. 77.92
12. 某企业2019年自建两栋完全一样的办公楼，6月30日建成投入生产经营，入账金额共为800万元；7月31日将一栋办公楼用于出租，从8月1日起收取租金，根据合同，收取3年租金7.2万元；已知当地政府规定的计算房产余值的扣除比例为30%。计算该企业2019年度应纳房产税（　　）元。
   A. 20 800　　B. 19 600　　C. 22 400　　D. 23 600
13. 下列各项中，不属于车船税征税范围的是（　　）。
   A. 三轮汽车　　B. 火车　　C. 摩托车　　D. 养殖渔船
14. 下列项目中，属于车船税的扣缴义务人的有（　　）。
   A. 办理交强险业务的保险机构　　B. 机动车的生产厂家
   C. 车辆船舶的所有人　　D. 车辆船舶的管理人
15. 下列车船中，以自重吨位作为车船税计税标准的有（　　）。
   A. 载客汽车　　B. 三轮汽车　　C. 船舶　　D. 拖船
16. 某运输公司拥有并使用以下车辆：农业机械部门登记的拖拉机5辆，自重吨位为2吨；自重5.7吨的载货卡车10辆；自重吨位为4.5吨的汽车挂车5辆。中型载客汽车10辆，其中包括2辆电车。当地政府规定，载货汽车的车辆税额为60元/吨，载客汽车的税额是420元/年。该公司当年应缴纳车船税为（　　）元。

A. 9 750　　B. 9 570　　C. 9 150　　D. 8 970

17. 某船运公司2019年年初登记注册的船舶如下：①净吨位为400吨的机动船15艘；②净吨位为28.5吨的小型机动船15艘；③净吨位为10吨的非机动驳船10艘；④100马力的拖船10艘。当地省政府规定，船舶的单位税额为净吨位每吨4元，则2019年该船运公司应缴纳的车船税为（　　）元。

A. 27 880　　B. 26 880　　C. 26 380　　D. 25 380

18. 某小型运输公司2019年7月底购入客货两用车3辆，可乘4人，自重吨位为每辆1.3吨，8月份取得车船管理部门核发的车船登记证书。当地政府规定，载货汽车的车辆税额为80元/吨，4人座客车每年税额200元，则2019年应缴纳的车船税是（　　）元。

A. 150　　B. 180　　C. 130　　D. 156

19. 土地使用权未确定或权属纠纷未解决的，以（　　）为土地使用税纳税人。

A. 原拥有人　　B. 实际使用人　　C. 代管人　　D. 产权所有人

20. 城镇土地使用税的计税依据是（　　）。

A. 实际占用的土地面积　　B. 居住面积

C. 建筑面积　　D. 使用面积

21. 甲公司与某事业单位共同使用一块面积为5 000平方米土地，其中事业单位占用70%，当地城镇土地使用税单位税额为5元/平方米。甲公司应纳城镇土地使用税为（　　）元。

A. 7 500　　B. 17 500　　C. 25 000　　D. 90 000

22. 甲公司实际占地面积共计20 000平方米，其中3 000平方米为厂区外的绿化区，2 000平方米为厂区以内的绿化用地，企业创办的学校和医院共占地1 500平方米，出租500平方米，无偿借出800平方米给部队作训练场地。所处地段适用年税额为3元/平方米。甲公司应缴纳的城镇土地使用税为（　　）元。

A. 40 000　　B. 42 000　　C. 41 000　　D. 44 100

23. 新征用耕地应缴纳的城镇土地使用税，其纳税义务发生时间是（　　）。

A. 自批准征用之日起满3个月　　B. 自批准征用之日起满6个月

C. 自批准征用之日起满1年　　D. 自批准征用之日起满2年

24. 下列关于城镇土地使用税纳税义务发生时间相关表述中不正确的有（　　）。

A. 纳税人出租房产，自交付出租房产之次月起计征城镇土地使用税

B. 房地产开发企业自用本企业建造的商品房，自房屋使用的当月起计征城镇土地使用税

C. 纳税人新征用的耕地，自批准征用之日起满1年时开始缴纳城镇土地使用税

D. 纳税人购置新建商品房，自房屋交付使用之次月起计征城镇土地使用税

25. 某企业占用林地140万平方米建造花园式厂房，所占耕地适用的定额税率为20元/平方米。该企业应缴纳耕地占用税（　　）万元。

A. 800　B. 1 400　C. 2 000　D. 2 800

26. 获准占用耕地的单位或者个人应当在（　　）缴纳耕地占用税。

A. 实际占用耕地之日起10日内

B. 实际占用耕地之日起30日内

C. 收到土地管理部门的通知之日起10日内

D. 收到土地管理部门的通知之日起30日内

二、多项选择

1. 下列政策符合《中华人民共和国城市维护建设税法》规定的有（　　）。

A. 城市维护建设税纳税地点与增值税、消费税（以下简称“两税”）纳税地点相同

B. 城市维护建设税的纳税期限与两税相同

C. 代征代扣两税时，同时代征代扣城市维护建设税

D. 代征代扣两税时，代征城市维护建设税适用委托方所在地税率

2. 法定减免中，列举的免税货物有（　　）。

A. 关税税额在人民币50元以下的一票货物

B. 外国政府、国际组织无偿赠送的物资

C. 进出境运输工具装载的途中必需的燃料、物料和饮食用品

D. 经海关核准暂时进境或者暂时出境，并在6个月内复运出境或者复运进境的货样、展览品、施工机械等

3. 下列项目中，属于资源税税目的有（　　）。

A. 原油　B. 天然气

C. 煤炭　D. 其他非金属矿原矿

4. 下列行为不征土地增值税的有（　　）。

A. 赠与直系亲属或承担直接赡养义务人

B. 个人之间互换自住房

C. 企业兼并转让房地产

D. 出租房

5. 下列各项目中，属于现行土地使用税政策的有（　　）。

A. 土地使用税的税额为年税额

B. 对纳税人计划占用的土地应征收土地使用税

C. 免税单位无偿使用纳税单位的土地，应照常纳税

D. 纳税单位无偿使用免税单位的土地，按使用面积纳税

6. 下列房产可以免交房产税的有（　　）。

A. 某省人民银行自用房产　B. 政府机关家属院的商店

C. 某出版社的读者服务部　D. 居民住所

7. 甲企业2018年购入一栋房屋，原值为200万元，2019年1月将其融资租赁给乙企

业，租期5年，年租金40万元，税务机关确定纳税人为承租方（该省规定允许按原值一次扣除20%）。下列处理正确的是（　　）。

A. 甲企业应纳房产税为0万元　　B. 甲企业应纳房产税为4.8万元

C. 乙企业应纳房产税为0万元　　D. 乙企业应纳房产税为1.92万元

8. 以下为应税凭证类别的有（　　）。

A. 购销合同　　B. 财产租赁合同

C. 借款合同（包括融资租赁合同）　　D. 股权转移书据

9. 转让土地使用权的单位应缴纳的税金有（　　）。

A. 增值税　　B. 土地增值税

C. 印花税　　D. 契税

三、判断题

1. 城建税是一种附加税，它可以视企业经营状况确定是否征收，对亏损企业免征城建税。（　　）
2. 在海关对进出口货物进行完税价格审定时，如海关不接受申报价格而认为有必要估定完税价格时，可以与进出口货物的纳税义务人进行价格磋商。（　　）
3. 海关将由于某种原因多征收的关税退还给原纳税人时，应当退还按同期存款利率计算的利息。（　　）
4. 资源税的应税矿产品，在缴纳增值税时均适用9%的低税率。（　　）
5. 土地增值税的纳税人转让房地产的增值额未超过扣除项目金额20%的，免征土地增值税。（　　）
6. 房地产开发公司建造的商品房的用地，不属于土地使用税的纳税范围。（　　）
7. 纳税单位和个人无租使用房产管理部门、免税单位及纳税单位的房产，应由房产所有权人代收代缴房产税。（　　）
8. 在应纳税凭证上未贴或少贴印花税票的或者已粘贴在应税凭证上的印花税票未注销或者未画销的，由税务机关追缴其不缴或者少缴的税款、滞纳金，并处不缴或者少缴的税款0.5～5倍的罚款。（　　）
9. 应税凭证，凡由两方或两方以上当事人共同书立的，其当事人各方都是印花税的纳税人，应各就其所持凭证的计税金额履行纳税义务。（　　）
10. 契税的征税对象是境内转移土地所有权和房屋所有权。（　　）

四、不定项选择

某市甲企业2018年年初占地面积为30 000平方米；生产用房原值共计1 000万元，账面已计提折旧100万元。拥有小汽车5辆（其中1辆为节约能源乘用车），2018年有关资料如下：

（1）原值为200万元的厂房自本年年初因房屋大修导致连续停用5个月，6月恢复使用。

（2）6月15日经批准新征用一块耕地，面积为800平方米，6月20日开始开发该耕地建造新办公楼。

（3）6月25日经批准新征用一块非耕地，面积为1 200平方米，7月5日，甲企业将该土地用于开发建造新厂房。

（4）7月15日从汽车销售公司购买3辆载货汽车和4辆挂车，每辆载货汽车整备质量为5吨，每辆挂车整备质量为4吨，取得汽车销售公司开具的“机动车销售统一发票”，并于当月取得了车辆的所有权。

（5）8月20日，甲企业将拥有的一辆小汽车过户转让。

已知：房产税税率为1.2%，当地省政府规定计算房产余值的扣除比例为20%。每辆小汽车车船税的年税额为480元，载货汽车的车船税年税额为60元/吨。城镇土地使用税的年税额为2元/平方米。当地耕地占用税税额为10元/平方米。

要求：根据上述资料，回答下列问题。

1. 根据房产税法律制度的规定，下列说法中正确的是（　　）。

A. 因房屋大修导致连续停用5个月的厂房，免征房产税

B. 因房屋大修导致连续停用5个月的厂房，应照章征收房产税

C. 甲企业2018年共应缴纳房产税8.64万元

D. 甲企业2018年共应缴纳房产税9.6万元

2. 根据城镇土地使用税法律制度的规定，下列说法中正确的是（　　）。

A. 甲企业新征用的耕地，自2018年6月起计算缴纳城镇土地使用税

B. 甲企业新征用的耕地，自2019年6月起计算缴纳城镇土地使用税

C. 甲企业新征用的非耕地，自2018年7月起计算缴纳城镇土地使用税

D. 甲企业新征用的非耕地，自2019年6月起计算缴纳城镇土地使用税

3. 下列关于甲企业2018年应缴纳城镇土地使用税和耕地占用税的说法中，不正确的是（　　）。

A. 应纳耕地占用税=800×10=8 000（元）

B. 应纳城镇土地使用税=30 000×2+1 200×2×6÷12=61 200（元）

C. 对于新征用的耕地可以在同一纳税年度内同时征收城镇土地使用税和耕地占用税

D. 对于新征用的耕地不可以在同一纳税年度内同时征收城镇土地使用税和耕地占用税

4. 根据车船税法律制度的规定，甲企业2018年应缴纳车船税（　　）元。

A. 3 260　　B. 3 040　　C. 2 850　　D. 2 800

五、案例题

1. 2019年，甲企业房产、土地、车辆的具体情况如下：

（1）期初，公司占地35 000平方米，其中厂内绿化用地5 000平方米，厂区外公共

绿化用地4 700平方米，附属学校占地7 000平方米，其余为生产车间和办公楼用地；5月16日公司新征非耕地5 000平方米用于扩大经营，每平方米价格0.6万元，签订合同并办好土地使用证；

（2）期初，生产车间和办公楼共计房产原值560万元。6月30日签订房屋租赁合同一份，将价值50万元的办公楼从7月1日起出租给其他企业使用，租期12个月，月租0.4万元；

（3）期初，公司原有接送职工上下班载客汽车4辆，净吨位为4.6吨的汽车挂车5辆，客货两用汽车1辆净吨位13吨。10月购进小轿车1辆自用，签订购销合同，合同注明价格150万人民币，当月办理了注册登记。

（其他相关资料：①适用城镇土地使用税税率每平方米5元；②公司所在省规定计算房产余值的扣除比例为20%；③当地政府规定的载客汽车车船税额是200元/辆，载货汽车单位税额为50元/吨）

根据上述资料和税法有关规定，回答下列问题：

（1）2019年应缴纳的城镇土地使用税?

（2）2019年应缴纳的房产税?

（3）2019年应缴纳的印花税?

（4）2019年应缴纳的车船税?

2. 某市一内资房地产开发公司2019年开发一个项目，有关经营情况如下：

（1）该项目商品房全部销售，取得销售收入4 000万元，并签订了销售合同。

（2）签订土地购买合同，支付与该项目相关的土地使用权价款600万元，缴纳有关费用50万元。

（3）发生土地拆迁补偿费200万元，前期工程费100万元，支付工程价款750万元，基础设施及公共配套设施费150万元，开发间接费用60万元。

（4）发生销售费用100万元，财务费用60万元，管理费用80万元。

（5）该房地产开发公司不能按转让项目计算分摊利息，当地政府规定的开发费用扣除比例为10%。

根据上述资料和税法相关规定，回答下列问题：

（1）该房地产开发公司2019年应缴纳印花税为多少万元?

（2）该房地产开发公司计算土地增值税时准予扣除的营业税、城建税和教育费附加共计为多少万元?

（3）该房地产开发公司计算土地增值税时准予扣除的扣除项目金额为多少万元?

（4）该房地产开发公司2019年应缴纳土地增值税为多少万元?

项目7 纳税警示教育案例分析

税取之于民，用之于民，依法纳税是每个公民应尽的义务，以任何方式逃避税收义务都是违反税收法律的行为，必将受到严惩。

2018年6月初，群众举报范冰冰“阴阳合同”涉税问题后，国家税务总局高度重视，即责成江苏等地税务机关依法开展调查核实，案件事实已经查清。从调查核实情况看，范冰冰在电影《大轰炸》剧组拍摄过程中实际取得片酬3 000万元，其中1 000万元已经申报纳税，其余2 000万元以拆分合同方式偷逃个人所得税618万元，少缴营业税及附加112万元，合计730万元。此外，还查出范冰冰及其担任法定代表人的企业少缴税款2.48亿元，其中偷逃税款1.34亿元。

对于上述违法行为，根据国家税务总局指定管辖，江苏省税务局依据《中华人民共和国税收征管法》第三十二条、五十二条的规定，对范冰冰及其担任法定代表人的企业追缴税款2.55亿元，加收滞纳金0.33亿元；依据《中华人民共和国税收征管法》第六十三条的规定，对范冰冰采取拆分合同手段隐瞒真实收入偷逃税款处4倍罚款计2.4亿元，对其利用工作室账户隐匿个人报酬的真实性质偷逃税款处3倍罚款计2.39亿元；对其担任法定代表人的企业少计收入偷逃税款处1倍罚款计94.6万元；依据《中华人民共和国税收征管法》第六十九条和《中华人民共和国税收征管法实施细则》第九十三条的规定，对其担任法定代表人的两户企业未代扣代缴个人所得税和非法提供便利协助少缴税款各处0.5倍罚款，分别计0.51亿元、0.65亿元。根据公开的信息显示，本次稽查税务处理决定书和处罚决定书累计金额如下：税款2.55亿元，滞纳金0.33亿元，罚款2.4+2.39+0.00 946+0.51+0.65（亿元）。依据《中华人民共和国行政处罚法》第四十二条以及《江苏省行政处罚听证程序规则》相关规定，9月26日，江苏省税务局依法先向范冰冰下达《税务行政处罚事项告知书》，对此范冰冰未提出听证申请。

9月30日，江苏省税务局依法已向范冰冰正式下达《税务处理决定书》和《税务行政处罚决定书》，要求其将追缴的税款、滞纳金、罚款在收到上述处理处罚决定后在规定期限内缴清。依据《中华人民共和国刑法》第二百零一条的规定，由于范冰冰属于首次被税务机关按偷税予以行政处罚且此前未因逃避缴纳税款受过刑事处罚，上述定性为偷税的税款、滞纳金、罚款在税务机关下达追缴通知后在规定期限内缴纳的，依法不予追究刑事责任。超过规定期限不缴纳税款和滞纳金、不接受行政处罚的，税务机关将依法移送公安机关处理。经查，2018年6月，在税务机关对范冰冰及其经纪人牟某广所控制的相关公司展开调查期间，牟某广指使公司员工隐匿、故意销毁涉案公司会计凭证、会计账簿，阻挠税务机关依法调查，涉嫌犯罪。现牟某广等人已被公安机关依法采取强制措施，案件正在进一步侦查中。国家税务总局已责成江苏省税务局对原无锡市地方税务局、原无锡市地方税务局第六分局等主管税务机关的有关负责人和相关责任人员依法依规进行问责。同时，国家税务总局已部署开展规范影视行业税收秩序工作。对在2018年12月31日前自查自纠并到主管税务机关补缴税款的影视企业及相关从业人员，免予行政处罚，不予罚款；对个别拒不纠正的依法严肃处理；对出现严重偷逃税行为且未依法履职的地区税务机关负责人及相关人员，将根据不同情形依法依规严肃问责或追究法律责任。

各税种违法案件为我们敲响了警钟，纳税人应提高法制意识，依法纳税，责无旁贷！

任务 1 增值税警示教育案例

增值税的税务违法行为主要是纳税人有纳税收入不开发票、虚开进项税额发票、骗取出口退税等。

【案例7-1】高某是新疆哈密市人，其通过朋友介绍认识了想在哈密市做生意的河北省廊坊人员李某和薛某。李某把河南人汪某的身份证件提供给高某，高某以开办公司为由向公安机关提供虚假地址为汪某办理暂住证件，然后聘用会计周某在工商部门注册了XC商贸公司，在税务机关办理税务登记。在两个月时间内，高某和会计周某在李某和薛某的授意下，使用他人身份证件，采用和注册XC商贸公司相同的手段，又先后设立DC商贸公司等5户企业并办理了税务登记。会计周某以6户企业的名义，先后向主管税务机关申领空白发票1 300多份交于高某，高某再通过快递方式将空白发票邮递给河北省廊坊市的薛某。薛某和李某根据其背后的主谋孙某的授意向河北、天津9户企业（注册地址均为虚假且经营场所关闭，已经走逃）开具货物名称为煤炭、废钢铁的增值税专用发票，且此9户企业已经认证抵扣1 300多万元进项税额，向河北13户企业（均为注册地址虚假或无实际经营能力的“空壳公司”）开具增值税专用发票437份，涉及金额4 200余万元，受票企业已认证抵扣增值税进项税额710余万元。

另外，辽宁和吉林两地17户企业向XC商贸公司累计开增值税发票763份，货物名称为稻谷、绿豆等，但是17户企业在开票以后，把相关货款随即转入个人开设的“中转账户”，在扣除固定比例金额后，最终转回XC商贸公司银行账户。

新疆哈密市石油新城国税局税务人员在分析企业涉税信息时发现XC商贸有限公司存在发票申请数量大、短期开票金额大以及未按期申报等多项疑点，移交给稽查部门，哈密市国税局与公安机关联系通报案情，请公安机关经侦支队提前介入，双方成立联合专案组，对XC商贸公司立案调查，发现了薛某、李某、孙某这一系列设立空壳公司、接受虚开发票和虚开没有业务的发票的情形，现在案件已经移交司法部门审理。

【解析】首先，个人要管理好自己的身份证，防止被不法分子利用用于注册公司逃避缴纳税款等违法行为；其次，不管是向他人虚开发票还是接受他人虚开的发票，如果没有相关的真实货物和资金回流都是违法行为，企业切不可触碰法律的红线；再次，会计应当坚持自己的职业操守，坚决不做违法的事情。

【案例7-2】厦门市税务机关联合公安机关，成功查处一起重大出口骗税案。以许某为首的犯罪团伙，有组织、有分工地通过买单、买票、买汇多种“交易”，非法取得出口货物报关单739份、虚开增值税专用发票5 990份，编造虚假出口业务5.66亿元，累计向税务机关申报退税8 575.95万元，骗取退税款8 039万元。在税务、公安和海关等多部门的联手打击下，该团伙最终难逃覆灭命运。厦门市中级人民法院依法作出判决，团伙主犯许某被判处有期徒刑10年6个月，团伙主要成员许某某和曾某分别被判处有期徒刑5年和有期徒刑2年6个月。

厦门税务机关接到上级下发的年度定向检查涉嫌骗税重点企业名单，迅速协同厦门公安、海关成立三部门联合检查组。按照下发的疑点信息，税务人员对辖区内具有骗税疑点的定向检查重点企业Q出口公司实施案前分析，经过外部核查摸清了该公司的人员架构，发现该企业背后有团伙控制，具有重大骗税嫌疑。按照预定计划，联合检查组发起突击行动，对Q出口公司所在地实施突击检查，当场抓获嫌疑人17人，查获电脑、U盘以及大量财务会计纸质资料，固定了相关账簿和电子数据等证据。为尽快查实案情，检查人员立即着手开展数据报表的核查工作，公安部门则对抓获的犯罪嫌疑人进行讯问。在查获的企业财务报表梳理工作中，检查人员发现大量详细记录厦门Q出口公司出口服装、帽袜信息的数据表格，其中包括Q出口公司的美元收汇记录表、银行现金日记账及经营记录表。让检查人员惊讶的是，这些数量众多的表格中详细记录了每一笔出口贸易的报关“贴点”、工厂开票“票点”、黑市价等疑似骗税信息。经对Q公司资料初步筛查，发现Q出口公司自2011年以来，共非法取得出口货物报关单739份、取得虚开增值税专用发票5 990份、发生虚假美元收汇业务265笔，涉及出口销售收入5.66亿元、共骗取国家出口退税款8 039万元，涉及山东、福建等地区的开票企业共计18家。为了查证Q出口公司内部美元记录表和银行现金日记账的真实性，检查人员到出口退税部门复印了企业的退税备案单证，到银行调取了Q出口公司及案件主要嫌疑人许某等人员的账户往来数据，进行交叉比对。检查人员将美元记录表中739份报关单的单号、协议号、品名、报关美金等信息，与出口退税备案单证中记录的信息进行比较，发现二者完全一致，初步证明现场查获美元记录表中记载的确实是Q出口公司的出口报关信息。为了核查报关人信息，检查人员又按美元记录表中备注的报关人“曾”“玲”等姓名信息作了汇总，以此为突破口，追踪核查，梳理出Q出口公司按照出口金额支付一定比例的费用，向“曾”“玲”等人购买出口货物报关单的具体操作流程和细节。在此过程中，税务、公安加强了信息共享和协同办案工作，当检查人员摸清Q出口公司买单交易情况后，公安部门传来涉案人员的供认信息，已在布控抓捕行动中落网的犯罪嫌疑人曾某，在讯问过程中承认了非法卖单的违法事实。

经查，以许某为首的违法团伙在2011年5月—2015年7月间，按照出口金额1美元支付2.2～14美分费用，向他人购买739份出口货物报关单，将他人实际出口的货物假报为Q出口公司自营出口的货物向海关报关出口。发票管理系统核查信息显示，截至2015年7月，Q出口公司共取得进项发票5 990份，这些发票主要来自山东、福建两省的18家服饰织造企业。在公安部门和当地税务机关的配合下，外调小组奔赴山东对14家企业进行了实地调查。检查人员调取14家企业的工商登记和征管信息发现，除N服饰织造公司仍正常经营外，其余13家开票企业均已注销和失联。外调小组立即会同公安人员到N公司进行实地调查。该公司所在的工业园内共有六栋厂房，但是只有正对着办公楼的两栋厂房开放，其余四栋厂房包括办公楼都门窗紧闭，公司的法定代表人、财务人员及业务人员都不见踪影。外调人员实地检查开放的两栋厂房发现，只有一栋厂房在开展生产，另一栋厂房只有几台闲置的机器。现场有一名临时厂长和十几名工人，正在进行纺织布等衣料半成品的生产。但N公司开给Q出口公司的发票，品名均为服装帽袜等成品衣物，N公司的产品与其开具的发票品名并不相符。此外，经外调人员的现场询问和统计，N公司的产能根本达不到开票金额的产量。随后，公安人员对临时厂长和现场工人分别作了笔录和讯问。临时厂长称他只是按照老板吩咐，临时在现场负责生产监管，对其他情况并不知晓。现场工人则表示，他们进厂时间还不到7天，工钱均是按天计算。

然而，发票管理系统信息显示，在之前近10个月的时间里，包括N公司在内的14户企业已经为Q出口公司开具增值税专用发票达869份。结合查账小组对Q出口公司财会资料和表格中发现的开票“返点”信息，以及其银行支付的流水数据，外调小组经调查证实，Q出口公司从山东14家上游企业取得的发票均系虚开发票。在没有实际货物往来的情况下，Q出口公司按照票面金额的6%～11.5%比例支付开票费，从18户上游企业虚开进项增值税专用发票5 990份，价税合计达6.38亿元。

检查人员根据Q出口公司在兴业银行、交通银行、邮储银行出口收汇的数据，制成了美元收汇总表。经统计比对，发现2011年7月—2015年7月间，Q出口公司的三个美元收汇账户共发生美元收汇业务265笔，汇入美金合计8 040万美元。其中，总额为7 725万美元的252笔收汇的结汇日期、结汇金额与突击检查中查获的企业内部美元记录表中的日期、结汇金额完全一致。梳理调查犯罪嫌疑人许某等人员的20多个银行账户后，该团伙买汇的资金支付方式浮出水面：Q出口公司美元账户收到外汇后，均在当天结汇至兴业银行等金融机构的人民币账户，并于当天或隔天就回款至团伙其他成员银行卡中，几经转款后，资金最终均按照买汇的黑市价金额转至卖汇人控制的银行卡账户中。据此检查人员确认，该团伙通过支付汇差的方式，非法购买外汇充当收入，以此制造收汇假象。厦门Q出口公司在没有真实购进和出口货物的情况下，伪造货物购销合同，以“买单”“配票”、虚假结汇等方式假报出口，累计向税务机关申报出口退税8 575.96万元，骗取退税款8 039万元。

厦门市税务机关依法对该企业作出追缴骗取的出口退税款8 039.44万元，处1倍罚款；不予退税536.52万元；依法停止该公司出口退税权3年的处理决定，并移送公安机关处理。厦门市中级人民法院审理案件后依法作出判决，以骗取出口退税罪判处Q出口公司罚金1 400万元，团伙主要成员许某被判处有期徒刑10年6个月，并处罚金1 310万元；许某被判处有期徒刑5年，处罚金人民币20万元；曾某被判处有期徒刑2年6个月。

【解析】出口退税是国家为了鼓励和支持出口企业，对出口货物退还其在国内生产、流通环节实际缴纳的增值税和消费税，使本国产品以不含税成本进入国际市场，从而增强竞争能力的一种税收优惠政策。然而近年来，一些不法分子利用国家出口退税政策，通过违法行为违规取得、骗取出口退税，严重扰乱了我国正常的金融秩序。建议出口企业，不要铤而走险，触碰法律的高压线，一旦被检查出来，不仅要补缴税款、滞纳金、罚金等，而且还会得到严厉的刑事处罚。

【案例7-3】国家税务总局深圳市税务局稽查局近期以企业疑点信息为线索，联合警方破获一起“家族企业”出口骗税案件。刘某梁等11名主要涉案违法人员因涉嫌虚开增值税专用发票、骗取出口退税、非法经营等违法行为，被公安机关依法刑事拘留。2021年1月15日，公安机关已将案件移交检察机关，目前检察机关正在审查起诉中。

2019年12月，国家税务总局深圳市税务局稽查局检查人员发现深圳市FL贸易发展有限公司（以下简称“FL公司”）等15户企业的经营信息异常。这些企业均为2015年1月前后注册的外贸型进出口企业，在2015年1月—2019年12月期间，15户企业累计出口产品涉及金额11.95亿元，申报出口退税1.48亿元。经过进一步分析，发现这15户企业疑点突出：

其一，15户企业出口经营的木家具、服装等产品是骗税违法多发的敏感商品类型。这些企业的上游供货商均集中在江苏、江西、河南、山东4个地区，且上游供货企业大多处于走逃或失联状态。经统计，15户疑点企业的上游企业中，非正常户达到了84户。

其二，15户企业的注册地址均集中分布在深圳市罗湖区同一栋办公楼的四个楼层，且法定代表人、股东、财务负责人和办税人员存在互相交叉任职情况。更为蹊跷的是，这15户企业当中，法定代表人和股东不少姓“刘”，交叉任职人员主要为刘某梁等5人。

稽查部门立即通过税警数据互换平台，将相关人员信息反馈给公安机关。公安机关通过关联分析、身份信息追踪核查后发现，刘某梁等5人之间为直系亲属关系，另外4人分别为其父亲、儿子和女儿。检查人员经过初步核查得知，这些疑点企业的实际控制人就是刘某梁。综合初期调查分析结果，检查人员认为，这15户企业的共同上游供货商大量处于走逃等非正常状态，企业集中注册且“一址多企”；主要人员交叉任职，并且存在亲属关系，各方迹象显示，15户企业具有骗税违法重大嫌疑。

深圳市税务局稽查局迅速向公安机关通报情况，依托四部门“打虚打骗”协作机制，税务机关和公安、海关、人民银行等部门抽调多名业务骨干成立联合专案组，对疑点企业立案调查。根据征管信息和预警分析线索，专案组了解到：FL公司主要从事外贸出口业务，法定代表人是刘某梁，从经营信息看，2015—2019年企业累计购进木家具、服装7 236.65万元，购进的货物全部出口，出口目的地有法国、韩国、印度尼西亚等10多个国家。FL公司成立以来，其报关单信息记录多达6 000多条。办案人员首先前往船运公司实地核查，并从船运公司提供的出口货物海运提单信息中，锁定了经手FL公司出口货物的货代公司。办案人员分析比对货物信息、约谈询问货代公司人员，最终发现这些出口货物主要来自于广州、佛山、东莞等地的28户企业。专案组连续作战，兵分多路前往这28户企业实际经营地点取证调查。结果显示，FL公司的出口货物确实来自于28户企业，这些企业也均有厂房和产品生产能力，但均不具备出口资质，28户企业均委托了同一家货代公司代办货物报关出口业务。调查结果显示，刘某梁控制的FL公司所“出口”的货物，实际并不由其生产经营，而是由不法货代公司借用他人企业“嫁接”“配单”而来。

涉税数据显示，FL公司与上游苏州NY实业有限公司（以下简称“NY公司”）等93家企业存在“货物”交易。为查清FL公司货物采购实情，专案组派出了4个外调组，分别前往江苏、江西、河南、山东4地区对与FL公司有购销往来的上游企业展开调查。同时，专案组还设立了资金查证组，对FL公司货款支付情况以及资金结汇情况实施全面调查。办案人员调查NY公司时发现，该企业一年缴纳的水费不足1 000元，也无社保缴费记录，经核实，该企业与FL公司之间并无实际购销业务，其向FL公司开具的发票为无货虚开。专案组在江苏、江西等地上游企业调查时发现，FL公司大部分上游“供货”企业，均存在注册地址虚假和从未在注册地址经营的情况，不少企业已失联，其经营业务均为虚假。与此同时，资金查证组的取证工作也取得了实质性进展。通过调查FL公司等企业的资金往来情况，办案人员发现NY公司等企业收到FL公司支付的“货款”后，资金随即被转至多个私人银行账户，最后均汇回刘某梁私人账户，并最终流回FL公司账户，形成完整的资金回流。为寻找更多证据，专案组对刘某梁团伙控制的FL公司的交易账户范围进行了扩展核查，发现与FL公司及其相关人员有关的银行账号有39个，通过比对账户流水情况，从中筛选出资金和外汇收支较为频繁、金额较大的疑点银行账户17个。专案组分析后发现，这些账户2015—2019年共发生交易3 236笔，累计收支金额达1.79亿美元。经核查，这些疑点账户清一色全是离岸账户，并且开户银行所在地并不是FL公司出口货物目的地，而是集中在中国香港，而这些疑点账户其中的一部分账户，在此之前就已被列入反洗钱部门非法买卖外汇重点监控对象名单中。专案组认为，这些疑点账户以及相关资金交易，极有可能与地下钱庄非法买卖外汇有关。

随后，办案人员将17个疑点账户的“美金汇兑”数据，与刘某梁等涉案关键人物的银行流水进行了比对和追踪，最终结果证实了办案人员的判断——FL公司等企业的“出口结汇”均来自位于香港的疑点境外离岸账户，刘某梁团伙以此营造出口结汇假象，以伪造业务骗取出口退税。至此，刘某梁团伙控制15户企业，采用“配货”“配票”方式伪造业务，骗取出口退税的作案手段全部浮出水面。鉴于案件环节复杂，涉及地区广、人员众多，作案时间跨度长，为确保打击效果，专案组决定成立五个行动小组，同时实施收网抓捕行动。收网行动当天，涉案企业所在地区共出动税务人员、公安干警200多人，在多地税警的协同努力下，成功抓获包括刘某梁骗税团伙、周某杨虚开团伙、詹某地下钱庄团伙等在内的涉案人员共77名。刘某梁为首的11名主要涉案违法人员落网后，对其通过虚开、伪造资金流等方式骗取出口退税的违法事实供认不讳。经查，刘某梁等人以家族关系为纽带，组成“家族式”违法团伙，家族成员分工明确，各自负责转账、结汇、办理涉税事务等工作。该团伙注册成立FL公司等15家具有退税资质的外贸企业后，通过支付手续费的方式，从上游93户企业取得品名为木家具、服装的虚开发票，再通过“配单”和虚假结汇的方式，虚构出口业务，涉嫌骗取出口退税1.48亿元。

【解析】本案是深圳税务、公安、海关和人民银行四部门协作破获的一起虚假出口木家具、服装的出口骗税案。案件具有作案手法隐蔽、涉案团伙多、涉及区域广等特点。本案得以顺利查处，多部门协作是关键。税务部门的涉税信息分析手段、公安部门的侦查技术手段、海关的智慧缉私技术、人民银行的反洗钱打击等手段，相互依托、优势互补，促成了案件的快速查办和突破。这足以证明国家查处涉税违法行为的决心和行动力，纳税人不要铤而走险，以身试法，一旦被查，不仅要补缴税款、滞纳金、罚金等，而且还会受到严厉的刑事处罚。

任务 2 消费税警示教育案例

消费税的税务违法行为主要有纳税人隐瞒收入或不确认销售收入，变换消费品名称以适用低税率等。

【案例7-4】A公司是某省甲市的成品油经销企业，同时兼营销售不应税的芳烃类化工产品。B公司是某省乙市的炼油生产企业，生产销售成品油，同时生产芳烃类化工产品。2016年3月—2017年1月，A公司从B公司购入汽油2 100吨，柴油1 600吨，芳烃类化工产品1 900吨，然后再销售给用油企业。B公司为了避免缴纳成品油生产环节的消费税，提出给A开具增值税专用发票时，把销售给A的成品油的汽油和柴油的品名写为不用缴纳消费税的芳烃，合计每吨汽油和柴油比原价格少收102.9元，A公司同意后，从B公司购入的汽油和柴油都写为芳烃，然后再销售给用油企业，按实际货物汽油和柴油开具增值税专用发票给用油企业。

2017年3月，国税局对成品油消费税风险防控范围内的企业进行随机分类排查，发现了A企业同名货物的进销存不符合“期初库存+当期购进−当期销售=期末库存”的逻辑关系，涉嫌变名销售。主管税务机关责令A公司补缴汽油消费税4 430 496元，柴油消费税2 257 920元，合计补缴消费税6 688 416元，并且移交公安机关继续查处。并向乙市B公司的主管税务机关通报了相关情况，B公司的主管税务机关继续依法查处B公司的违法行为。

【解析】为了防止成品油行业利用贸易企业不缴纳成品油消费税的漏洞，国家税务总局2012年11月6日发布了《关于消费税有关政策问题的公告》（国家税务总局公告2012年第47号），规定“工业企业以外的单位和个人将外购的消费税非应税产品以消费税应税产品对外销售的，视为应税消费品的生产行为，按规定征收消费税”，本案中A公司为贸易企业，且把从B公司购入的不缴消费税的“芳烃”作为需要缴纳消费税的汽油和柴油销售，应当按照47号公告缴纳汽油和柴油的消费税。A公司起初的动机是为了少付油款，但是这种违法操作一旦被税务机关查处，就需要依法缴税，司法机关也会倾向于认为“变名销售”的行为是偷税行为，涉嫌构成逃避缴纳税款罪。纳税人应该依法诚实纳税，侥幸之心不可有，否则很可能“偷鸡不成蚀把米”。

任务3 企业所得税警示教育案例

企业所得税的税务违法行为主要有纳税人故意不列收入，或少列、隐瞒收入，多列支出或虚构支出，关联交易等。

【案例7-5】A公司是北京市一家园林绿化企业，收入主要来源于绿化工程、绿化养护和租赁服务。其中，绿化工程大部分为政府工程，与区域经济联系紧密。2013年取得绿化工程收入33 222万元、租赁收入8万元、绿化养护服务收入91万元。该公司2013年收入虽超过3亿元，但同年申报的企业所得税应纳税款为零，收入利润率畸低。A公司承接的很多绿化工程在北京市的远近郊区，很多需要与乡镇、农户打交道，买他们的树苗，但是很多卖树苗的人开不出发票，于是卖树苗的人就采用其他方式找票来卖树苗，只要是真票，A公司就收下当作进项抵扣。

北京市地税局第三稽查局根据市局提供的线索，通过对该公司的收入费用展开核查，最终查明A公司共取得48张问题发票，涉及金额3 600余万元，A公司存在重大“偷税”嫌疑。但A公司称其有关苗木支出是真实的。检查组后以证据为基础，成功复原了A公司采购苗木的真实情况：原3 610万元问题发票中，有2 583万元支出符合税法规定，可以在企业所得税税前扣除；有1 027万元支出未能证实其真实性，不允许在税前扣除。综合其他税款、弥补亏损等因素，本案最终查补企业所得税228万元，加收税款滞纳金31万元。

【解析】《国家税务总局关于加强企业所得税管理的意见》（国税发2008年88号）（以下简称88号文）中提出：“加强发票核实工作，不符合规定的发票不得作为税前扣除凭据。”该规定只是限制了不符合规定的发票作为税前扣除的凭据，但并未表明，发票是唯一合法、有效的凭证，也没有排除商业合同、付款凭证等其他原始凭证可以作为税前扣除的有效凭证。《中华人民共和国企业所得税法》第八条规定：“企业实际发生的与取得收入有关的、合理的支出，包括成本、费用、税金、损失和其他支出，准予在计算应纳税所得额时扣除。”该法规明确规定了对支出可以税前扣除的三项要求：真实性、相关性、合理性。本案中，A公司证实其真实性和合理性的支出就可以税前扣除。

在实践中，企业一方面应寻求正规的供应商进行交易活动，以确保可取得合规的发票可在所得税前列支。另一方面，企业在取得合规的发票存在困难时，应在日常管理中注意保留和保存与支出相关的其他资料（如合同、支付凭证、收款确认函或收条、银行或其他电子支付记录或截图等），以证明该支出的真实性、合理性和业务相关性。

【案例7-6】2018年广东省东莞市税务机关按照上级下发的股权交易检查任务，对K投资有限公司实施税收检查，确认该公司虽在减持股票后向税务机关补缴了税款，但其在检查年度通过多列支利息费、顾问费等方式，少缴企业所得税。针对企业违法行为，税务机关依法对其作出补缴企业所得税7 454.2万多元，加收滞纳金1 762.7万多元的处理决定，目前税款已全部追征入库。

根据国家税务总局股权转让专项检查的要求，东莞市税务机关对K投资公司历史年度股权转让行为实施税收检查。查前，检查人员通过深交所网站了解到，2014年12月，K投资公司通过协议转让方式将其控股的广东JL发展股份有限公司（以下简称JL股份公司）6 600万股股份，以10.13亿元的价格转让给了自然人杨先生。在随后的实地核查中，K投资公司出示了企业自查后于2017年2月21日补缴金融业营业税完税凭证。企业人员向检查人员解释称，K投资公司进行2014年汇算清缴时，已经就该笔股权减持行为申报缴纳了企业所得税1 798万多元，但因为对相关税收法规不了解，漏缴了金融业营业税，随后在税务人员指导下，企业核定了该笔股权减持需补缴的营业税，补缴了税款和滞纳金。经核实，检查人员发现，K投资公司在减持JL股份公司股票之后，确已足额缴纳了营业税及附加4 356万元、滞纳金1 457.13万元。企业股权交易不存在涉税问题，但企业其他经营活动和账目处理有无问题？工作细致的检查人员没有就此止步，调取了K投资公司2014—2015年度企业账簿和凭证，继续进行仔细核查。K投资公司成立于2000年12月，公司类型为有限责任公司，注册资本8亿元，经营范围为科教投资、房地产投资和实业项目投资等。企业账目显示，K投资公司的实收资本为8亿元，但“长期股权投资——投资成本”这项表示企业实际资金支出额的会计项目中，金额却常年保持在15.5亿元。观察K公司的财务报表，检查人员发现，该公司除在2014年发生过一笔减持股票的业务外，在2014年1月—2015年12月期间投资活动不多，但在此期间企业却向银行、证券公司等金融机构大量融资。那么，该企业借来的资金都去了哪儿？带着这个疑问，检查人员对K投资公司股权结构做了调查，了解到K投资公司的股东是东莞市HS实业发展公司（以下简称HS公司）和东莞市YH实业公司（以下简称YH公司）。结合账目数据和外部信息，检查人员分析发现，K投资公司账目中存在不少问题：

其一，K投资公司向银行、证券公司等多家金融机构贷款并支付利息费用，但K投资公司借款并非全部用于本公司生产经营，而是被两家股东YH公司和HS公司长期占用。虽然在此过程中，两家股东公司有借有还，但K投资公司“其他应收款”项目始终保持较高余额。以2015年为例，K投资公司“长期股权投资——投资成本”科目额度均保持在15亿元左右，全年向金融机构借款累计额度超过39亿元。YH公司和HS公司2015年12月31日的资产负债表信息显示，共计占用K投资公司资金逾20亿元人民币，而K投资公司将这些借款资金产生的近2亿元利息支出全部计入当年财务费用并在税前进行了列支。根据企业所得税法第八条和企业所得税法实施条例第二十七条相关规定，企业发生的相关费用应与企业现在和未来取得收益直接相关，否则不能进行税前扣除。检查人员认为，K投资公司的借款超过了自身经营需要，被股东企业长期占用并且未合理分担利息支出，因此企业需要对税前不合理列支的财务费用进行纳税调整。

其二，K投资公司自2014年起，筹划其控股子公司JL股份公司向特定对象非公开发行股票募集资金和收购目标公司等方案，并于2014年和2015年分别向7家财务咨询公司、证券公司和会计师事务所支付了总计380万元和8 460万元的顾问费、咨询费，K投资公司将这些费用全部列入公司“管理费用——中介费”科目，进行了税前扣除。检查人员认为，该公司支出的巨额顾问费、咨询费不具有合理性。2012年起，K投资公司成为JL股份公司第一大股东，持股份额达到42.65%，并且K投资公司实际控制人张某长期担任JL股份公司董事长一职，K投资公司对JL股份公司的经营、财务状况应充分掌握。作为非公开发行股票的策划方和认购方之一，K投资公司完全不需要发起对JL股份公司的相关调查。同时，在JL股份公司非公开发行股票过程中，通过中介途径向社会寻找战略投资者、募集资金收购目标企业，JL股份公司都是实际的融资主体，是募集资金和并购目标企业的受益方，JL股份公司有义务聘请中介公司向战略投资者发布相关调查报告，有责任对收购目标企业进行可行性调查，但K投资公司作为JL股份公司控股方，不应越俎代庖，代JL股份公司履行相关义务。依据企业所得税法第八条和企业所得税法实施条例第二十七条相关规定，检查人员认为，K投资公司通过“管理费用——中介费”科目，为下属JL股份公司非公开发行股票和收购目标公司等活动列支相关顾问费、咨询费共计8 840万元不合理，应予以纳税调整。

确认K投资公司存在多列成本费用、少缴纳企业所得税问题之后，检查人员约谈了K投资公司财务负责人。企业财务负责人承认在顾问费、咨询费核算方面存在问题，但并不认同检查人员“多列支利息费用少缴企业所得税”的意见，辩称HS公司和YH公司是K投资公司的股东，3家企业均属同一集团，HS公司和YH公司只是通过融资能力较强的K投资公司统一融资，为内部管理方便，利息费用由K投资公司统一支付并入账，不存在多列支费用问题。检查人员出示了外调取得的HS公司和YH公司占用K投资公司资金的会计凭证、出借归还记录等证据材料，并重点向企业人员讲解了企业所得税法第八条和企业所得税法实施条例第二十七条法规。向企业人员表示，依照法规规定，K投资公司所融资金并没有全部用于自身投资经营，而大部分被HS公司和YH公司经营占用，这些资金取得收益与K投资公司经营无关，因此这些资金的利息费用不能在K投资公司税前扣除。经过检查人员辅导，K投资公司最终认可了检查人员对于企业税前多列支利息费用的意见。

虽然企业承认在费用列支方面存在问题，但由于K投资公司检查期向多家金融机构先后申请了数十笔贷款，如何计算股东公司占用资金数额，准确确定不合理利息支出费用具体金额，成为摆在检查人员面前的一道难题。检查人员经过研讨，决定首先厘清K投资公司股东的资金占用额，然后采用加权算术平均法，测算出应由其股东公司负担的利息费用，再以此为基础核算K投资公司应调增企业所得税应纳税所得额。根据企业提供的贷款明细表和合同，检查人员梳理出了K投资公司70多笔贷款的计息金额、贷款天数和利息数额，通过加权算数平均法计算出K投资公司的加权平均月利息率。随后，结合K投资公司两家股东公司检查年度每月期初“其他应收款”余额进行测算，最终核算出K投资公司税前多分摊的利息费用。经核算，检查期内K投资公司税前共多列支利息费用2.47亿多元，由于计息方式与金融机构保持一致，且充分考虑了各项贷款的权重，K投资公司财务人员最终认可了检查人员的核算结果。

最终确定K投资公司检查年度内税前共多列支利息费用、顾问费和咨询费合计3.36亿元。针对企业违法行为，东莞市税务机关依法对企业作出补缴企业所得税7 454.2万多元，加收滞纳金1 762.7万多元的处理决定。

【解析】企业在缴纳企业所得税时如果有规避的动机，在应纳税所得额计算过程中减计收入和增加费用支出是常见的手法，尽管支出方面可以取得合法票证，看似完美，却有可能缺乏合理性、科学性，税务机关及其工作人员即使不使用数学模型，单凭查办案件经验就可以顺藤摸瓜找出企业的问题所在，企业为了一时侥幸，往往要付出更大代价。

【案例7-7】根据上级机关移交线索，大连市税务机关对A投资有限公司实施税收检查，查实该企业存在税前违规扣除投资损失、收到大额违约金未确认收入申报等违法事实。该局依法对该公司作出追缴企业所得税1 394万元，加收滞纳金248万元的处理决定。

大连市税务机关检查人员接到国家税务总局交办的专项检查任务：大连A投资有限公司（以下简称A投资公司）存在减持和协议转让股权行为，但未见该企业申报缴纳相关税款的记录，企业涉嫌少缴税款。接到检查指令，大连市税务机关迅速成立检查组，对A投资公司2014—2016年的涉税情况立案检查。检查人员了解到，A投资公司成立于1999年，注册资金1亿元，主营业务为项目投资、管理及进出口贸易等。

因案源疑点是企业股权转让行为涉嫌未缴税，而企业股权业务一般有特定的会计科目来进行会计核算，股权投资时一般记入长期股权投资项目，股权收益、损失和转让所得一般记入投资收益科目。因此，检查人员决定根据企业会计账簿上“长期股权投资”和“投资收益”科目所记载的经营信息，逐一核实企业股权转让业务是否存在问题。检查人员发现，A投资公司的资产负债表、利润表信息显示，A投资公司2014—2016年长期股权投资持续减少，平均每年减少1.5亿元，投资收益连年增加，2015年投资收益甚至达到了8.3亿元。A投资公司长期股权投资的明细账显示，作为以投资为主业的企业，A投资公司持有企业股权众多，持有时间长，并且基本均是2014年以前的投资。同时，股权形式具有多样化特点，既有上市公司的股权也有非上市公司的股权，既有境内企业的股权也有境外企业的股权，并且股权转让的方式也不同，有书面协议转让也有股票市场转让。2014—2016年，企业股权变动较为频繁，共减持了10多家公司股权。

企业所得税法规定，发生股权转让时主要对企业股权转让所得征税，股权转让所得一般为股权转让收入减去股权成本，股权转让所得在会计核算上记入企业投资收益科目。有没有所得，所得计算准不准确，是征收企业股权转让所得税的关键。面对企业复杂的股权业务，检查人员经过分析，决定让A投资公司提供股权转让的所有合同和交易记录，同时将减少的股权与企业投资收益科目信息比对分析，以核查企业股权转让所得情况。检查人员发现，A投资公司2016年“投资收益”科目记载了两笔金额，合计-760余万元。这是什么业务？为何是负数？难道是转让股权低于成本价吗？经向A投资公司财务人员了解，结合2016年企业所得税年度申报表资产损失税前扣除明细表，检查人员了解到，这笔账目是A投资公司境外股权投资不当，损失了760余万元，企业已在2016年企业所得税汇算时作了税前扣除处理。按照《企业资产损失所得税税前扣除管理办法》（国家税务总局2011年第25号公告）规定，股权投资损失属于资产损失，应按规定的程序和要求向主管税务机关提供资产损失证据材料，如股权投资计税基础证明材料、被投资企业破产公告等，并进行专项申报方能在税前扣除。但A投资公司仅向检查人员提供了董事会同意该项损失作为投资损失核算的决议，却无法按照税法规定出示上述股权投资损失的相关证据材料，并且未按规定向主管税务机关作专项申报。因此，检查人员认为，企业该笔760余万元股权投资损失不符合税前扣除规定，应进行企业所得税纳税调整。初查告捷，尽管A投资公司其他股权交易在“投资收益”科目中均有所得记载，但其所得计算是否准确，仍需进一步核实。检查人员继续对相关合同、交易记录、资金往来和账载数据等核查比对，同时联络市场监管部门等第三方开展外围调查，企业检查期内其他股权转让收入核算准确，没有发现问题。

按照企业所得税法规定，股权转让允许扣除的成本应是历史成本，即初始投资成本。为了将案件查深查透，检查人员并未就此止步，提请审批后，将企业检查年限扩展到A投资公司具有转让股权行为的初始年度2007年。A投资公司自2007—2016年间，发生了多次投资和转让股权活动，每家企业股权的初始投资成本究竟是多少，企业财务人员也无法说清楚。在此情况下，要核实交易情况，需要检查人员逐年统计梳理企业持有的各企业股权的长期股权投资成本。

检查人员仔细查阅了企业众多账簿中的大量数据。在此过程中，一笔异常会计记录引起了检查人员的注意：A投资公司2014年“其他应付款”科目中有一笔5 000万元的资金，长年挂账，一直未作处理。账目明细信息显示，这笔资金的付款方为外地的M投资公司。对此，财务人员解释称，2014年12月，A投资公司与M投资公司签订股份转让协议，拟向M投资公司转让其持有的B公司股票，双方约定：“如购买方未能在约定时间内支付股权转让款，则其向A投资公司支付的5 000万元定金不予退还。”最终因M投资公司未能履约，该项股权转让交易搁浅。按协议，A投资公司未退还对方定金，这笔5 000万元款项正是该笔定金。既然购买方未能履约，A投资公司为何未将该笔违约赔偿金作为收入处理？对此，财务人员解释称，2015年1月，因M投资公司法定代表人涉嫌犯罪，调查期间这笔款项被公安机关冻结了，因担心有后续问题，谨慎起见，企业没有确认该项收入并申报缴纳企业所得税。随后，企业人员出具了公安机关冻结该笔资金的执法文书。尽管A投资公司解释合理，提供材料也充分，但工作细致的检查人员还是到M投资公司所在地公安机关外调。经确认，该款项只冻结了6个月，早已于2015年8月解除冻结。检查人员认为，合同业务已终止，企业款项已收到，5 000万元应作为违约金收入确认企业所得，按照税法规定，企业应就该项收入申报缴纳企业所得税。对于检查人员的处理意见，A投资公司表示有异议。为此，检查人员对企业开展了解理式约谈，在向企业负责人和财务人员出示外调等证据的同时，耐心讲解相关税收政策，言明涉税违法给企业发展带来的巨大风险。最终A投资公司人员承认该笔违约金在收入核算和申报方面存在问题，并表示一定积极配合检查人员补缴税款。值得一提的是，核查过程中，检查人员发现检查年度A投资公司因核算错误少计成本184万元。检查人员向A投资公司说明了情况，表示按照税法规定，允许企业在计算需补缴的企业所得税时，调减应纳税所得额184万元。

最终，大连市税务机关依法对A投资公司作出处理决定：对2016年企业违规税前扣除的股权投资损失760余万元、企业收到的5 000万元违约金收入进行纳税调增，合计调增企业所得税应纳税所得额5 760余万元；对2016年少计的股权成本184万元，调减企业所得税应纳税所得额。A投资公司补缴企业所得税1 394万元，加收滞纳金248万元。A投资公司对处理决定未提出异议，并在规定的期限内如数补缴了税款。

【解析】根据《国家税务总局关于贯彻落实企业所得税法若干税收问题的通知》（国税函〔2010〕79号）规定“三、关于股权转让所得确认和计算问题：企业转让股权收入，应于转让协议生效、且完成股权变更手续时，确认收入的实现。转让股权收入扣除为取得该股权所发生的成本后，为股权转让所得。企业在计算股权转让所得时，不得扣除被投资企业未分配利润等股东留存收益中按该项股权所可能分配的金额。”

根据《国家税务总局关于企业取得财产转让等所得企业所得税处理问题的公告》（国家税务总局公告2010年第19号）规定：企业取得财产（包括各类资产、股权、债权等）转让收入、债务重组收入、接受捐赠收入、无法偿付的应付款收入等，不论是以货币形式、还是非货币形式体现，除另有规定外，均应一次性计入确认收入的年度计算缴纳企业所得税。

根据《中华人民共和国企业所得税法》第六条规定，企业以货币形式和非货币形式从各种来源取得的收入，为收入总额。包括：销售货物收入、提供劳务收入、转让财产收入、股息、红利等权益性投资收益、利息收入、租金收入、特许权使用费收入、接受捐赠收入、其他收入。根据《中华人民共和国企业所得税法实施条例》第二十二条规定，企业所得税法第六条第（九）项所称其他收入，是指企业取得的除企业所得税法第六条第（一）项至第（八）项规定的收入外的其他收入，包括企业资产溢余收入、逾期未退包装物押金收入、确实无法偿付的应付款项、已作坏账损失处理后又收回的应收款项、债务重组收入、补贴收入、违约金收入、汇兑收益等。

任务 4 个人所得税警示教育案例

个人所得税的税务违法行为主要有纳税人以各种名目支出来抵销或隐瞒正常的计税收入，以及现金交易账外经营逃避纳税义务等。

【案例7-8】国家税务总局杭州市税务局第二稽查局成功查处一起企业逃避代扣代缴个人所得税案件。在涉案企业百般遮掩，并试图通过“设计”诉讼掩盖事实的情况下，检查人员缜密调查，在法院帮助下，确认了涉案企业未按规定代扣代缴个人所得税的违法事实，并依法对涉案企业作出补缴个人所得税216万元、罚款108万元的处理决定。

杭州市W创投公司，主要从事创业投资和为其他企业提供投资咨询服务业务。该公司自2010年开业后至2014年期间连续亏损，2015年开始实现盈利，其中2015年应纳税所得额6 050万元，2016年应纳税所得额4 015万元。不久前，根据浙江省税务机关专项检查抽查计划，W创投公司作为省级重点税源企业被列入专项检查名单，核查企业2014—2016年纳税情况。根据专项检查程序，该公司自查无问题后转入重点检查阶段。检查人员针对其业务特点拟订了检查计划，准备逐一梳理该公司检查年度投资项目，并采用逆查法审查盈利项目，分析利润来源。

检查人员发现，该公司2015年的主要盈利来源是减持了Z公司限售股股票。W创投公司持有Z公司股份源于该企业风投的D公司被Z公司整体收购，获得这笔投资收益后，当时W创投公司并未就减持行为申报缴纳营业税及附加税费。对此，W创投公司表示尽快补缴税费。但随着检查深入，细心的检查人员发现，有一笔与这个风投项目相关的往来业务，在会计处理上“形迹可疑”：2015年1月，W创投公司突然对账目中记载的D公司法定代表人王某的680万元借款进行了科目调整，调整后这笔借款变成了与该公司经营项目无关的营业外支出。W创投公司对D公司的风投项目已经成功并有盈利，为何与D公司法定代表人王某之间有资金支出？这笔款项到底是什么性质？W创投公司为什么要作会计调整？检查人员疑心顿起。为了弄清楚这笔款项的来龙去脉，检查人员核查了W创投公司以前年度的涉税信息，核查到这笔680万元款项最早产生于2011年，当时W创投公司与D公司法定代表人王某达成一项风险投资协议，约定W创投公司以现金投资的方式取得D公司25%股权，与此同时W创投公司向王某出借680万元供其个人使用。随后，W创投公司将这笔借款记在与安徽某公司的往来账目上，并在分录摘要中记明是王某借款。此后，该项账目一直无变动，直到2015年1月W创投公司突然将其由借款调整为营业外支出。检查人员随即约谈了W创投公司会计李某，李某称时间有些长了，该项业务记得不是很清楚。但他表示，这笔680万元的款项确实为W创投公司给王某的借款。王某是D公司经营核心人员，D公司能否上市是

W创投公司该项风险投资能否成功的关键。因此，当王某提出经营资金紧张时，公司就提供了借款，当时王某要求W创投公司将这笔借款先记在与安徽某公司的往来账目上。随后，李某向检查组出示了一份公司与王某2011年签订的《借款协议》，协议显示，W创投公司向王某提供680万元借款，还款期限是2013年12月31日。双方约定，王某作为D公司法定代表人如果积极促成D公司在2013年底前上市，680万元将转为对王某的奖励，可不予归还；如未在约定时间之前上市，王某应归还680万元，并按年支付10%利息。李某称，当时双方约定，《借款协议》有两个限定条件：其一，D公司应于2013年12月31日前完成上市；其二，上市是指公司直接上市。这两个限定条件同时满足，该笔款项才可能转为奖励款。但实际的情况是：D公司与Z公司于2014年3月签订《资产购买协议》，并且于2015年1月以被Z公司收购的方式上市，上市的时间远远晚于协议约定的2013年12月31日。同时，被收购上市也不满足双方协议所约定的"直接上市"条件，因此，这笔款项仍属于借款。李某称，当时做账会计在2015年对这笔款项调账处理，是一项错误操作，W创投公司将对该笔账目再次调整，并保留向王某追讨680万元借款及利息的权利。

这笔款项果真是逾期未还的借款吗？企业账目调整是无心失误，还是有意为之？虽然企业提供了《借款协议》，但种种疑点并未消除检查人员心中疑惑。不久后，W创投公司聘请的代理律师和税务师，向检查组递交了一份法院已受理案件的通知文书。文书中称，W创投公司以王某长期不归还借款及支付利息为由，向法院提起了诉讼。检查人员对企业情况分析后，决定到受理案件的区级人民法院了解企业诉讼案具体情况。案件主审法官向检查人员表示，从内容看，这是一起普通的经济纠纷诉讼案件，通过原告企业提交的《借款协议》以及D公司被Z公司收购的一系列协议和上市公告书等证据资料，基本可以判定，王某对680万元借款具有归还和支付利息的义务。在法官看来，这根本就是一场没有必要提起的诉讼。法官称，原告提起诉讼后，被告方王某提供了一份双方签署的《借款补充协议》，这份补充协议将双方签署的原《借款协议》中的还款期限由"2013年12月31日前"延长至"2015年12月31日"，并且补充协议中多了一条对于"上市"的解释条款："上市应包括被收购上市在内的各类上市形式。"法官介绍说，法庭受理案件后，要求原告、被告双方进一步提供证据，以便按法定程序审理。但蹊跷的是，就在受理案件后大约1周时间，案件双方当事人同时向法院提出调解申请，王某主动要求归还W创投公司本金和利息——这种情况在经济纠纷诉讼案中比较罕见。

法官提供的情况，让检查人员眼前一亮——这份由诉讼案被告人提交到法庭的、此前W创投公司并未出示的《借款补充协议》，应是W创投公司"借款"业务的一项重要证据，它的出现，配合《借款协议》中的双方约定内容，就可以证实，680万元借款，按双方约定已具备了转为对王某奖励款的条件。随后，检查组又从法院获得了另外一份关键证据——王某写给W创投公司的一张收条。王某当年在收到款项后，在这张收条上写明："已从安徽某公司收到W创投公司转来的680万元。"检查人员随即与主审法官沟通，向法官解释了在企业涉税业务中"奖励款"和"借款"属于不同的纳税情况，其中涉及企业是否依法履行纳税义务的问题。经沟通，法官表示将暂停案件审理工作，并与税务机关密切配合，共同对W创投公司涉税案件进行核查。在法院的配合下，检查人员约谈了W创投公司负责人，面对检查人员出示证据，迫于压力，W创投公司负责人承认了通过签订借款协议、修改会计科目等形式，掩盖企业向王某支付奖励款事项，以逃避纳税的违法事实。经查，王某既不属于W创投公司股东，也不是W创投公司职员，按照税法规定，其从W创投公司取得的奖励款在性质上属于劳务报酬，W创投公司作为该笔劳务报酬的支付方依法负有为王某代扣代缴个人所得税义务，但并未依法履行相关义务。

根据企业违法事实，税务机关依法作出W投资公司代扣代缴补缴个人所得税216万元、罚款108万元的处理决定。日前，该笔税款和罚款均已被执行入库。

【解析】本案中，W创投公司企图通过签订借款协议、修改会计科目（由往来账户调整为营业外支出）等形式，掩盖企业向王某支付奖励款事项，以逃避纳税的违法事实。由于王某既不属于W创投公司股东，也不是W创投公司职员，按照税法规定，其从W创投公司取得的奖励款在性质上属于劳务报酬，应按照劳务报酬缴纳个人所得税。同时，根据《中华人民共和国个人所得税法》（2018修正）第九条，个人所得税以所得人为纳税人，以支付所得的单位或者个人为扣缴义务人。W创投公司作为该笔劳务报酬的支付方依法负有为王某代扣代缴个人所得税义务。而W公司却百般遮掩，并试图通过"设计"诉讼掩盖事实，最终检查人员在法院帮助下，确认了W公司未按规定代扣代缴个人所得税的违法事实，并依法对W公司做出补缴个人所得税216万元，罚款108万元的处理决定。

【案例7-9】某影视公司项目组在拍摄影视片时的费用支出主要包括人员食宿费、设备使用费、交通费和场地租赁费等，由于拍摄地点基本都在外地，而且交易对象较为多元，有法人，也有自然人等，因此许多费用支出无法取得真实票据，因此出现了用交通费、油料费顶替拍摄费用的情况。用于报销拍摄费用的交通费和油料费主要用于临时聘用人员的劳务报酬支出，目的在于不和临时雇用人员签订劳务合同，减少个税等方面的麻烦。北京市地税局第六稽查局在影视业专项检查中检查组从调取该公司2013年度和2014年度电子账，发现该公司费用中交通费、油料费所占比重很大，且与公司的主营业务不符。根据账务信息，检查组审阅了该公司两年的凭证，进一步发现该企业报销的过路过桥费、油料费、停车费发票，数量大且票面金额小。通过与公司自有交通工具比对，和正常的消耗严重不匹配。经初步分析，该企业可能存在个人拿发票报销计入费用，隐瞒个人所得税收入的问题。

地税局取得了项目组拍摄影视片时发放劳务报酬的记录，确认了以报销油费方式支付劳务报酬的具体金额，共涉及问题发票1 322张，总金额732万元。最终该企业补缴个人所得税100余万元，税务机关对该企业未按照规定代扣代缴个人所得税行为处以1倍罚款。目前税款、罚款总计200余万元均已足额入库。

【解析】根据《个人所得税法》及《税收征收管理法》的相关规定，公司支付给临时聘用人员的劳务费应履行代扣代缴义务。针对上述公司许多费用支出无法取得真实票据的情况，建议企业通过建立工作室的方式，取得真实发票进行税前抵扣（即公司将制作费交由工作室进行管理，由工作室统一为公司开票）。税务机关对工作室采用核定征收的方式，其自身的成本票据不会受到税务机关的关注，如此，可以规避公司取得的大量不合规发票或支出无发票的涉税风险。

本案中，检查组在前期对同类企业收入成本配比进行了相关调查准备，了解到该类企业的设备、人力成本应该占比较大，并横向对比了同类企业的经营方式，最终发现企业存在隐瞒个人所得税的嫌疑。

【案例7-10】北京某企业近两年利润率保持在20%左右，企业正计划上市。该企业股本由875万元增加至7 000万元，其中，有6 125万元为资本公积转增股本；有7名自然人股东的股本，由540万元增加到4 320万元，但并没有缴纳相关个人所得税的记录。2015年，第六稽查局对税务登记中注册资本增加，没有缴纳印花税记录的企业开展约谈。通过对企业上报的财务报表进行审阅，发现企业所有者权益中，股本科目金额变动较大，由875万元增加至7 000万元，其中，有6 125万元为资本公积转增股本；有7名自然人股东的股本，由540万元增加到4 320万元，但并没有缴纳相关个人所得税的记录。企业认为：按照198号文件规定的“股份制企业用资本公积金转增股本，不属于股息、红利性质的分配，对个人取得的转增股本数额，不作为个人所得，不征收个人所得税”，以及289号文件关于“‘资本公积金’是指股份制企业股票溢价发行收入所形成的资本公积金。该转增股本的资本公积，属于股本溢价发行形成的资本公积，不应缴纳个人所得税。”

检查人员对该企业资本公积的形成来源，开展了更加细致的检查。通过调取投资协议等资料，发现该企业资本公积形成于2013年，是一家医药公司直接股权投资形成的，没有股票发行过程，属于投资者投入形成的资本公积增加，而非股票溢价发行形成，不符合上述文件的要求，应缴纳个人所得税。同时，检查人员还针对企业提出的再次转让导致重复征税的忧虑进行了解释，说明再次转让时，本次缴纳的个人所得税的转增额可计入股权原值。经过反复的政策解释，企业最终认可了税务机关的观点，并接受了补缴个人所得税756万元，罚款378万元的处罚决定。

【解析】《国家税务总局关于进一步加强高收入者个人所得税征收管理的通知》（国税发〔2010〕54号）第二条第二款第一项规定，加强股息、红利所得征收管理。重点加强股份有限公司分配股息、红利时的扣缴税款管理，对在境外上市公司分配股息红利，要严格执行现行有关征免个人所得税的规定。加强企业转增注册资本和股本管理，对以未分配利润、盈余公积和除股票溢价发行外的其他资本公积转增注册资本和股本的，要按照“利息、股息、红利所得”项目，依据现行政策规定计征个人所得税。在现行的个人所得税政策中，仅是规定“股份制企业股票溢价发行收入所形成的资本公积金”转增股本，不征收个人所得税，有限责任公司的股权溢价形成的资本公积转增股本，不在不征个人所得税范围之内。但是，同为投资者投入的资本溢价，由于被投资企业组织形式的不同，原有的自然人股东分别适用不同的个人所得税待遇，这在某种程度上，也存在着税负不公平的问题；另外，在转股时，由于自然人股东并没有实际取得货币资金，此时就征收20%的个人所得税，纳税人也存在筹集纳税资金困难的问题。

【案例7-11】杭州市税务局第三稽查局对A公司开展抽查，发现A公司与某劳务派遣机构（以下简称B公司）签订了劳务派遣合同，约定A公司将应支付给劳动者的工资和为劳动者缴纳的社会保险费以及住房公积金统一交给B公司代为发放，B公司为A公司开具劳务费发票。A公司位于浙江省杭州市，而B公司位于广西某市，两地相距甚远，B公司在杭州市管理劳动者显得牵强。A公司解释为，在实际操作中只需将资金转到B公司账户，B公司扣除管理费后，资金回流至A公司会计私人账户，用于发放劳动者工资。A公司还提供了会计发放工资的清单以及与B公司签订的补充协议，补充协议明确，A公司为加强对劳动者的管理，与B公司达成协议，由A公司按绩效考核制度自行发放工资。稽查人员调取了A公司会计的银行流水，逐条查看资金流出账户的户名信息，发现资金流出账户与A公司自有员工的工资账户有较多重合。深入检查，稽查人员发现，回流至A公司会计个人账户的资金，绝大部分流向A公司的高管，只有少部分流向真正的劳务派遣人员，而且A公司没有为这些劳务人员缴纳社会保险费及住房公积金，没有为工资薪金超过扣除标准的劳务人员代扣代缴个人所得税。显然，A公司取得的劳务发票与其实际支付的劳务报酬不符，目的在于由此大幅降低公司账面上发放给高管的工资，逃避有关高收入人员的个人所得税。稽查人员通过复盘发现，将有关账外奖金并入后，A公司高管的个人所得税税率由20%上涨至45%。

面对稽查人员展示的证据，A公司承认了让他人为其虚开劳务发票的违法事实，套回的资金用于账外发放公司高管工资奖金，逃避缴纳个人所得税。根据查明的事实，杭州市税务局第三稽查局依法对A公司作出处理，责令该公司补扣个人所得税69.94万元，对应扣未扣的税款处以50%的罚款，并对其接受虚开发票的行为进行处罚。

【解析】劳务派遣的劳动合同关系存在于劳务派遣机构与派遣劳工之间，但劳动力给付的事实则发生于派遣劳工与实际用工单位之间。为鼓励劳务派遣行业发展，避免对其重复征税，国家对劳务派遣机构适用差额征税政策，即劳务派遣机构为派遣劳工支付的工资、保险和公积金等可以从应纳税所得额中扣除。劳务派遣公司的实际税负率很低，因此它向实际用工单位收取的管理费不高，一般集中在2%～3%。它对用人单位临时用工难的问题起到了缓解作用，是社会经济进步的体现。但由于其自身业务的特殊性和复杂性，在税收管理上仍存在一些难点。税务稽查部门在检查过程中发现，用工单位让劳务派遣机构为其虚开劳务发票的情况在少数企业中确实存在，成为劳务派遣行业内的秘密。

本案中，A公司虚开劳务发票的目的主要是为了偷逃高管的个人所得税和实际劳务派遣人员大量的社保费。尽管复杂，但仍有迹可循，纳税人应树立依法纳税，诚信纳税的意识，切不可心存侥幸，否则会得不偿失。

任务5 纳税警示教育综合案例分析

【案例7-12】N房地产开发公司于2012年4月成立，注册资本5 000万元，公司类型为其他有限责任公司，主要从事房地产开发、经营、租赁、物业管理等业务。该公司主管税务局稽查局接到其他部门在办理经济案件调查过程中提供的该公司涉嫌以虚列成本的方式少缴税款的线索对其立案调查。检查人员了解到，该公司开发销售的X商住项目自2014年1月起开工建设，实际建设可售总面积43.1万多平方米，分三期进行开发。截至2018年12月31日，X商住项目一期已售出10.9万多平方米，占可售面积93.50%，二期已售11.8万多平方米，占可售面积83.88%；三期已售5.9万多平方米，占可售面积34.42%。企业申报信息显示，N房地产开发公司该项目房产销售共取得销售不动产收入15.54亿元。X商住项目一、二期工程已达到土地增值税清算条件，其主管税务机关已通知N房地产开发公司进行清算，该公司也在规定的时间内进行了土地增值税申报，并未发现明显问题。在对N房地产开发公司进行账面检查的过程中，检查人员发现了多处疑点：一是账面凭证方面，存在短期内土建工程建筑安装发票大量增加的情况，导致建筑安装成本偏高，存在突击开具安装发票虚增建筑安装成本嫌疑。二是前期工程费中土地平整费额度较高，有虚增前期工程费嫌疑。检查人员对N房地产开发公司决算报告中的数据进行仔细检查和分析发现，X商住项目钢筋、水泥、商砼、砂石等主材使用量大幅高于指导标准和行业标准——超标建设，大幅增加成本，这并不符合房产企业经营常规。检查人员随即对该项目的施工企业M建筑公司和向其供应建筑主材的商家进行调查发现M建筑公司实际购进使用的主材数据明显小于决算报告数据，并对对N房地产开发公司项目虚报的施工成本进行了测算，制作了X商住项目钢筋、水泥、商砼、砂石等主要材料结算与实际购买差额情况表。经测算，初步确定N房地产开发公司X商住项目在纳税申报时，涉嫌虚增建筑安装工程成本6 100万元。在调查过程中，检查人员发现，购房业主与开发商签订了两份合同，一份为购房合同，一份为装修合同。装修合同的标的为2万元至20万元不等。检查组将购房合同、装修合同、建设工程施工合同等多项合同内容对照分析，并到已售商品房现场勘查后发现，装修合同所列施工内容与购房合同中所列交房条件大部分为重复内容，甚至有的合同根本未履行。

调查结果显示，N房地产开发公司所提供的房屋装修合同中的业务并未真正实施，企业收款后未开具发票，也未在账内反映。经过测算，N房地产开发公司涉嫌账内少记销售收入3 000余万元。X商住项目账列前期工程费中，累计支出场地土方平整费用960万元，根据施工方结算表，该工程平整费用每立方米22元，总工程量约为43.6万立方米。为了核实X商住项目支出场地平整费用的真实性，检查人员走访项目所在地附近的居民，了解到X商住项目所在地之前是一片荒地，地势较平坦。同时，有关部门提供的X商住项目前期岩土工程勘察报告也显示，该项目素填土（全新人工填土层）平均厚度为2.55米，实际需土方平整工程量约为27.6万立方米。综合第三方调查信息，检查人员认为，企业虚增了场地平整工程量16万立方米，并测算N房地产开发公司涉嫌虚增场地平整工程费用352万元。

针对企业违法行为，税务机关依法作出补缴企业所得税3 170万元、土地增值税2 850万元、个人所得税（股息、利息、红利所得）2 400万元，共计8 420万元，并依法加收滞纳金的处理决定。

【解析】本案是典型的房地产开发企业与建筑施工企业串联，通过虚增建筑安装工程成本和前期施工费用等手段，隐匿收入，以达到逃避缴纳税款的目的。房地产开发企业应当健全财税管理制度，从源头上遏制税收违法行为，以免在补缴逃避缴纳的税款的同时，还要支付巨额的滞纳金和相应的罚款。

练习题

一、单项选择

1. 增值税一般纳税人纳税义务发生时间的表述中正确的是（　　）。
   A. 发生视同销售货物行为的是货物移送的当天
   B. 预收货款销售货物的是收到预收款的当天
   C. 分期收款销售货物的是货物发出的当天
   D. 进口货物的是从海关提货的当天
2. 增值税一般纳税人不可以从销项税额中抵扣的进项税额有（　　）。
   A. 从销售方取得的增值税专用发票上注明的增值税额
   B. 从海关取得的海关进口增值税专用缴款书上注明的增值税额
   C. 用于集体福利的购进货物发生的增值税额
   D. 不合格产品耗用材料所支付的增值税额
3. 消费税征税范围不包括（　　）。
   A. 航空煤油　　B. 太阳能电池
   C. 电动汽车　　D. 葡萄酒
4. 属于企业所得税不征税收入的是（　　）。
   A. 补贴收入　　B. 接受捐赠收入
   C. 汇兑收益　　D. 财政拨款
5. 某企业2020年度实现利润总额1 000万元，在营业外支出账户列支了通过公益性社会团体向贫困地区的捐款100万元、直接向某小学捐款50万元。在计算该企业2020年度应纳税所得额时，允许扣除的捐款数额是（　　）万元。
   A. 50　　B. 100　　C. 120　　D. 150
6. 企业下列项目所得属于企业所得税减半征收的是（　　）。
   A. 中药材的种植　　B. 技术转让所得
   C. 玫瑰花的种植　　D. 小型微利企业所得
7. 下列不属于企业所得税的纳税人有（　　）。
   A. 中国银行　　B. 某一人有限责任公司
   C. 国有独资公司　　D. 某酒楼个人独资企业
8. 个人所得税中应并入工资计税的是（　　）。
   A. 年终奖　　B. 独生子女补贴
   C. 差旅费补贴　　D. 退休工资
9. 一对夫妻有三个孩子，老大读初一，老二读小学四年级，老三读幼儿园中班，这对夫妻一年个人所得税前可以扣除的子女教育支出总额是（　　）元。

A．12 000　　B．18 000　　C．24 000　　D．36 000

10．下列属于土地增值税必须清算的情形是（　　）。

A．已竣工验收的房地产开发项目销售比例超过90%

B．取得销售许可证满3年仍未销售完毕的

C．直接转让土地使用权的

D．纳税人申请注销税务登记但未办理土地增值税清算手续的

11．发票的管理办法由（　　）规定。

A．国务院　　B．财政部

C．国家税务总局　　D．省、自治区、直辖市国家税务局

12．纳税人应当设置但未设置账簿的，税务机关有权（　　）。

A．核定其应纳税额　　B．规定其财务核算方式

C．确定其会计制度　　D．指定某会计师事务所为其建账

13．纳税人未按规定安装、使用税控装置的，税务机关（　　）。

A．责令限期改正，处2 000元以上5 000元以下罚款

B．责令限期改正，逾期不改正的，处2 000元以下罚款

C．责令限期改正，处2 000元以上罚款

D．责令限期改正，可以处2 000元以下罚款

14．扣缴义务人应收而不收税款的，税务机关对扣缴义务人处以（　　）的罚款。

A．2 000元以下　　B．10 000元以下

C．未收税款50%以上3倍以下　　D．未收税款3倍以下

15．税务人员进行税务检查时，必须出示（　　），否则纳税人、扣缴义务人及其他当事人有权拒绝接受检查。

A．工作证件　　B．税务检查证和税务检查通知书

C．单位介绍信　　D．能证明税务人员身份的有效证件

二、多项选择

1．下列属于增值税征税范围的是（　　）。

A．甲公司将房屋与乙公司土地交换

B．丙银行将房屋出租给丁饭店，而丁饭店长期不付租金，后经双方协商，由丙银行在饭店就餐抵账

C．戊房地产开发企业委托已建筑工程公司建造房屋，双方在结算价款时，房地产企业将若干套房屋转让给建筑公司冲抵工程款

D．庚运输公司与辛汽车修理公司商定，庚运输公司为辛汽车修理公司免费提供运输服务，辛汽车修理公司为其免费提供汽车修理作为回报

2．消费税下列税目属于复合计税的是（　　）。

A．卷烟　　B．白酒　　C．小汽车　　D．涂料

3. 企业下列扣除项目当年未扣完部分可以结转以后年度扣除的有（　　）。

A. 职工教育经费　　B. 业务招待费

C. 公益性捐赠支出　　D. 劳动保护费

4. 下列固定资产在计算企业所得税应纳税所得额时可以提取折旧进行扣除的是（　　）。

A. 以经营租赁租入的固定资产　　B. 以经营租赁租出的固定资产

C. 以融资租赁租入的固定资产　　D. 以融资租赁租出的固定资产

5. 居民个人每一纳税年度内取得的综合所得包括（　　）。

A. 工薪所得　　B. 劳务报酬所得

C. 稿酬所得　　D. 房屋出租所得

6. 纳税人对账簿、记账凭证、完税凭证及其他有关资料不得（　　）。

A. 伪造　　B. 复印　　C. 变造　　D. 擅自损毁

7. 对骗取国家出口退税款的行为，税务机关（　　）。

A. 追缴其骗取的退税款

B. 并处骗取税款1倍以上5倍以下的罚款

C. 处骗取税款1倍以上3倍以下的罚款

D. 可以在规定期间内停止为其办理出口退税

8. 下列行为中属于抗税的有（　　）。

A. 采取威胁手段，拒绝缴纳税款　　B. 用暴力手段，拒绝缴纳税款

C. 拒不提供纳税资料　　D. 税务机关通知申报后仍拒不申报纳税

9. 对非法印制发票的当事人，税务机关应（　　）。

A. 销毁非法印制的发票　　B. 没收违法所得

C. 没收作案工具　　D. 处1万元以上5万元以下的罚款

10. 某城关征管分局按规定程序报经县税务局局长批准，对电脑公司欠税实施税收强制执行，可以采取的措施有（　　）。

A. 书面通知其开户银行从其存款中扣缴税款

B. 提请工商局吊销工商营业执照、缴回发票

C. 依法拍卖其价值相当于税款的物品，以拍卖收入抵缴税款

D. 要求其提供税收担保

三、判断题

1. 增值税的税务违法行为大多与增值税发票有关。（　　）

2. 增值税一般纳税人购进货物发生退货未按规定扣减进项税额视为偷税行为。（　　）

3. 消费税与增值税的计税基数一样，缴纳也是同时进行的。（　　）

4. 企业所得税可以加计扣除的研究开发费不包括直接从事研发活动人员的工资及社

保费。（　　）

5. 居民个人在计算综合所得时，六项专项附加扣除都可以同时扣除。（　　）
6. 稿酬所得的收入计入居民个人综合所得时为实际取得稿酬收入的70%。（　　）
7. 纳税人享受减税、免税待遇的，在减税、免税期间可以不办理纳税申报。（　　）
8. 实行定期定额缴纳税款的纳税人，可以实行简易申报、简并征期等申报纳税方式。（　　）
9. 纳税人、扣缴义务人因不可抗力，不能按期办理纳税申报或者报送代扣代缴、代收代缴税款报告表的，可以延期办理；但是，应当在不可抗力情形消除后立即向税务机关报告。（　　）
10. 账簿、记账凭证、报表、完税凭证、发票、出口凭证以及其他有关涉税资料应当保存10年；但是，法律、行政法规另有规定的除外。（　　）

四、不定项选择

甲企业为居民企业，2020年有关收支情况如下：

（1）取得产品销售收入4 000万元，特许权使用费收入100万元，国债利息收入50万元，接受捐赠收入100万元。

（2）业务招待费支出50万元，广告费支出500万元。

（3）支付司法机关罚金20万元，支付客户的违约金10万元。

（4）直接向某希望小学捐款100万元，计提准备金50万元，未经税务机关核定。

（5）其他可在企业所得税税前扣除的成本、费用、税金合计2 000万元。

已知：在计算企业所得税应纳税所得额时，业务招待费支出按发生额的60%扣除，但不得超过当年销售收入的5‰；广告费、业务宣传费支出，不得超过当年销售收入的15%的部分，允许税前扣除。要求：根据上述资料，分析回答下列问题。

1. 甲企业下列收入中，应计入企业所得税应纳税所得额的是（　　）。

   A. 产品销售收入4 000万元　　B. 特许权使用费收入100万元

   C. 国债利息收入50万元　　D. 接受捐赠收入100万元

2. 甲企业在计算2020年度应纳税所得额时，下列关于业务招待费和广告费准予扣除数的表述中，正确的是（　　）。

   A. 业务招待费准予扣除的数额为20.5万元

   B. 业务招待费专用扣除的数额为30万元

   C. 广告费准予扣除的数额为500万元

   D. 广告费准予扣除的数额为615万元

3. 甲企业下列支出中，在计算2020年度企业所得税应纳税所得额时，可以税前扣除的是（　　）。

   A. 支付司法机关罚金20万元　　B. 支付给客户的违约金10万元

   C. 向某希望小学捐款100万元　　D. 计提准备金50万元

4. 甲企业2020年度企业所得税应纳税所得额是（　　）万元。

A. 1 719.5　　B. 1 699.5　　C. 1 669.5　　D. 1 549.5

五、案例分析

某化妆品厂为增值税一般纳税人，2019年已缴纳增值税100万元，消费税200万元，城建税28万元，企业所得税50万元。2020年税务机关检查中发现该企业在2019年账簿上虚列成本费用90万元，请问对这种行为如何定性和处罚？

解析：1. 纳税人以不缴或者少缴税款为目的，采取伪造、变造、隐匿、擅自销毁账簿、记账凭证，在账簿上多列支出或者不列、少列收入，隐瞒真实情况，不缴或少缴税款，欺骗税务机关的行为是偷税。

2. 偷税额=90×25%=22.5（万元）

3. 处罚：偷税数额占应纳税额的比例=22.5/（22.5+100+200+28+50）×100%=5.62%。虽然偷税数额超过1万元，但偷税数额占应纳税额尚未超过10%，故不构成偷税罪，可由税务机关追缴其偷税款、滞纳金，并处偷税款50%以上5倍以下的罚款。

>>> 实务篇

- 发票的领购与开具
- 增值税申报及税款缴纳
- 附加税申报及税款缴纳
- 企业所得税申报及税款缴纳
- 个人所得税申报及税款缴纳
- 财务报表报送

发票的领购与开具

1 领购发票

1.1 初次领购

企业工商注册和税务登记后要正常开展业务之前必须先领购一定数量的发票，这就是初次领购，初次领购的程序相对复杂一些。

需要领购发票的单位和个人，持企业营业执照副本、经办人身份证明和按照国家税务总局规定式样制作的发票专用章的印模，向税务机关办理发票领购手续。税务机关根据领购单位、个人的经营范围和规模，确认领购发票的种类、数量和领购方式，在5个工作日以内发给发票领购簿。

1.2 日常领购

发票快用完的时候就要去税务局再领购新发票，这种业务就是日常领购。日常领购可以现场领购也可以网上领购。

1.2.1 现场领购

现场领购发票需要注意以下事项：

（1）具备领票人资格

这点非常重要，只有领票人和持有办税员证的办税员才有资格领购发票。

（2）发票要网上验旧

在领发票之前，一定要先进行网上验旧，如果刚好没验旧也没关系，因为现在已经开始实行网络办税了，基本上比较大型的税务局都设有专门办税教务室，是专门为了方便教企业自己进行网上操作的，教室里有老师会教怎么报税、验旧等，有问题直接问老师怎么操作。验好发票以后才能领发票！

注：企业也可以自己在网上验旧，在网上自助走完领票流程之后，可以直接打印出领票单，这样可以避免自己来税务局排长队，因为有领票单的都是优先处理的！

（3）已清卡/申报税务

有时候，我们去税务局领购发票，税务局里工作人员会说你被税控了，无法领出发票，这个时候如果你确定不是你这边的问题，那就要看看是否已经清卡了，没有清卡的话要先进行清卡，有的税务局里会有专人帮你清卡，如果没有的话，那你就只能自己处理了，到你的金税盘服务商的服务网点让工作人员帮助你进行清卡。一般税务局里都会设有他们的驻场人员，请他们协助你进行抄税、清卡等工作，还有一种情况是你当月的税还没有申报，也会导致你无法顺利领购发票。

（4）带全所需要材料

去税务局一定要带全材料，少一份资料都不行，否则就是无功而返，切记，切记！营业执照副本、发票领购簿、身份证、金税盘、公章等，这些都是办税必备的资料，千万不要忘记带了，可以在去税务局领发票的前一天，把所需要的资料都放在一个包里，以防遗忘！

另外还可能需要添加办税员：如果你领发票的企业办税员刚好不是你或者你换了另一家企业工作，这就要进行办税员更改，一定要先去添加办税员，把你的名字添加进去，才能顺利领到发票。

需要提供的材料：上一家公司的营业执照、个人身份证、办税员证、新公司的营业执照、法人身份证［原件和复印件都需要，如果上一家公司没法取得法人身份证和营业执照，可以提供企业统一社会信用代码（18位）］，将这些材料提供之后，盖上新公司的公司印章，然后交给税务局工作人员帮助更名成功。

（5）拿号排队领发票

所有准备工作齐全以后，就可以去税务局领发票了，到了税务局门口，记得取号排队。轮到自己的时候，向工作人员出示所有的材料，记得在上面加盖公章，然后耐心等待工作人员喊你签字确认。

（6）检查发票序列号是否一致

领完发票以后，一定要记得检查一下发票序列号的份数与序列号是否一致，以及领票人信息、公司组织代码等是否一致，领购发票一般最低50份起，最后记得把身份证、领购簿、金税盘、领购的发票等全部装好，不要有任何遗漏！还有更便捷的发票领购方式：在网上验旧后申请发票，税务局会将发票以快递方式邮寄到企业。

温馨提示：如果企业因没有及时纳税而被停止申领发票，或者领发票过程中，遇到其他任何问题，记得找发票专管员。不清楚发票专管员的，可以让税务局工作人员帮忙查询一下自己企业的专管员信息以及联系方式，帮助及时解决不能申领发票的问题。

领购了发票之后企业发生销售业务就可以开发票了。

1.2.2 网上领购

网上领购发票目前支持已在国税机关办理税务登记，已进行票种核定和实名制信息采集，且纳税信用等级不为C级、D级的固定业户，有欠税、列入非正常、黑名单的纳税人除外。网上领购发票的操作步骤如下：

（1）纳税人提交发票信息申请

纳税人登录税务局网上办税平台，选择左侧功能操作区【网上购票】-【网上购票开通申请】，打开网上申领发票开通申请页面，填写纳税人申请信息，提交发票领用申请。

（2）打印收票单及签收发票邮件

待后台审批通过后，纳税人登录税务局网上办税平台，可以查看具体审核结果，待EMS将发票配送到位后，先仔细核对发票，核对无误后，签章确认收件。

（3）下载电子票号

如纳税人申请的是增值税专用发票、增值税普通发票，还需要下载电子票号。纳税人收到纸质发票，先确认收到的纸质票号与税务局发售的电子票号是否一致，确认后在开票系统进行电子票号下载。

2 开具发票

税控发票开具

增值税申报及税款缴纳

小规模纳税人增值税申报

一般纳税人增值税申报

附加税申报及税款缴纳

附加税申报及
税款缴纳

企业所得税申报及税款缴纳

企业所得税申报
及税款缴纳

个人所得税申报及税款缴纳

个人所得税申报及
税款缴纳

财务报表报送

1 财务报表季度报送

按照有关规定，在进行会计核算时，有些企业执行《企业会计准则》，有些企业可选择执行《小企业会计准则》(详见知识链接)，会计核算依据不同，在报税时，财务报表报送步骤大同小异。

1.1 填写报表

执行企业会计准则财务报表按季报送，详细操作如下：

一般情况下，登录电子税务局，在按期应申报标签下，会同时出现税费申报和财务报表报送两部分，在财务报表报送中选择季报并点击填写申报表；核对基础信息无误后，点击“下一步”，进入填写报表页面(注意：财务会计制度准则是企业备案登记的,系统默认显示，这里无法选择；若系统带出的“资料报送小类”不符，请检查纳税人主行业及备案中会计制度准则是否正确；报送的财务报表是根据企业所执行的财务会计制度不同和在税务机关备案规定的)。

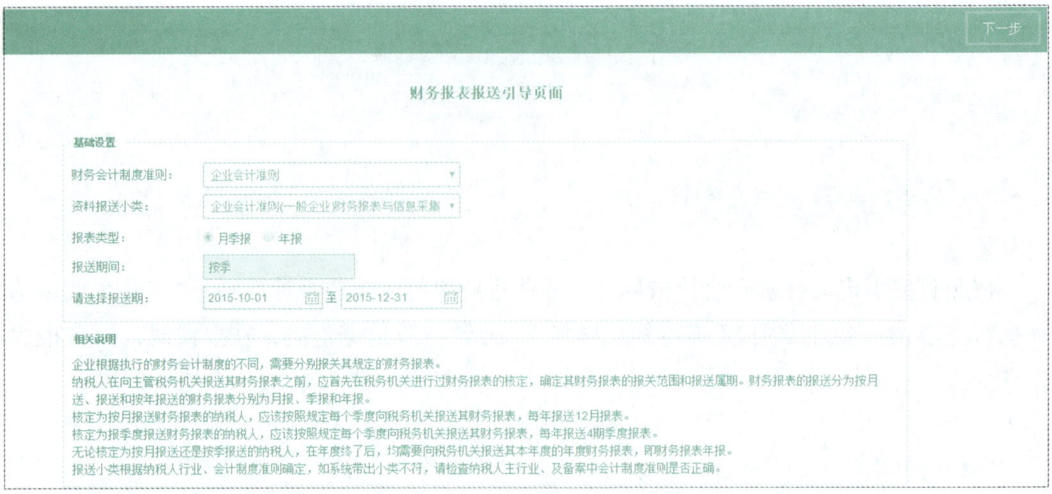

根据实际情况如实手工填写资产负债表、利润表和现金流量表：

资产	期末余额	年初余额	负债和所有者权益(或股东权益)	期末余额	年初余额
流动资产：			流动负债：		
货币资金	2.00	2.00	短期借款	2.00	2.00
交易性金融资产	0.00	0.00	交易性金融负债	0.00	0.00
应收票据	0.00	0.00	应付票据	0.00	0.00
应收账款	0.00	0.00	应付账款	0.00	0.00
预付账款	0.00	0.00	预收账款	0.00	0.00
应收利息	0.00	0.00	应付职工薪酬	0.00	0.00
应收股利	0.00	0.00	应交税费	0.00	0.00
其他应收款	0.00	0.00	应付利息	0.00	0.00
存货	0.00	0.00	应付股利	0.00	0.00
一年内到期的非流动资产	0.00	0.00	其他应付款	0.00	0.00
其他流动资产	0.00	0.00	一年内到期的非流动负债	0.00	0.00
流动资产合计	2.00	2.00	其他流动负债	0.00	0.00

1.2 申报

申报表相应数据填写完成后，系统自动校验申报数据，点击“申报”按钮提交申报表（注：如果系统检测到为CA用户，需签名后才能申报）。

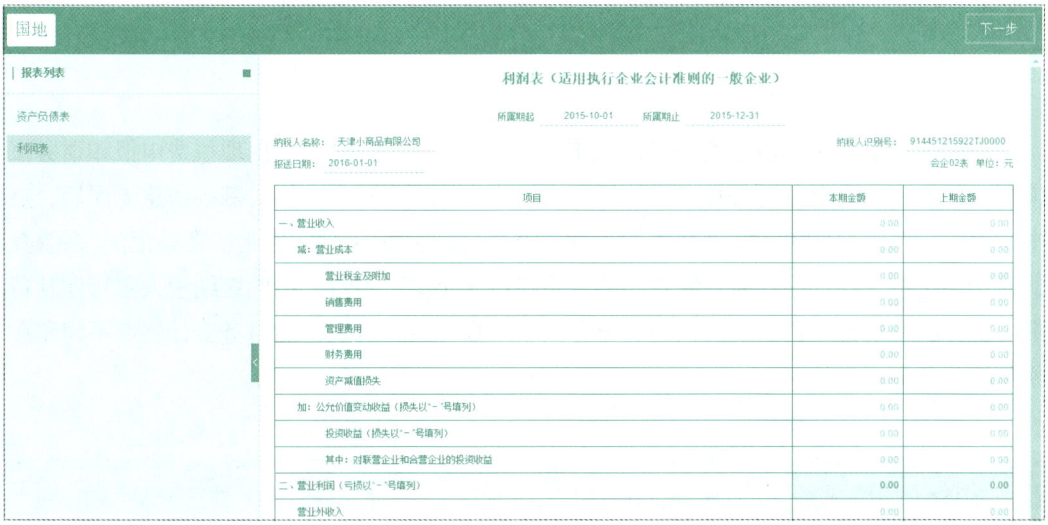

利润表（适用执行企业会计准则的一般企业）

所属期起 2015-10-01 所属期止 2015-12-31

纳税人名称：天津小商品有限公司　　纳税人识别号：914451215922TJ0000

报送日期：2016-01-01　　会企02表　单位：元

项目	本期金额	上期金额
一、营业收入	0.00	0.00
减：营业成本	0.00	0.00
营业税金及附加	0.00	0.00
销售费用	0.00	0.00
管理费用	0.00	0.00
财务费用	0.00	0.00
资产减值损失	0.00	0.00
加：公允价值变动收益（损失以"-"号填列）	0.00	0.00
投资收益（损失以"-"号填列）	0.00	0.00
其中：对联营企业和合营企业的投资收益	0.00	0.00
二、营业利润（亏损以"-"号填列）	0.00	0.00
营业外收入	0.00	0.00

资产负债表（适用执行企业会计准则的一般企业）

纳税人名称：天津小商品有限公司　　2015-10-01　　会企01表

纳税人识别号：914451215922TJ0000　　2015-12-31　　单位：元

资产	期末余额	年初余额	负债和所有者权益(或股东权益)	期末余额	年初余额
流动资产：			流动负债：		
货币资金	2.00	2.00	短期借款	2.00	2.00
交易性金融资产	0.00	0.00	交易性金融负债	0.00	0.00
应收票据	0.00	0.00	应付票据	0.00	0.00
应收账款	0.00	0.00	应付账款	0.00	0.00
预付账款	0.00	0.00	预收账款	0.00	0.00
应收利息	0.00	0.00	应付职工薪酬	0.00	0.00
应收股利	0.00	0.00	应交税费	0.00	0.00
其他应收款	0.00	0.00	应付利息	0.00	0.00
存货	0.00	0.00	应付股利	0.00	0.00
一年内到期的非流动资产	0.00	0.00	其他应付款	0.00	0.00
其他流动资产	0.00	0.00	一年内到期的非流动负债	0.00	0.00
流动资产合计	2.00	2.00	其他流动负债	0.00	0.00
非流动资产：			流动负债合计	2.00	2.00
可供出售金融资产	0.00	0.00	非流动负债：		

企业会计准则财务报表与信息采集回执

尊敬的天津小商品有限公司（914451215922TJ0000）

您所报送的所属期为2015-10-01至2015-12-31的企业会计准则财务报表与信息采集已成功提交给国税机关和地税机关。

2 财务报表年度报送

2.1 填写报表

一般情况下，登录电子税务局，在按期应申报标签下，会同时出现税费申报和财务报表报送两部分，在财务报表报送中选择年报并点击填写申报表；核对基础信息无误后，点击“下一步”，进入填写报表页面（注意：财务会计制度准则是企业备案登记的，系统默认显示，这里无法选择；若系统带出的“资料报送小类”不符，请检查纳税人主行业及备案中会计制度准则是否正确；报送的财务报表是根据企业所执行的财务会计制度不同和在税务机关备案规定的）。

根据实际情况如实手工填写资产负债表、利润表和现金流量表：

资产	期末余额	年初余额	负债和所有者权益(或股东权益)	期末余额	年初余额
流动资产：			流动负债：		
货币资金	0.00	0.00	短期借款	0.00	0.00
交易性金融资产	0.00	0.00	交易性金融负债	0.00	0.00
应收票据	0.00	0.00	应付票据	0.00	0.00
应收账款	0.00	0.00	应付账款	0.00	0.00
预付账款	0.00	0.00	预付账款	0.00	0.00
应收利息	0.00	0.00	应付职工薪酬	0.00	0.00
应收股利	0.00	0.00	应交税费	0.00	0.00
其他应收款	0.00	0.00	应付利息	0.00	0.00
存货	0.00	0.00	应付股利	0.00	0.00
一年内到期的非流动资产	0.00	0.00	其他应付款	0.00	0.00
其他流动资产	0.00	0.00	一年内到期的非流动负债	0.00	0.00
流动资产合计	0.00	0.00	其他流动负债	0.00	0.00
非流动资产：			流动负债合计	0.00	0.00
可供出售金融资产	0.00	0.00	非流动负债：		

2.2 申报

申报表相应数据填写完成后，系统自动校验申报数据，点击“申报”按钮提交申报表（注：如果系统检测到为CA用户，需签名后才能申报）。

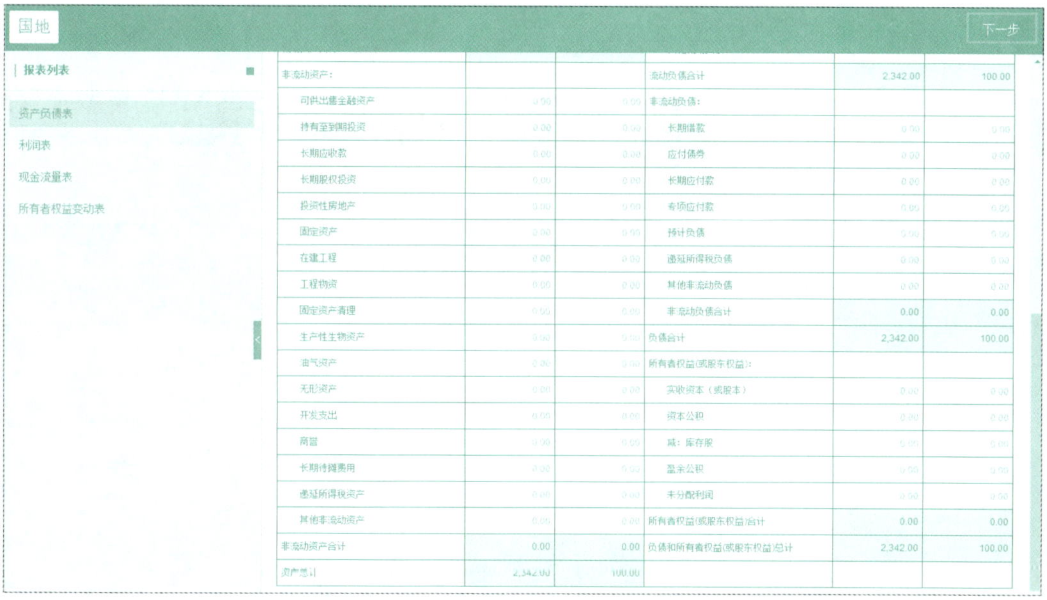

非流动资产：			流动负债合计	2,342.00	100.00
可供出售金融资产	0.00	0.00	非流动负债：		
持有至到期投资	0.00	0.00	长期借款	0.00	0.00
长期应收款	0.00	0.00	应付债券	0.00	0.00
长期股权投资	0.00	0.00	长期应付款	0.00	0.00
投资性房地产	0.00	0.00	专项应付款	0.00	0.00
固定资产	0.00	0.00	预计负债	0.00	0.00
在建工程	0.00	0.00	递延所得税负债	0.00	0.00
工程物资	0.00	0.00	其他非流动负债	0.00	0.00
固定资产清理	0.00	0.00	非流动负债合计	0.00	0.00
生产性生物资产	0.00	0.00	负债合计	2,342.00	100.00
油气资产	0.00	0.00	所有者权益(或股东权益)：		
无形资产	0.00	0.00	实收资本（或股本）	0.00	0.00
开发支出	0.00	0.00	资本公积	0.00	0.00
商誉	0.00	0.00	减：库存股	0.00	0.00
长期待摊费用	0.00	0.00	盈余公积	0.00	0.00
递延所得税资产	0.00	0.00	未分配利润	0.00	0.00
其他非流动资产	0.00	0.00	所有者权益(或股东权益)合计	0.00	0.00
非流动资产合计	0.00	0.00	负债和所有者权益(或股东权益)总计	2,342.00	100.00
资产总计	2,342.00	100.00			

资产负债表（适用执行企业会计准则的一般企业）

纳税人名称：广东电子科技股份有限公司　2014-01-01　会企01表
纳税人识别号：914451215922GD0001　2014-12-31　单位：元

资产	期末余额	年初余额	负债和所有者权益(或股东权益)	期末余额	年初余额
流动资产：			流动负债：		
货币资金	2,342.00	100.00	短期借款	2,342.00	100.00
交易性金融资产	0.00	0.00	交易性金融负债	0.00	0.00
应收票据	0.00	0.00	应付票据	0.00	0.00
应收账款	0.00	0.00	应付账款	0.00	0.00
预付账款	0.00	0.00	预付账款	0.00	0.00
应收利息	0.00	0.00	应付职工薪酬	0.00	0.00
应收股利	0.00	0.00	应交税费	0.00	0.00
其他应收款	0.00	0.00	应付利息	0.00	0.00
存货	0.00	0.00	应付股利	0.00	0.00
一年内到期的非流动资产	0.00	0.00	其他应付款	0.00	0.00
其他流动资产	0.00	0.00	一年内到期的非流动负债	0.00	0.00
流动资产合计	2,342.00	100.00	其他流动负债	0.00	0.00
非流动资产：			流动负债合计	2,342.00	100.00
可供出售金融资产	0.00	0.00	非流动负债：		

财务报表与信息采集回执显示成功提交后，点击“关闭页面”，完成报送；若显示提交失败需要重新报送，如下图所示。

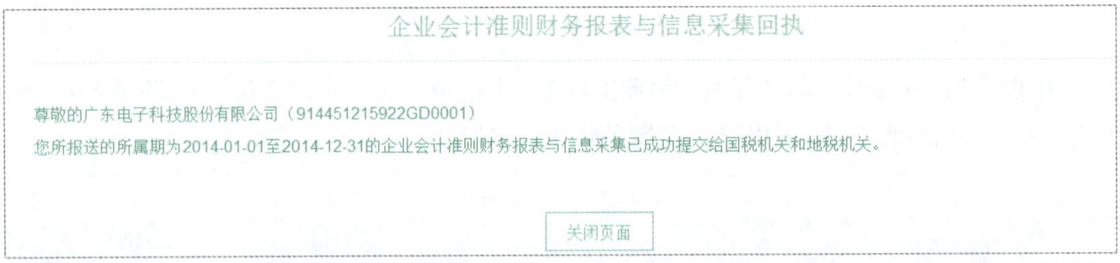

企业会计准则财务报表与信息采集回执

尊敬的广东电子科技股份有限公司（914451215922GD0001）

您所报送的所属期为2014-01-01至2014-12-31的企业会计准则财务报表与信息采集已成功提交给国税机关和地税机关。

国地税联合税费申报

序号	国地标志	征收项目	征收品目	税款所属期起	税款所属期止	申报期限	申报日期	操作
1	国税	增值税		2015-04-01	2015-04-30	2015-05-15	2015-05-05	已申报
2	地税	地方教育附加	增值税地方教育附加	2015-04-01	2015-04-30	2015-05-15		填写申报表
3	地税	教育费附加	增值税教育费附加	2015-04-01	2015-04-30	2015-05-15		填写申报表
4	地税	城市维护建设税	市区（增值税附征）	2015-04-01	2015-04-30	2015-05-15		填写申报表
5	国税	企业所得税	应纳税所得额	2014-01-01	2014-12-31	2015-05-31		填写申报表
6	地税	个人所得税	工资薪金所得	2015-04-01	2015-04-30	2015-05-15		填写申报表

国地税联合财务报表报送

序号	国地标志	财务、会计制度	报送所属期起	报送所属期止	报送期限	报送日期	操作
1	国地	企业会计准则	2014-01-01	2014-12-31	2015-05-31	2015-05-05	填写申报表

>>> 知识链接

一、《小企业会计准则》的适用范围

《小企业会计准则》适用于在中华人民共和国境内依法设立的、符合《中小企业划型标准规定》所规定的小型企业标准的企业。

下列三类小企业除外：

（一）股票或债券在市场上公开交易的小企业。

（二）金融机构或其他具有金融性质的小企业。

（三）企业集团内的母公司和子公司。

企业集团、母公司和子公司的定义与《企业会计准则》的规定一致。

二、执行《小企业会计准则》的其他规定

（一）符合标准的小企业可以执行《小企业会计准则》，也可以执行《企业会计准则》。

（二）执行《小企业会计准则》的小企业，发生的交易或者事项《小企业会计准则》未作规范的，可以参照《企业会计准则》中的相关规定进行处理。

（三）执行《企业会计准则》的小企业，不得在执行《企业会计准则》的同时，选择执行本准则的相关规定。

（四）执行《小企业会计准则》的小企业公开发行股票或债券的，应当转为执行《企业会计准则》；因经营规模或企业性质变化导致不符合《企业会计准则》的规定而成为大中型企业或金融企业的，应当从次年1月1日起转为执行《企业会计准则》。

（五）已执行《企业会计准则》的上市公司、大中型企业和小企业，不得转为执行《小企业会计准则》。

（六）执行《小企业会计准则》的小企业转为执行《企业会计准则》时，应当按照《企业会计准则第38号——首次执行企业会计准则》等相关规定进行会计处理。

国家税法有关文件

[1] 中华人民共和国增值税法（征求意见稿）
[2] 中华人民消费税法（征求意见稿）
[3] 中华人民共和国企业所得税法（2018年12月修正）
[4] 中华人民共和国个人所得税法（2018年8月31日修正）
[5] 中华人民共和国印花税法（征求意见稿）
[6] 中华人民共和国资源税法
[7] 中华人民共和国烟叶税法
[8] 中华人民共和国契税法
[9] 中华人民共和国耕地占用税法
[10] 中华人民共和国房产税暂行条例
[11] 中华人民共和国船舶吨税法
[12] 中华人民共和国城镇土地使用税暂行条例（2019年修订）
[13] 中华人民共和国城建税法草案（征求意见稿）
[14] 中华人民共和国车辆购置税法
[15] 中华人民共和国车船税法